Eberhard Birk, Heiner Möllers, Wolfgang Schmidt (Hrsg.)

Die Luftwaffe zwischen Politik und Technik

Schriften zur Geschichte der Deutschen Luftwaffe, Band 2

Die Luftwaffe
zwischen Politik und Technik

Schriften zur Geschichte der Deutschen Luftwaffe, Band 2

Eberhard Birk, Heiner Möllers, Wolfgang Schmidt (Hrsg.)

2012

Carola Hartmann Miles – Verlag

CIP-Kurztitelaufnahme der Deutschen Bibliothek

**Eberhard Birk, Heiner Möllers, Wolfgang Schmidt (Hrsg.):
Die Luftwaffe zwischen Politik und Technik.
Schriften zur Geschichte der Deutschen Luftwaffe, Band 2**

Carola Hartmann Miles – Verlag, 2012
ISBN 978-3-937885-56-8

Titelbild: Bundeswehr
Herstellung: Books on Demand, Norderstedt

© Carola Hartmann Miles – Verlag,
George-Caylay-Str. 38, 14089 Berlin
(email: UHWHartmann@aol.com; www.miles-verlag.jimdo.com)

Alle Rechte, insbesondere das Recht der Vervielfältigung und Verbreitung sowie der Übersetzung, vorbehalten. Kein Teil des Werkes darf in irgendeiner Form (durch Fotokopie, Mikrofilm oder ein anderes Verfahren) ohne schriftliche Genehmigung des Verlages reproduziert oder unter Verwendung elektronischer Systeme gespeichert, verarbeitet, vervielfältigt oder verbreitet werden.
Printed in Germany

ISBN 978- 3-937885-56-8

Inhaltsverzeichnis

Geleitwort des Inspekteurs der Luftwaffe
Generalleutnant Karl Müllner — 7

Eberhard Birk, Heiner Möllers, Wolfgang Schmidt
Einführung — 9

Christian Kehrt
Vom Luftakrobaten zum Cyborg?
Technikerfahrungen deutscher Militärpiloten im 20. Jahrhundert — 15

Michael Stein
Automation und Crew Ressource Management — 38

Karl H. Schreiner
Rolle und Bedeutung von Mensch und Technologie
im 21. Jahrhundert — 63

Hubert Merkel
Flugzeugführer in den Aufbaujahren der Luftwaffe.
Persönliche Erinnerungen – eine Nachbereitung der Starfighter-krise — 71

Sebastian Reis
Das Krisenmanagement der Luftwaffe:
Die Bewältigung der Starfighter-Krise — 88

John Zimmermann
Führungskrise in der Bundeswehr oder „Aufstand der Generale"?
Die Rücktritte der Generale Trettner und Panitzki 1966 — 108

Heiner Möllers
Auswege aus der „Starfighter-Krise".
General Steinhoffs Ringen um Befugnisse   124

Eberhard Birk
Steinhoff und sein „Bild des Offiziers in der Luftwaffe"   145

Detlef Buch
Der Eurofighter in der Egalisierung   159

Norbert Finster
Welche Bedeutung haben Innere Führung, Auftragstaktik und
Menschenführung zukünftig in der Bundeswehr?   170

Autorenverzeichnis   183

Geleitwort des Inspekteurs der Luftwaffe

Wie die Bundeswehr als Ganzes, so vollzieht auch die Luftwaffe derzeit eine tiefgreifende Neuausrichtung. Gleichwohl bleibt hierbei uneingeschränkt gültig, was der beutende deutsche Gelehrte und Staatsmann Wilhelm von Humboldt schon vor 200 Jahren formulierte: „Nur wer die Vergangenheit kennt, hat eine Zukunft!" Lernen aus und über die Geschichte nimmt Einfluss darauf, wie Zukunft gestaltet werden soll. Dieser Maxime folgt die Luftwaffe, wenn sie in ihrem Leitbild Team Luftwaffe von jedem Angehörigen verlangt, im Wissen über und im Bewusstsein von Geschichte und politischem Zeitgeschehen zu handeln. Um unsere Soldatinnen und Soldaten dazu zu befähigen, ist eine moderne historisch-politische Bildung von ausschlaggebender Bedeutung. Deren Leitgedanke darf aber nicht Ausbildung und Handlungsanweisung sein, sondern sie soll als geistige Auseinandersetzung mit der Geschichte Horizonte aufzigt. Historisch-politische Bildung vermittelt Wissen und Zusammenhänge mit dem Ziel, Kontinuitäten und Brüche sowie die daraus erwachsenen gesellschaftlichen Anforderungen, Themen und Diskussionen für Gegenwart und Zukunft begreifbar zu machen. Historisch-politische Bildung vermittelt aber noch mehr. Es geht um die Entwicklung eines kritischen Geschichtsbewusstseins, das hilft, sich selbst zeitlich in der Welt zu verorten und unsere Gegenwart besser zu verstehen. Sie erhöht damit unsere Befähigung zur Auseinandersetzung mit Tradition, Berufsbild und Selbstverständnis und fördert die Identifikation mit unserer Luftwaffe und mit der Grundordnung unseres freiheitlichen Gemeinwesens.

Historisch-politische Bildung findet an unterschiedlichen Orten statt. Sie verwendet dazu unterschiedliche Vermittlungsformate, die von den Unterrichten im Rahmen der historischen Bildung an der Offizier- und Unteroffizierschule über den Internetauftritt der Luftwaffe zur Geschichte der Luftwaffe der Bundesrepublik Deutschland, den Militärgeschichtlichen Sammlungen in verschiedenen Verbänden bis hin zum Luftwaffenmuseum der Bundeswehr reichen. In diesem Zusammenhang steht auch die Militärhistorische Tagung der Luftwaffe, die 2012 bereits zum dritten Mal stattgefunden hat und deren Ergebnisse in diesem zweiten Band der Reihe „Schriften zur Geschichte der Deutschen Luftwaffe" der Öffentlichkeit präsentiert werden.

Bezogen auf die zentralen Bestimmungsgrößen unserer Teilstreitkraft, behandeln die vorliegenden Beiträge in sehr ansprechender Weise das Spannungsverhältnis der Luftwaffe zwischen Politik und Technik. Besonders freut es mich, dass auf dieser inzwischen etablierten Tagung ein Brückenschlag zwischen Wissenschaftlern, Zeitzeugen und historisch interessierten Soldatinnen und Soldaten gelungen ist. Zudem liefert die Militärhistorische Tagung der Luftwaffe eine exzellente Plattform nicht nur für einen generationsübergreifenden Binnendiskurs zwischen aktiven und ehemaligen Angehörigen der Luftwaffe, sondern die breite Resonanz auch unter externen Wissenschaftlern mit internationaler Beteiligung zeigt die Bedeutsamkeit von Themen zur Luftwaffengeschichte an der Schnittstelle zur Gesellschaft auf.

Dass diese spezifische Plattform zur Luftwaffengeschichte existiert, liegt am Engagement vieler. Zunächst seien meine beiden Vorgänger im Amt benannt, die dieses aus dem Kreis der Luftwaffen-Historiker entwickelte Projekt stets mit großem Engagement nicht nur begleitet, sondern jeweils auch die Schirmherrschaft übernommen und selbst an den Veranstaltungen teilgenommen haben. Dem fühle ich mich verpflichtet und werde das Modell der Militärhistorischen Tagung weiter begleiten. Mein Dank gilt weiterhin dem Militärgeschichtlichen Forschungsamt, in dessen Räumlichkeiten in Potsdam dieses Forum für Kommunikation, Argumentation und Interessenausgleich stattfinden konnte. Gleichermaßen dankbar bin ich dem Luftwaffenamt als Kooperationspartner bei der bewährten Durchführung. Was aber wäre eine Tagung ohne Referenten, was wäre ein Tagungsband ohne Autoren und Herausgeber? Ihnen gilt mein ganz besonderer Dank für ihre wertvollen Beiträge, die uns ein reichhaltiges Spektrum deutscher Luftwaffengeschichte aufzeigen und den Diskurs über Rolle und Bedeutung der Luftwaffe im Spannungsfeld zwischen Politik und Technik anregen. Nicht zuletzt aber ist es mir eine Freude, in der Interessengemeinschaft Deutsche Luftwaffe e. V. einen Partner zu wissen, der die finanziellen Ressourcen für die Publikation beigetragen hat. Ganz herzlichen Dank!

Ich wünsche dem Band eine große Verbreitung und freue mich auf eine weitere Fortsetzung der Militärhistorischen Tagung zu spannenden Themen unserer Luftwaffe.

Karl Müllner, Generalleutnant

Einführung

Die Luftwaffe der Bundesrepublik Deutschland ist die wohl am umfassendsten technisierte Teilstreitkraft der Bundeswehr. Ihr Fähigkeitsprofil zur Projektion von Luftmacht bedeutet für den Dienst ihrer Soldatinnen und Soldaten einen ständigen Umgang mit Technik. Dies stellt einen Interaktionsprozess dar, der besonders prägend auch für das Selbstverständnis der Luftwaffenangehörigen ist und der einen eigenen Soldatentypus hervor gebracht hat. Hinzu kommt, dass die Bestimmungsgröße Technik bzw. die technologischen Entwicklungen den Menschen einen permanenten Anpassungsprozess abverlangen. Die „Schnittstelle" Mensch ist im Spannungsbogen zwischen militärischem Auftrag und technischer Realisierung augenscheinlich unverzichtbar. Zunehmende soziotechnische Dynamik im Rahmen militärischen Gewalthandelns verlangt aber neben einer Offenheit in Bezug auf den technischen Fortschritt ganz besonders eine ethische Fundierung jedes Einzelnen. Von all dem sind keineswegs nur die Soldaten in den fliegenden Verbänden betroffen. Weil Luftwaffe nur als ein modulares, interoperables System überhaupt funktionieren kann, sind auch die Angehörigen der Flugabwehrraketentruppe oder der Führungsdienste sowie der Logistik und des Objektschutzes den vielfältigen technischen Einflüssen ausgesetzt.

Aus diesen Grundbedingungen resultiert, dass zur Durchführung des technikbasierten Auftrags der Luftwaffe komplexe und permanente Ausbildungen an komplizierten (Waffen)-Systemen als Vorbereitung für den Dienst am Gerät, einschließlich der Vermittlung ethischer Normen, unerlässlich sind. Die Luftwaffe als Ganzes und ihre Soldatinnen und Soldaten im Besonderen haben sich dabei den wandelnden Anforderungen infolge technischer Weiterentwicklungen beständig angepasst. Gleichzeitig wurde die Gesamtorganisation Luftwaffe immer wieder strukturell reformiert, um sowohl die militärischen Aufträge, als auch die technologischen Erfordernissen in Einklang miteinander zu bringen.

Mensch und Technik gewährleisten zwar die Erfüllung der militärischen Aufträge im Grundbetrieb wie im Einsatz, gleichwohl bestimmen die verfassungsrechtlichen Normen und die politischen Vorgaben das Aufgabenprofil der Luftwaffe insgesamt. Regierung und Parlament setzen den politischen und finanziellen Rahmen, innerhalb dessen sich Mensch und Technik bewegen. Hinzu kommt, dass die Bundeswehr als Ganzes ein Teil gesellschaftlicher Entwicklung und Handelns ist. Dies schließt selbstverständlich auch die kritische Begleitung durch die Medien als ein wichtiges Korrelativ staatlichen Handels ein. Sie begleiten z. B. größere Beschaffungsvorhaben, beleuchten Friktionen im Dienst der Truppe oder berichten über Unglücksfälle. Sie sorgen somit für Transparenz militärischen Handels innerhalb einer offenen Gesellschaft.

Im vorliegenden Band werden im Wesentlichen die Ergebnisse zentraler Themenfelder der 3. Militärhistorischen Tagung der Luftwaffe der Öffentlichkeit präsentiert, die vom 7. bis 8. März 2012 am Militärgeschichtlichen Forschungsamt in Potsdam stattgefunden hat. In den publizierten Beiträgen diskutieren die Autoren exemplarisch an einigen Beispielen den Spannungsbogen, in dem die Luftwaffe der Bundesrepublik Deutschland zwischen „Politik und Technik" eingebunden war und ist. Dabei belässt es dieser Band nicht allein mit historischen Betrachtungen, sondern er enthält ganz bewusst auch gegenwarts- und zukunftsbezogene Ausführungen. Denn die Herausgeber verstehen diese Publikation als ein Instrument der historisch-politischen Bildung, die vor dem Hintergrund historischer Prozesse und Erfahrungen den Gedankenaustausch über gegenwärtige Phänomene mit in Gang setzen will und gegebenenfalls einen zukünftigen Gestaltungsrahmen mit abzustecken hilft. Zudem hat es den Anschein, dass die soziotechnische Dynamik im Bereich zukünftiger Luftkriegsoperationen deutlich mehr Fahrt aufnehmen wird, als es bisher schon der Fall gewesen ist. Mehr noch bietet sich ein Blick auf Gegenwart und Zukunft der Luftwaffe im Beziehungsgefüge Mensch und Technik auch deshalb an, weil in diesem Band u. a. auch hochrangige Vertreter der derzeitigen Akteursebene dieser Teilstreitkraft gerade im Hinblick auf gegenwärtige Herausforderungen und zukünftige Notwendigkeiten zu Wort kommen.

In einem ersten thematischen Schwerpunkt setzen sich die Autoren exemplarisch mit technologischen Wandlungsprozessen auseinander, denen sich die Angehörigen deutscher Luftstreitkräfte im 20. Jahrhundert ausgesetzt sahen und die heute bzw. in der Zukunft das Handlungsprofil der Luftwaffe bestimmen werden. *Christian Kehrt* stellt dar, wie sich die Technikerfahrungen deutscher Militärpiloten vom Beginn des 20. Jahrhunderts bis in die späten 1960er Jahre entwickelten. Dabei akzentuiert er im historischen Längsschnitt und unter Nutzung eines kulturhistorischen Ansatzes besonders die Mensch-Maschine-Interaktionen, denen sich Militärpiloten unterworfen sahen. Er betrachtet habituelle Konstruktionsmuster und untersucht

Aneignungsprozesse, welche die technischen Entwicklungen erforderlich machten. Welche Komplexität das Führen von Flugzeugen im Jetzeitalter besitzt, beschreibt *Michael Stein* in seinem gegenwarts- und zukunftsbezogenen Beitrag zur „Automation" und zum "Crew Ressource Management". Die zunehmende Computersteuerung von Luftfahrzeugen sorgt zwar im zweiten Schritt für eine Arbeitserleichterung des Piloten, sie setzt im ersten Schritt jedoch voraus, dass er diese Systeme auch begreifen kann. Damit hat sich das Anforderungs- und Tätigkeitsprofil des Flugzeugführers allein in den zurückliegenden dreißig Jahren erheblich verändert. Eine immer vielschichtiger werdende Automation steigert Systemkomplexität und Informationsdarstellung gleichermaßen und verlangt nach Antworten darauf, wie die Arbeitsbelastung von Piloten in einer immer komplexeren Arbeitsumgebung optimal verteilt werden kann. *Karl H. Schreiner* wirft einen Blick in die Zukunft und versucht, die Rolle und die Bedeutung von Mensch und Technologie für die Luftwaffe im 21. Jahrhundert zu skizzieren. Aufgrund seiner durchaus kulturkritischen Gegenwartsanalyse gelangt der Autor zur Erkenntnis einer zukünftig immer komplexeren sozialen und technologischen Entwicklung und plädiert für die Formierung einer „Wissensgesellschaft". Mehr noch fordert er diesbezügliche Strategien und Instrumente, um die Lernfähigkeit von Individuen und Organisationen so zu erhalten, dass dem Menschen die Kontrolle über die Technik nicht verloren geht. Ziel für die Streitkräfte insgesamt und für die Luftwaffe im Besonderen müsse es sein, zukünftig den „Wissenssoldaten" zu generieren.

Im zweiten Themenabschnitt steht das Spannungsverhältnis von Luftwaffe – Politik – Technik im Verlauf der 1960er Jahre im Zentrum der Untersuchungen. Er wird eingeleitet durch den Erlebnisbericht eines Zeitzeugen. *Hubert Merkel* beschreibt, wie er als Flugzeugführer die Umschulung auf den Starfighter und den Flugdienst auf diesem Waffensystem erlebt hat. Schnell wurde es für ihn wie für viele andere offensichtlich, dass die F-104G im Gegensatz zu ihren Vorgängermodellen kein gewöhnliches Flugzeug, sondern eben ein komplexes Waffensystem war, das ebenso komplexe Anforderungen an den Nutzer stellte – sowohl an das Individuum wie auch an die strukturellen Bedingungen der und organisatorischen Zustände in der Luftwaffe insgesamt. Hubert Merkels Bericht bietet damit einen Einstieg in die Befassung mit dem Starfighter, der dem Leser neben persönlichen Eindrücken auch etwas die Entstehungshintergründe jener Starfighter-Krise vermittelt, die die Luftwaffe und das politische wie gesellschaftliche Gefüge der Bundesrepublik damals erschütterte. *Sebastian Reis* wendet sich dem Umgang des Führungsstabes der Luftwaffe mit diesem Waffensystem zu. Die F-104G schien lange Zeit die Luftwaffe als Gesamtorganisation zu überfordern, obwohl der Führungsstab sowie weitere Dienststellen erstaunlicherweise frühzeitig ein umfassendes Bild von Einzelmaßnahmen zur Lösung der Krise entwickelten. *John Zimmermann* skizziert anhand des vermeintlichen „Aufstandes der Generale" im Jahre 1966, wie die Starfighter-Krise auch die Bundeswehrführung erreichte. Wenngleich der Rücktritt des damaligen Generalinspekteurs der Bundeswehr im August 1966 wenig mit der Luftwaffe zu tun hatte, so zeugte er doch auch von den Problemen, die die Streitkräfte mit einer dominanten Wehrverwaltung hatten. Eingedenk der sozialen Belastungen durch das Militärische in Deutschland bis zur Mitte des 20. Jahrhunderts, waren die Streitkräfte verfassungsrechtlich stark eingehegt worden, wozu auch die Wehrverwaltungsaufgaben gehörten. Der nahezu zeitgleiche Rücktritt des Generalinspekteurs und des Inspekteurs der Luftwaffe legt darüber hinaus scheinbar nahe, dass beide diesen doch auf spektakuläre Art begangenen Akt abgesprochen hatten und damit den Verteidigungsminister gezielt unter Druck setzten. Jedenfalls markierte dieser Vorgang eine eklatante Führungskrise in der Bundeswehr.

Angesichts der offenkundigen Probleme in der Luftwaffe mit dem Waffensystem Starfighter und seinen sozialen Ausschlägen bei Piloten und deren Angehörigen sowie dem Dissens zwischen den Streitkräften und der Wehrverwaltung, der im Rahmen der Starfighter-Krise eskalierte, legten die Medien dann auch offen den Finger in die Wunden. Für sie war es neben anderen Forderungen selbstverständlich, dass zur Problemlösung die Rahmenbedingungen des Miteinanders zwischen Luftwaffenführung, politischer Leitung und Wehrverwaltung neu geordnet werden müssten. *Heiner Möllers* beschreibt, wie Generalleutnant Johannes Steinhoff noch vor Beginn seiner Amtszeit als Inspekteur der Luftwaffe unter geschickter Einbeziehungen namhafter Journalisten dem unter politischem Druck stehenden Verteidigungsminister Voraussetzungen für sein Amt abringt, die so im Organisationsgefüge des Ministeriums nicht vorgesehen waren. Dabei war es Steinhoff von Beginn an klar, dass die Krise zwar durch das Waffensystem F-104G ausgelöst wurde, es letztlich aber eine Krise des gesamten strukturellen Systems der Luftwaffe war.

Um die Strukturprobleme dauerhaft zu lösen, bedurfte es seinen Vorstellungen nach eines anderen Typus von Offizier der den gestiegenen technischen Bedingungen und Anforderungen seines Berufes besser gerecht werden könnte. Aus diesem Grund ließ Steinhoff unter Orientierung am internationalen Rahmen bei den verbündeten Luftstreitkräften ein neues „Bild des Offiziers in der Luftwaffe" gestalten, das mehr mit den sozialen Bedingungen der damaligen Gegenwart in Bezug auf Bildung, Habitus und Technikverständnis übereinstimmen sollte, als dass es einer bisherigen, vergangenheitsbezogen deutschen militärischen Tradition entsprach. Neben der militärfachlichen Professionalisierung wird darüber aber auch deutlich, dass eine Reduktion auf das Handwerkliche kaum ausreicht, sondern eine solche Modernisierung des Offizierberufs auch Themenfelder wie Politische Bildung, gesellschaftliche Integration und Tradition einschlossen. Dies sind Aspekte, die bis heute an ihrer Aktualität nichts verloren haben, wie *Eberhard Birk* in seinen diesbezüglichen Darlegungen zum „Bild des Offiziers in der Luftwaffe" nachweist.

Die beiden gegenwartsbezogenen Beiträge im dritten Abschnitt fokussieren anhand zweier unterschiedlicher Themen die politischen, sozialen und ökonomischen Strömungsgrößen, denen die Bundeswehr im Allgemeinen und die Luftwaffe im Besonderen unterliegen.

Wie kaum ein anderes Waffensystem spiegeln sich im Eurofighter 2000 „Typhoon" all jene technischen Entwicklungen der vergangenen Jahrzehnte, die dieses Kampfflugzeug der vierten Generation zu einem hochleistungsfähigen Waffensystem machen. Dennoch sind seine Produktionszahlen überschaubar und dem internationalen Verkaufserfolg infolge verfassungsrechtlicher Rahmungen und darauf bezogenen politischen Entscheidungen enge Grenzen gesetzt. *Detlef Buch* schreibt in seinen Ausführungen davon, dass der politische Umgang mit diesem Flugzeug häufig auf der Grundlage unsicheren Faktenwissens sowie unter Negierung der technischen Möglichkeiten und künftiger militärischer Erfordernisse erfolgt. Er stellt die These auf, dass dieses Rüstungsprojekt vielen Verantwortlichen als „Spielball" unterschiedlicher Interessen dient und der überwiegenden Mehrheit der Bevölkerung vollkommen gleichgültig ist.

Abgeschlossen werden der Abschnitt und dieser Band mit einem Blick von *Norbert Finster* auf die zukünftige Bedeutung und gegebenenfalls mögliche Wandlungen von Innerer Führung, Auftragstaktik und Menschenführung in der Bundeswehr – Prinzipien einer Führungsphilosophie, in denen der Mensch, die Soldatin und der Soldat gleich welcher Hierarchieebene, in ihrer Eigenschaft als Staatsbürger in Uniform im Mittelpunkt stehen. Der Autor war Stellvertreter des Inspekteurs der Luftwaffe und ist als derzeitiger Leiter der im Zuge der Neuausrichtung der Bundeswehr gebildeten Abteilung Führung Streitkräfte ein hochrangiger Vertreter der aktuellen Akteursgeneration der Bundeswehr.

Die Herausgeber danken allen Autoren ganz herzlich für ihre vorzüglichen Beiträge und besonders dafür, dass diese in so kurzer Zeit nach Abschluss der Tagung eingereicht worden sind. Solches ist nicht immer eine Selbstverständlichkeit!

Ein besonders großer Dank geht an die Interessengemeinschaft Deutsche Luftwaffe e. V. für die erneut sehr großzügige finanzielle Unterstützung bei der Herausgabe dieses zweiten Bandes der „Schriften zur Geschichte der Deutschen Luftwaffe". Nicht minder wichtig als die finanzielle ist die ideelle Unterstützung des Projekts der Luftwaffenhistoriker, das wissenschaftsbasierte Wissen um die Geschichte unserer Teilstreitkraft zu mehren und damit auch einen öffentlichen Beitrag zur historisch-politischen Bildung zu leisten. Die ehemaligen Inspekteure der Luftwaffe, die Generalleutnante a. D. Klaus-Peter Stieglitz und Aarne Kreuzinger-Janik, haben das Projekt der Militärhistorischen Tagungen stets als ein wichtiges Instrument der historisch-politischen Bildung befürwortet und auch selbst begleitet. Mehr noch haben sie dafür gesorgt, dass diese Tagungen zu einem Forum des offenen, generationsübergreifenden Dialogs über Themen zur Geschichte der Luftwaffe geworden sind. Wir freuen uns sehr über die Bereitschaft des aktuellen Inspekteurs der Luftwaffe, Tagungs- und Publikationsprojekte auch in der Zukunft weiter zu unterstützen und sind Generalleutnant Karl Müllner für sein Grußwort außerordentlich dankbar.

Fürstenfeldbruck, Potsdam, Hamburg im August 2012

Eberhard Birk, Heiner Möllers, Wolfgang Schmidt

Christian Kehrt

Vom Luftakrobaten zum Cyborg? Technikerfahrungen deutscher Militärpiloten im 20. Jahrhundert

Bild 1: Euler Apparat beim Flug in Darmstadt-Griesheim um 1910 (Stadtarchiv Darmstadt).

Wenn man sich die Entwicklung der Flugzeugtechnik in den letzten 100 Jahren anschaut, lässt sich ein enormer technologischer Wandel feststellen. Die ersten zaghaften Flugversuche August Eulers beispielsweise auf der Internationalen Luftfahrtausstellung (ILA) in Frankfurt im Jahr 1909 sind kaum vergleichbar mit den heutigen hochtechnisierten Handlungsabläufen jenseits der menschlichen Belastungs- und Wahrnehmungsgrenzen. Das Fliegen ist in der Langzeitperspektive zunehmend komplexer geworden. Sauerstoffapparate, G-Anzüge, Autopiloten, Navigations- und Radarsysteme sind unmittelbar in die Handlungsroutinen der Piloten integriert und erweitern ihre Handlungsmöglichkeiten. Die eigenständige Dimension der

Flugerfahrung lässt sich jedoch nicht mit den Leistungsdaten der jeweiligen Flugzeugtypen erfassen und auch nur ansatzweise durch Modelle oder im Experiment darstellen. Es kommt nach wie vor auf das Fliegen selbst an, auf die Wahrnehmung und unmittelbare Kontrolle durch den Piloten. Eine Erfahrungsgeschichte des Krieges im Zeitalter der Weltkriege ist deshalb nur unter expliziter Berücksichtigung der Technik und ihrer Bedeutung für die Piloten zu schreiben. Dabei wird eine „konservative" bzw. „traditionalistische" Argumentationslinie in dem Sinne verfolgt, dass die Technik über ältere, sozial und kulturell vermittelte militärische Werte, Dispositionen und Handlungsroutinen angeeignet wurde[1].

Der Luftkrieg war, wie Sönke Neitzel dies vor kurzem über Kriegserfahrungen im Zweiten Weltkrieg herausstrich, im Unterschied zum Heer, ein „Kampffeld der Hochtechnologie", da in der Lebenswelt der Piloten, Beobachter und Bombenschützen die Technik omnipräsent gewesen sei[2]. Angesichts dieses Befundes stellt sich die Frage, weshalb Piloten im Kontext von Technisierungs- und Modernisierungsprozessen bis dato nicht historisch betrachtet wurden. Möglicherweise liegt es am prägenden Einfluss des Militärs und der stark technik- und wissenschaftsorientierten Thematik, dass sich bislang kaum akademische Historiker mit der Luftfahrtgeschichte im Allgemeinen und der Erfahrung von Piloten im Besonderen beschäftigt haben. Luftfahrtgeschichte wurde bislang meist aus Sicht der Rüstungs- und Wirtschaftsgeschichte und in jüngerer Zeit vermehrt mit kulturgeschichtlichen Methoden untersucht. Während erstere jedoch die Praxis des Fliegens und die Ebene der Techniknutzer aus den Augen verliert, beschränken sich kulturgeschichtliche Ansätze oftmals auf Diskurse, Bilder, Mythen, Imaginations- und Vorstellungswelten, ohne die Technikerfahrungen und den durchaus widerständigen, materiellen Umgang mit Technik und die hierbei auftretenden Lernprozesse in den Blick zu nehmen. Der Techniksoziologe Bruno Latour betont in diesem Zusammenhang die Handlungsmächtigkeit von Technik, indem er die verwickelten Vernetzungen und Verflechtungen der Piloten in technisch strukturierte Handlungszusammenhänge und weitverzweigte Infrastruktursysteme aufzeigt: „Wenn hier etwas fliegt, dann ist

---

[1] Vgl. Kehrt, Christian: Moderne Krieger. Die Technikerfahrungen deutscher Militärpiloten, 1910-1945, Paderborn 2010 (= Krieg in der Geschichte, Bd. 58).

[2] Neitzel, Sönke/Welzer, Harald: Soldaten. Protokolle vom Kämpfen, Töten und Sterben, Frankfurt a. M. 2011, S. 230.

es das Gesamtgebilde von Flughäfen und Maschinen, Startrampen und Ticketschaltern. Die US Airforce fliegt, nicht die B-52 Bomber. Es ist ganz einfach: Handeln ist kein Vermögen von Menschen, sondern die Fähigkeit einer Verbindung von Aktanten [...]."[3] Mit dem Kunstbegriff Aktanten unterstreicht Latour jene technische Vermitteltheit von menschlichen Handlungen, z.B. in einem Cockpit, das letztlich die dahinter stehenden technischen Systeme in die Aktionen der Piloten integriert. Viele der zentralen Problemstellungen, die mit der Technisierung und Automatisierung des Fliegens einhergehen, stellten sich bereits zu Beginn der Luftfahrt und lassen sich in langen Linien bis auf den heutigen Tag weiter verfolgen. Dabei ging es um die Frage, wie die Piloten durch Automatisierungsprozesse, Fluginstrumente und aerodynamisches Design entlastet werden konnten. Aufgrund der enormen, militärisch bedingten Leistungssteigerungen, wurde das Fliegen jedoch zunehmend komplexer und verlangte höhere Qualifikationen, Aufmerksamkeitsleistungen und physische sowie psychische Belastbarkeit der Piloten[4]. Der Pilot wird im Zuge von Technisierungsprozessen nicht einfach wegrationalisiert und seine Steuerungs- und Navigations- und Kontrollfunktionen an vollautomatisierte Systeme delegiert, da jede Technisierungsstufe mit neuen Handlungsanforderungen und Lernprozessen einhergeht, die neue Kompetenzen, habitualisierte und körperlich vermittelte Handlungsmuster und eine Art „Hightech Feeling" im Umgang mit der wachsenden Zahl an Instrumenten und Kontrollsystemen im Cockpit verlangt[5].

---

3 Latour, Bruno: Über technische Vermittlung. In: Werner Rammert (Hrsg.): Technik und Sozial Theorie, Berlin 1998, S. 38.

4 Vgl. zum Dilemma der technischen Komplexität in modernen Armeen Demchak, Chris: Military Organisations, Complex Machines. Modernization in the US Armed Services, 1991, S. 37.

5 Zum Begriff des Hightech Feelings vgl. Böhle, Fritz: Technik und Erfahrung. Arbeit in hochautomatisierten Systemen, Frankfurt a. M., New York 1992; ders.: High-Tech Gespür. Spiel und Risiko in der erfahrungsgeleiteten Anlagensteuerung. In: Gunter Gebauer, Stefan Poser, Robert Schmidt, Martin Stern (Hrsg.): Kalkuliertes Risiko. Technik, Spiel und Sport an der Grenze, Frankfurt a. M., New York 2006, S. 249-267.

Offene Technologiepfade: Zerbrechliche Flugzeuge oder stabile Luftschiffe?

Als die Gebrüder Wright 1908 mit ihren spektakulären Erfolgen das Interesse einer großen internationalen Öffentlichkeit weckten, sprach man sich bei der in Deutschland für die Luftfahrt zuständigen Luftschifferabteilung noch gegen das Flugzeug aus: „Einen militärischen Wert besitzen diese überaus zerbrechlich gebauten Apparate vorläufig noch nicht[6]." Das Militär betrachtete das Flugzeug anfangs eher skeptisch: „Wer mit solchen Fahrzeugen fliegen will, muß es schon mit Lebensgefahr wie eine Akrobatenkunst erlernen[7]." Man verschloss sich aber auf Seiten der Militärbehörden nicht prinzipiell gegenüber dem Entwicklungspfad der Flugzeugtechnik. Entscheidend war in diesem Kontext der rüstungstechnische Vorsprung Frankreichs: „Das Interesse in Deutschland ist allerdings seit einem Jahr ein regeres geworden, es scheint durch die französischen Erfolge mit Flugmaschinen geweckt zu sein[8]." Ziel war es nun, mit Hilfe einer geeigneten Organisation die bisherige freie Entwicklung, die häufig von „Sportleuten und Rennfahrern" geprägt wurde, zu kontrollieren[9]. Vorbild waren hier die militärischen Technikerfahrungen mit dem Automobil: „Ließe man der bisherigen Entwicklung freie Bahn, ohne militärisch einzuwirken, so würde sich auf dem Gebiet des Flugwesens das wiederholen, was bei der ersten Entwicklung des Kraftwagens eingetreten ist, nämlich: Schaffung ausgezeichneter Spezialfahrzeuge mit hohen Rekorden, die nur unter besonders guten Umständen etwas leisten würden, nicht aber Schaffung feldbrauchbarer und unter schwierigen Umständen betriebssicherer Kraftflugzeuge[10]." Das militärische Kriterium der Einsatzfähigkeit und

---

[6] Die Militärluftfahrt bis zum Beginn des Weltkrieges 1914. 2. überarbeitete Auflage, herausgegeben vom Militärgeschichtlichen Forschungsamt (MGFA), Frankfurt 1965/66, Dokument Nr. 59, S. 114: Stellungnahme des Luftschiffer-Bataillons zu dem Bericht der Versuchs-Abteilung der Verkehrstruppen vom 13. August 1908.

[7] Moedebeck, Hermann von: Die Luftschiffahrt, ihre Vergangenheit und ihre Zukunft, insbesondere das Luftschiff im Verkehr und im Kriege, Straßburg 1906, S. 60.

[8] Militärluftfahrt bis zum Beginn des Weltkrieges (wie Anm. 6), Anlagenband, Anlage Nr. 57: Übersicht über die mit der Bearbeitung des Flugwesens beauftragten Heeresdienststellen 1906 bis 31. Juli 1914.

[9] Denkschrift der Luftschifferabteilung der Versuchs-Abteilung der Verkehrstruppen über die Entwicklung des Fliegerwesens, 15. 3. 1910. In: MGFA, Militärluftfahrt, Anlagenband, Nr. 61 (wie Anm. 8), S. 123.

[10] Ebd.

Einsatzfähigkeit und Betriebssicherheit unter schwierigen Kriegsbedingungen überwog das Streben nach sportlichen Spitzenleistungen.

Bild 2: August Euler (r.) mit zwei preußischen Offizieren und Prinz Heinrich von Preußen (l.) (Stadtarchiv Darmstadt).

Diese ersten Weichenstellungen in der Anfangsphase der militärischen Luftfahrt lassen sich am Beispiel des Flugpioniers August Eulers verdeutlichen. August Euler (1868-1957) ist eine schillernde Persönlichkeit der frühen Luftfahrtgeschichte. Er bildete die ersten Militärpiloten in Darmstadt-Griesheim aus und erkannte früh das militärische Potenzial der „Flugmaschinen":

„Man kann auch bereits einzelne Flugmaschinen als Zerstörungsmaschinen ausrüsten, in welchem Falle ich sie nur mit dem Piloten fliegen lasse und an Stelle der beiden anderen Begleiter Sprengstoffe mitgeben würde, um sie auf marschierende Truppenkörper, welche nicht durch Artillerie genügend nahe geschützt sind, herunter fallen zu lassen[11]."

Bereits im Jahr 1910, als auf der Pariser Luftfahrtausstellung die Firma Maurone-Saulnier ein Flugzeug mit MG-Bewaffnung ausstellte, meldete Euler ebenfalls ein Patent über eine „Maschinengewehrflugmaschine" an. Festzuhalten bleibt allerdings in technischer Hinsicht, dass der Eulersche Typus mit Druckpropeller sich in Deutschland nicht durchsetzen konnte.

In den Folgejahren dominierte auch aus Stabilitätsgründen eine Variante mit dem Motor vor dem Piloten, wie etwa beim Standardflugzeug der Vorkriegszeit der so genannten Rumpler-Etrich Taube. „Der Apparat zeichnet sich besonders durch seine beinahe automatische Stabilität, seine außerordentlich gefällige, vogelähnliche Form und seine leichte Bedienung aus[12]." Die Taube erfüllte die von Seiten des Militärs geforderte Stabilität und Betriebssicherheit sowie die Herstellung durch eine deutsche Firma. Auf der Basis eines Vergleichsfliegens beurteilte die Verkehrstechnische Prüfungskommission den kleinen und wendigen Fokkereindecker schlechter als die Rumpler Taube. Wegen seiner instabilen Lage in der Luft sei er „eine Verlegenheits-Konstruktion aus der sich nie ein anerkanntes Militärflugzeug entwickeln wird. Es wird vorgeschlagen, die Flugzeuge nur von guten Fokkerpiloten benutzen zu lassen[13]." Die Taube war das Leitbild, an dem sich die deutschen Flugzeugfirmen orientierten. Angesichts der großen Belastungen und Gefahren für den Piloten war ein eigenstabiles Flugzeug eine wesentliche Forderung in der Vorkriegszeit. Anstelle akrobatischer Spitzenleistungen des „Airmans" wollte man auf dem Wege der Technisierung durch konstruktive Verbesserungen die Leistungsanforderungen und das Risiko für den Piloten reduzieren. Die „Chauffeurhaltung" versprach mehr Sicherheit. Während also die Piloten im öffentlichen Diskurs als risikofreudige Helden der Moderne stilisiert wurden und viele junge Männer sich aus Flugbegeisterung freiwillig für diesen gefährlichen Beruf meldeten, fand die sicherheits-

---

[11] Bundesarchiv (BArch), N 1103/57, Nachlass August Euler, Vortrag von Euler gehalten am 03.11.1911 an der Göttinger Universität, S. 25.

[12] Die Rumpler-Taube. In: Flugsport (1911), S. 880.

[13] BArch, PH 24/91, Allgemeine Fragen der Flugtechnik, Ausbau der Flugzeuge als Kampfmittel; Unfälle mit Flugzeugen, Bericht über die Vorführung des neuen Fokkereindeckers, 26.2.1914.

technische Frage der Stabilisierung und Automatisierung des Fliegens zunehmend Beachtung[14].

Pilotenhabitus: Chauffeur oder Airman?

Die Piloten wurden in der von Wettkämpfen geprägten „Sport- und Spielphase" der Flugzeugtechnik als männliche Beherrscher der Technik dargestellt. Leitmotiv war das Bild des „Airman", der im Unterschied zum „Chauffeur" nicht passiv durch die Luft kutschierte, sondern in aktiver Kontrolle das Flugzeug steuerte[15]. „Mut", „Abenteuerlust" und militärischer „Schneid" sollten über technische Mängel hinweghelfen und das instabile Flugzeug beherrschen helfen. Dagegen galt als untauglich, wer ängstlich war und „Nerven" zeigte. Der zeitgenössische Nervositätsdiskurs gibt indirekt auch Hinweise auf die eigentlichen Fähigkeiten der Piloten. Ruhe galt als wesentliche Voraussetzung eines guten Piloten, um das Flugzeug bei Wind, Wetter, defektem Motor oder unter Feindbeschuss zu kontrollieren und die lebenswichtigen Handgriffe zu tätigen: „Ein nervöser Mensch, der gleich seine Ruhe verliert, taugt also absolut nicht zum Fliegen, oder aber muß sich die Fähigkeit, durch nichts sich einschüchtern und schrecken zu lassen, mit aller Energie anzuerziehen versuchen. Jeder Handgriff, den der Flieger macht, muß mit exerziermäßiger Geschwindigkeit, aber dabei wohlüberlegt ausgeführt werden. Da gibt es kein Herumhantieren mit den Händen, kein angstvolles Suchen mit den Augen nach diesem und jenem Griff und Hebel, sie alle muß man, ohne hinzusehen, bedienen können[16]."

Die formalen Anforderungen, wie sie in den Jahren 1910/1911 zur Einstellungsgrundlage gemacht wurden, waren allerdings nicht sehr hoch

---

[14] Blan, Hermann: Vorrichtung zur Erhaltung der seitlichen Stabilität, in: Flugsport 1910, S. 126; Prof. Ing. Reissner: Über eine neue, notwendige Bedingung für die automatische Seitenstabilität der Drachenflieger. In: Flugsport 1910, S. 633; Vorrichtung zur Aufrechterhaltung der Stabilität von Flugmaschinen. In: Flugsport 1910, S. 452; C. Vogelsang, Walther: Die Stabilisierung der Flugzeuge, Berlin 1917 (= Volckmanns Bibliothek für Flugwesen, Bd. 9), S. 6.

[15] Die Einteilung der Piloten in „Airmen" und „Chauffeure" geht auf den Luftfahrthistoriker Charles Gibbs-Smith zurück: Gibbs-Smith, Charles H: Aviation. An Historical Survey from its Origins to the End of World War II, London 1970, S. 96.

[16] Büttner, Alexander: Die Notlandung. Ein Handbuch für Flieger, Berlin 1919 (=Flugtechnische Bibliothek, Bd. 11). S. 44 u. 45.

und lassen sich unter den Stichpunkten Sportlichkeit, Freiwilligkeit und Technikverständnis zusammenfassen. Die Eignung zum Militärpiloten wurde auf die erwiesenen militärischen Tugenden des „Diensteifers", der „Einsatzfreudigkeit", der „Disziplin" und einen „starken Willen" zurückgeführt. Aber nicht jeder Kandidat erfüllte die gestellten Anforderungen. So gebe beispielsweise ein Leutnant, trotz seines „lobenswerten Eifers im praktischen und theoretischen Dienst und bei voll anzuerkennendem persönlichen Schneid" keine Hoffnung, seine Ausbildung in absehbarer Zeit erfolgreich zu bestehen[17]. Seine Ablösung sei geboten, „weil er infolge mangelnder Beanlagung den Gedanken nicht schnell genug bzw. nicht richtig in die Tat umzusetzen vermag[18]." Dies Beispiel zeigt, dass zum Fliegerberuf außer den militärisch konnotierten Tugenden wie „Schneid" und „Diensteifer" ein schnelles Reaktionsvermögen und eine gute Auffassungsgabe, d. h. kognitive Fähigkeiten, von ausschlaggebender Bedeutung waren.

Die sich häufenden Unfälle und die Notwendigkeit, im Krieg die geeigneten Kandidaten für den Flugdienst auszubilden, steigerten den Wunsch nach spezifischen Eignungstest. Ab dem Jahr 1916 wurde dann die Tauglichkeit zum Flugdienst neben der allgemeinen militärischen Tauglichkeit gesondert geprüft[19]. Auch die noch junge Disziplin der Psychologie beschäftigte sich mit Fragen der Fliegertauglichkeit. Dieses im Krieg forcierte Bemühen von Seiten der Militärbehörden durch verbesserte Tauglichkeitskriterien und genauere medizinische Begutachtung qualifizierte Kandidaten auszuwählen, stand allerdings in direktem Gegensatz zu der kriegsbedingten Ersatzproblematik, die dazu führte, dass die eigentlich strengeren Kriterien unter dem Druck der Kriegsverhältnisse gelockert und auch bereits abgelehnte Kandidaten ausdrücklich zum Flugdienst zugelassen wurden[20]: Bei der

---

17 BArch, PH 9XX/15, Militärfliegerschule Mühlhausen, 20. 4. 1914.
18 Ebd.
19 Ernst Koschel gab den untersuchenden Ärzten Anleitungen zur Prüfung und Untersuchung. Vgl. Diensttauglichkeit Flugzeugpersonal. In: Der kommandierende General der Luftstreitkräfte (Hrsg.): Sammelheft, enthaltend die vor Erscheinung des Verordnungsblatts der Luftstreitkräfte erlassenen für die Fliegertruppe geltenden allgemeinen Verfügungen, Dienstvorschriften, Mézières-Charleville 1917, S. 75-82.
20 Der kommandierende General der Luftstreitkräfte (Hg.): Sammelheft, enthaltend die vor Erscheinung des Verordnungsblatts der Luftstreitkräfte erlassenen für die Fliegertruppe geltenden allgemeinen Verfügungen, Dienstvorschriften, Mézières-Charleville 1917, Nr. 65 040 Fl. I, 5.8.1917, S. 83.

Abschaffung der Eignungstest waren aber weniger grundsätzliche Vorbehalte gegenüber der Einführung wissenschaftlicher Experten und Standards entscheidend, als vielmehr die Ersatzproblematik in einem industrialisierten Kriegsgeschehen, bei dem die Massenmobilisierung durch allzu strenge Auswahltests erschwert würde.

Unfälle und Technikabhängigkeit im Flugalltag

Besonders gut lassen sich technisch strukturierte Handlungszusammenhänge in Situationen technischer Defekte aufzeigen. Das Nichtfunktionieren der Technik gibt entscheidende Hinweise auf die Abhängigkeit von der Technik und die im Flugalltag auftretenden technisch bedingten Gefahren und Risiken. Aufgrund des zu hohen Risikos lehnten es Versicherungsanstalten bis ins Jahr 1912 ab, die Piloten zu versichern. Es kam häufig zu Unfällen bei der Landung aber auch infolge Benzinmangels, Motordefekten oder Bedienungsfehlern der Piloten. Hinweise auf alltägliche Motordefekte und Notlandungen geben die von jedem Piloten geführten Flugbücher. Ernst Canter, der 1914 eine gewisse Berühmtheit als sogenannter Tannenbergflieger erlangte, notierte beispielsweise in seinem Flugbuch mehrere riskante Situationen:

„8.11.11: Vergaserbrand; 23.7.1912: Apparat gänzlich zertrümmert; 19.8.1912: Notlandung wegen Benzinmangels, Bruch; 9.1.1913: Wetter dunstig, in 150 m nichts mehr zu sehen, Motor ruckt; 9.1.1913: Motor zieht nicht; 18.1.1913: Winterübung Flugplatz Hasenheidenberg, bei Landung stand die Taube Kopf, weil sich ein Rad gelöst hatte. Propellerbruch; 20.1.1913: Landung wegen Bruchs; 22.1.1913: Glühzündungen wegen schlechten Öles. Montiere ab[21]."

Technische Defekte, Notlandungen und tödliche Abstürze gehörten zum Flugalltag. Da die Piloten freiwillig dieses hohe Risiko eingingen, ist von einer hohen Motivation der Akteure auszugehen.

---

21 BArch, N 50/1, Nachlass Ernst Canter, Flugtagebuch (handschriftl.).

Bild 3: Unfall mit einer Rumpler Taube, dem Standardmodell der Vorkriegszeit (Deutsches Technikmuseum Berlin).

In der Zeit bis zum Ersten Weltkrieg starben 70 deutsche Flugzeugführer, davon 41 Militärpiloten[22]. Erstaunlich ist auch die Tatsache, dass im Ersten Weltkrieg mehr als die Hälfte der annähernd 6000 verunglückten Piloten und Beobachter ohne Feindeinwirkung umkamen[23]. In diesem Zusammenhang hat August Euler Anfang 1918 eine Denkschrift verfasst. An-

---

[22] Potempa, Harald: Die königlich-bayerische Fliegertruppe 1914-1918, Frankfurt a. M. 1997, S. 33.

[23] Vgl. BArch, PH 9XV/7, Die Verluste der deutschen Fliegertruppen einschließlich der bayrischen Verbände 1914-1918. Vgl. Potempa, Fliegertruppe (wie Anm. 22), S. 60; Bundesarchiv-Militärarchiv: Unseren gefallenen Fliegern. Boelcke-Fliegergedenktag, 28. 10. 1925, von Major Haehnelt, 1925.

gesichts der eklatant hohen Unfallziffern in der Ausbildungsphase sah sich der erfahrene Fluglehrer und Pilot dazu veranlasst zu warnen, dass „ohne diese Freiwilligkeit der Fliegertruppe ihre Leistungsfähigkeit und ihr ausgezeichneter frischer Geist auf die Dauer nicht erhalten bleiben kann, wenn nicht Mittel und Wege gefunden werden, die Unglücksfälle bei der Ausbildung zu verringern[24]." Nach seiner Erfahrung belief sich die Zahl wirklich geeigneter Flugschüler auf 10-20%. Er warnte auch davor, die militärischen Tugenden des „Schneides" und „Mutes" nicht zu überschätzen, da diese nicht die entscheidenden fliegerischen Fähigkeiten ersetzen könnten: „In meiner Praxis hatten diejenigen Flieger und Flugschüler den meisten Mut und Schneid, die am wenigsten konnten, besonders unter den Offizieren, sie wollten immer mit Gewalt und Energie mangelnde Fähigkeiten ersetzen, riskierten mehr als die best Veranlagten, um ihre fliegerische Ehre zu retten, sie waren immer in der größten Gefahr, da ihr Mut und Ehrgeiz in keinem Verhältnis zu ihren Fähigkeiten standen[25]." Dieses strukturelle Dilemma zwischen dem wachsenden Bedarf an Piloten und dem damit einhergehenden Sinken der Qualifikation mit zunehmender Kriegsdauer trat im Zweiten Weltkrieg erneut auf.

Luftkampf als sportlicher Wettbewerb?

Im Ersten Weltkriege vollzog sich dann ein Paradigmenwechsel in der militärischen Verwendungsweise des Flugzeuges. Die Anforderungen nach bewaffneten Flugzeugen an der Westfront im ersten Halbjahr 1915 führten zur Förderung des leichten einsitzigen Eindeckers, der in der Vorkriegszeit für militärische Zwecke noch als ungeeignet galt. Mit dem kleinen, leichten und wendigen Flugzeug, das sich vor allem mit dem Namen Fokker verband, waren nun akrobatische Luftkampfmanöver und Kurvenflüge möglich, die vor dem Krieg als akrobatisch abgelehnt wurden. Der Luftkampf ähnelte zumindest in seiner öffentlichen Inszenierung dem Flugsport. Der Wettlauf nach Abschussziffern war prestigeträchtig und der Luftkampf wurde zu kriegsapologetischen Zwecken als vergnügliches Spiel dargestellt, bei dem

---

[24] BArch, NL 1103/278, August Euler: Denkschrift aus Anlass der Unfälle bei der Ausbildung von Flugzeugführern in den Militär-Fliegerschulen vom 01. 03. 1918 (1914-18), S. 8.

[25] Ebd.

der heldenhafte Pilot stets die Kontrolle und Oberhand behielt. Für Boelcke war der Luftkampf „eine herrliche Sache[26]", „ein lustiges Geschieße[27]", „eine lustige Knallerei[28]" oder eine „Komödie[29]" etc. Das Jagen war eine Leitmetapher mit der der Luftkampf beschrieben wurde. Auch Leutnant Immelmann spricht in seinen veröffentlichten Flugerlebnissen davon, seinen Gegner „wie ein Habicht" anzugreifen und zu verjagen[30].

Bild 4: Populäre Schilderung des Luftkampfes. Manfred von Richthofen: Der rote Kampfflieger, Berlin: Ullstein Verlag 1917 (Aufl. 300 000).

Manfred von Richthofen schildert ausführlich sein „Lieblingshandwerk das Jagen"[31] „Ich hatte in meinem ganzen Leben kein schöneres Jagd-

---

[26] Boelcke, Oswald: Hauptmann Boelckes Feldberichte. Mit einer Einleitung von der Hand des Vaters und zwanzig Bildern, Gotha 1916, S. 40.
[27] Ebd., S. 62.
[28] Ebd., S. 73.
[29] Ebd.
[30] Immelmann, Max: Meine Kampfflüge. Selbsterlebt und selbsterzählt, Berlin 1916, S. 57 u. 62.
[31] Richthofen, Manfred von: Der rote Kampfflieger, Berlin 1917, S. 43.

gefilde als in den Tagen der Somme-Schlacht."[32] Diese populären öffentlichen Beschreibungen des Luftkampfes in den Selbstzeugnissen Boelckes, Immelmanns und Richthofens lassen eine verharmlosende Inszenierung des tödlichen Kampfes als Spiel erkennen.

Auch in den militärischen Erfahrungsberichten standen kämpferische Eigenschaften und klassische militärische Tugenden im Vordergrund, während technische und fliegerische Aspekte als weniger wichtig angesehen wurden. Grund hierfür ist auch die wachsende Dominanz des Gegners und der Mangel an geeigneten Piloten, der angesichts einer zunehmend bedrohlicheren Kriegslage die Betonung kämpferischer Tugenden favorisierte: „Der Erfolg im Luftkampf ist in erster Linie abhängig vom Schneid und der geschickten Einzel- und Zusammenarbeit von Flugzeugführer und Beobachter, in zweiter Linie vom Flugzeug und seiner Bewaffnung. Flugzeugführer und Beobachter müssen unbedingtes Vertrauen zueinander haben, sich gegenseitig so kennen, daß sie ihre Handlungen voraus ahnen. Eine nicht zusammen geschulte Flugzeugbesatzung kann höchstens auf einen Zufallserfolg rechnen[33]."

Innovation und Handlungsroutine

Die konkreten Erfahrungen der Piloten entsprachen allerdings keineswegs den Hochglanz-Fotoreportagen der Bildpropaganda. Weder hatten die Piloten die absolute Kontrolle über die Technik, noch waren sie einfach den technischen Handlungszwängen unterlegen. Einerseits forderten die Piloten technische Innovationen, um im Luftkampf überlegen zu sein. Andererseits verlangten neue Flugzeugtypen oftmals das Umlernen mühsam eingeübter Handlungsroutinen. Wenn technische Neuerungen keine ersichtlichen Vorteile brachten, wurden sie schnell kritisiert oder eigenhändig modifiziert: „Es ist zu meiner Kenntnis gelangt, dass bei C-Flugzeugen[34], ganz besonders aber bei den Kampfeinsitzer-Flugzeugen, der Einbau von fabrikmäßig nicht

---

[32] Ebd., S. 94.
[33] Bayerisches Hauptstaatsarchiv, Abt. IV (Kriegsarchiv), ILuft 34 Feld- bzw. Kriegserfahrungen der Flieger, ILuft 34, AHQU 8.10.1915.
[34] Die zweisitzigen, bewaffneten, sogenannten „C- oder Kampfflugzeuge" wurden anfangs als Standardflugzeuge der deutschen Luftstreitkräfte zum Zweck der Luftaufklärung gebaut.

vorgesehenen mehreren Maschinengewehren von Flugzeugführern selbständig vorgekommen ist und dementsprechend auch eine größere Munitionsmenge mitgenommen wird[35]."

Piloten lehnten technische Innovationen jedoch nicht grundsätzlich ab, wenn sie beispielsweise im Zweiten Weltkrieg neue Geräte und Instrumente wie etwa ein Lotfernrohr zum Anvisieren des Zieles oder Funkgeräte ausbauten oder nur zögerlich auf Sauerstoffgeräte zurückgriffen. Vielmehr zeigen solche Beispiele, dass jedes zusätzliche Gerät die Handlungsfreiheiten im Luftkampf einschränkte und zudem neue Handlungsroutinen erforderte. Andererseits forderten die Piloten stets leistungsstarke und wenn möglich technisch überlegene Waffen und Flugzeuge: „In der letzten Zeit häufen sich die Fälle, in denen Flugzeugführer sich abfällig über eine neu an die Front kommende Flugzeugart äußern[36]." So kam es zum Dilemma der stetigen Änderungswünsche von Seiten der Piloten, die dazu führten, dass diese unter dem Zeitdruck der Kriegsverhältnisse nicht angemessen in den Rüstungsprozess eingespeist werden konnten oder zu unreifen und mangelhaften Entwicklungen führten.

Technische Komplexität im Zweiten Weltkrieg

Im Zweiten Weltkrieg war der Luftkrieg dann hochgradig technisch vermittelt, so dass die Piloten nur noch als Teil einer weit verzweigten, technischen Infrastruktur verstanden werden können. Automatisierte, arbeitsteilige Regelungsvorgänge und komplizierte technische Geräte hatten Einzug in den Kriegsalltag gefunden. Der kreiselbasierte Autopilot, ferngesteuerte Waffen, Blindfluginstrumente, Sauerstoffanlagen, Navigations- und Funkgeräte stellten hohe Anforderungen an Pilot und Besatzung. In der diachronen Perspektive zeigt sich, dass die Technisierung des Fliegens nicht gleichbedeutend war mit einer Entlastung der Piloten. Vielmehr stiegen die Anforderungen mit der technischen Erweiterung der Gewaltpotenziale. Die zunehmende technische Komplexität lässt sich indirekt auch am Anwachsen der Infra-

---

[35] KoGenluft Nr. 26 925 Fl, 26.10.1916, gez. Thomsen, Chef des Generalstabes. In: Sammelheft Dienstvorschriften, S. 129.

[36] Feldflugchef Nr. 23234 Fl., 23.8.1916, gez. Thomsen. Ebd. In: Feldflugchef Nr. 23234 Fl., 23.8.1916, gez. Thomsen. In: Sammelheft Dienstvorschriften, S. 129.

struktur des Bodendienstes, der Spezialisierung der technischen Berufe im Werkstattbetrieb sowie an der Arbeitsteilung an Bord nachweisen[37].

Luftfahrtmediziner, die sich mit den konkreten Leistungsgrenzen und Unfallursachen befassten und Tauglichkeitskriterien zur Heranziehung der geeigneten Kandidaten aufstellten, waren sich der hohen technischen Anforderungen im Zweiten Weltkrieg bewusst: „Denn das vorhandene Fluggerät ist äußerst kompliziert und technisch hoch entwickelt. Es ist nicht zu erwarten, dass darin in den nächsten Jahren eine Änderung eintritt. Eher wird es noch komplizierter[38]." Der damalige Technisierungsgrad erforderte Vertrautheit im Umgang mit Motoren, Waffen und Geräten. Aufgrund des hohen Personalbedarfes im totalisierten Krieg konnte jedoch nur auf technisch durchschnittlich begabte Soldaten zurückgegriffen werden. „Es lernt nicht fliegen der technisch Interessierte und Begabte, der Mechaniker oder sonst technisch Vorgebildete, sondern der Bäcker, der Schlächter, der Kaufmannsgehilfe, alles Männer, die nicht unbedingt in geistiger Hinsicht technisch ausgerichtet sind[39]." An dieser Stelle ist ein eindeutiges Dilemma der damaligen Technikauffassung zu erkennen. Einerseits verlangte die Ausweitung des Luftkrieges die Rekrutierung einer großen Zahl an Piloten. Andererseits konnten Technisierungsprozesse trotz der zunehmenden Automation des Fliegens durch kreiselbasierte Autopiloten und Blindfluginstrumente sowie Funkführungssysteme die technisch bedingten Anforderungen nicht reduzieren. Die Ausbildung differenzierte sich und dauerte länger als im Ersten Weltkrieg.

Die Kontrolle der Flugzeuge sollte den Piloten deshalb durch habitualisierte Handlungsmuster antrainiert werden. Flugdisziplin und „exerziermäßiges Fliegen" waren nicht nur während der allgemeinen soldatischen Grundausbildung verlangt, sondern ebenso in der alltäglichen Flugpraxis. So wurde das strikte Einhalten der Flugposition beim Verbandsflug als „exerziermäßiges" Flugverhalten bezeichnet. Dieser Rekurs auf ältere militärische Deutungsmuster ist jedoch kein Beleg für eine rückständige oder technik-

---

[37] Bereits im Ersten Weltkrieg wuchs mit der Intensivierung des Luftkriegs an der Westfront die für Reparatur und den Nachschub zuständige „Flugzeugmeisterei".
[38] Deutsches Museum Archiv [DMA] Hans Wiesehöfer: Über die Ursachen von Flugunfällen auf Grund ärztlicher Flugunfallmeldungen, Berlin Adlershof 1942, Deutsche Luftfahrtforschung, FB 1702, ZWB, S. 9.
[39] Ebd., S. 10.

feindliche Luftwaffe. Denn bereits 1936 führt diese die flexible, innovative Luftkampftaktik von „Schwarm und Rotte" ein, um den neuen technischen Anforderungen des Hochgeschwindigkeitsfluges zu entsprechen. Die Beibehaltung der militärischen Begrifflichkeiten von „Disziplin" und „Exerzieren" zeigt vielmehr, dass nicht einfach ein neuer, technoider Kämpfertypus die klassischen militärischen Leitvorstellungen ablöste, sondern die technisierten Handlungsformen unter Rückgriff auf tradierten militärischen Begrifflichkeiten angeeignet wurden. Dieser historische Befund widerspricht der These des Soziologen Bröckling, der davon ausgeht, dass beispielsweise das Fahren eines Kraftfahrzeuges nicht „eingedrillt" werden kann.

Auch im Rahmen der Flugzeugführerausbildung wurden weiterhin „Exerzierübungen" durchgeführt. An „Uebungsrümpfen" und Linktrainern konnten die Piloten im Trockenen wesentliche Handgriffe und Handlungsabläufe beim Fliegen durchspielen. Ziel war es, die in solchen Notsituationen auftretenden Blockierungen und Hemmungen durch reflexartige Handlungsmuster zu durchbrechen: „Durch solche Einübung wird nicht nur die Unfallangst *nicht* erhöht, sondern im Gegenteil wird dadurch, dass der Pilot alle notwendigen Handlungen reflexartig parat liegen hat, Spielraum für weitere sachgemäße Überlegungen geschaffen[40]!" Ein weiteres Beispiel für die Anwendung militärischer Exerziervorstellungen im Kontext hochtechnisierter Handlungsabläufe sind die Anweisungen zu Start, Flug und Landung. „Exerzierkarten" fassten die Handlungsabläufe knapp zusammen. Sie sollten die Piloten von Jagd- und Kampfflugzeugen „griffsicher" machen und ihnen dabei helfen, die für die Durchführung des Fluges notwendigen Handlungsmuster zu verinnerlichen. Dennoch waren diese Exerziervorschriften nicht als verbindliche Regeln oder gar Befehle, sondern als situationsabhängige Handlungsmuster zu verstehen.

Vom Krieger zum Cyborg?

Vor diesem Hintergrund der Technikerfahrungen im Zweiten Weltkrieg stellt sich die Frage, ob mit der Einführung eines US-amerikanischen Technikstils in den 1960er Jahren sich der Habitus der Militärpiloten wandelte. Ließen sich die neuen Procedures, Checklisten, Teamworks und operationa-

---

[40] Wiedermann: Über jahreszeitliche Häufung und psychische Verursachung von Flugunfällen, 1944, UM 1115, S. 29.

lisierten Handlungsvorgaben im Cockpit eines modernen Düsenjägers mit den alten Exerziervorstellungen und automatisierten Handlungsabläufen vergleichen?

Zumindest auf der personellen Ebene gab es keine Stunde Null. Hochdekorierte Jagdpiloten wie Günther Rall, Johannes Steinhoff oder Hannes Trautloft machten eine zweite militärische Karriere und trugen maßgeblich zum Aufbau der Bundeswehr-Luftwaffe bei. Die ersten Luftwaffenpiloten waren allerdings nicht mehr ganz so jugendlich. Die ehemaligen Jagdpiloten wurden zum „Refreshing" in die USA geschickt, um die neue Technik anzueignen und die Grundlagen für die Starfighterausbildung zu legen. Fragen der Ausbildung sind, wenn es um die Praxisdimension des Fliegens geht, aufschlussreich, da sich hier die professionelle Sozialisation vollzieht und ein beruflicher Habitus ausgebildet wird. Die Piloten verinnerlichten in den USA nicht nur einen neuen Lifestyle und modernen Habitus des amerikanischen Jetpiloten, der auch über die Sprache und das damit einhergehende Fachjargon vermittelt wurde. So wurden die ehemaligen Jagdpiloten mit einem neuen technischen Stil, dem System der sogenannten ‚Checks and Procedures', bekannt gemacht und amerikanisiert[41].

Bei der Betrachtung der Handlungsanforderungen an Jetpiloten, wie sie beispielsweise in einem telefonbuchdicken ‚Flight manual' spezifiziert werden, fällt auf, dass die Thematik der technischen Komplexität, die bereits im Zweiten Weltkrieg die Flugpraxis bestimmte, sich in den 1960er Jahren auf einem höheren technischen Niveau fortsetzte. Allein der hier abgebildete ‚Preflight Check' eines F-104G Starfighters umfasste 83 Punkte. Procedures, das waren festgeschriebene Handlungsabfolgen, die durchschnittlich begabte Akteure in jeder Situation in die Lage versetzen sollten adäquat zu handeln. Es gab general directives, local operating procedures, aircraft operating procedures, combat operating procedures, normal procedures and emergency procedures. Diese stark disziplinierende und schematisch erfolgende Handlungsanweisungen schienen dem traditionellen Bild des Airman, der das Flugzeug frei beherrscht zu widersprechen.

---

41   Schmidt, Wolfgang: Briefing statt Befehlsausgabe. Die Amerikanisierung der Luftwaffe 1955-1975. In: Bernd Lemke, Dieter Krüger, Heinz Rebhan, Wolfgang Schmidt (Hrsg.): Die Luftwaffe 1950 bis 1970. Konzeption, Aufbau, Integration, München 2006 (= Sicherheitspolitik und Streitkräfte der Bundesrepublik Deutschland, Bd. 2), S. 649-691.

Bild 5: *Piloten aus dem Zweiten Weltkrieg beim ‚Refreshing' auf Strahlflugzeugen in den USA: v.l. Friedrich Obleser, Günter Rall, Paul Schauder, Fritz Wegner, Erich Hartmann, Ernst Dieter Bernhard, Gerd Tetteroo. (Militärhistorisches Museum der Bundeswehr, Dresden).*

Andererseits sahen sich die Starfighter Piloten durchaus als Flieger und nicht als Busfahrer oder Chauffeure, die von A nach B fliegen. Im Idealfall konnte einem Flugzeugführer sein technisches Wissen, das er in einer elektrotechnischen Ausbildung erworben hatte, helfen, im System zu denken und letztlich der Technik zu vertrauen, um ihr aber stets einen Schritt voraus zu sein. Die Frage, inwiefern in den 1960erJahren der soldatische Habitus der Piloten durch einen moderneren, technikzentrierteren Habitus abgelöst wurde, kann auf der Basis der vorliegenden Quellen allerdings nur ansatzweise beantwortet werden. Zu vermuten ist, dass nun die Technik eine zunehmend explizitere Rolle spielte. Um es in Verhältnisse aus dem Zweiten Weltkrieg zu erläutern: Nun mussten auch Jagdflieger ein Anforderungsprofil erfüllen, das früher eigentlich nur für Piloten mehrmotoriger Bomber- und Aufklärungsflugzeuge galt.

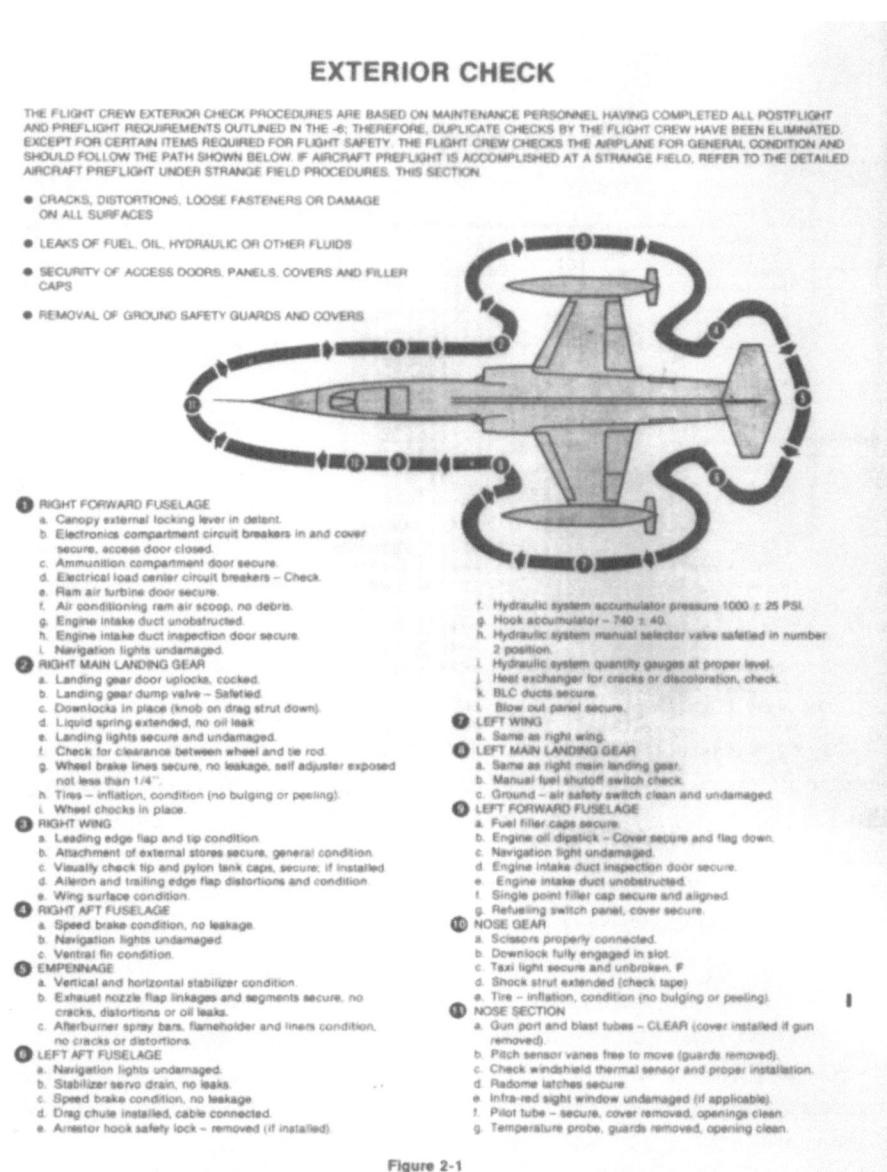

Bild 6: Das neue System der ‚Checks and Procedures' am Beispiel eines Preflight Checks für die F-104G[42].

---

[42] DMA LR 04075 Flight Manual F-104 G.

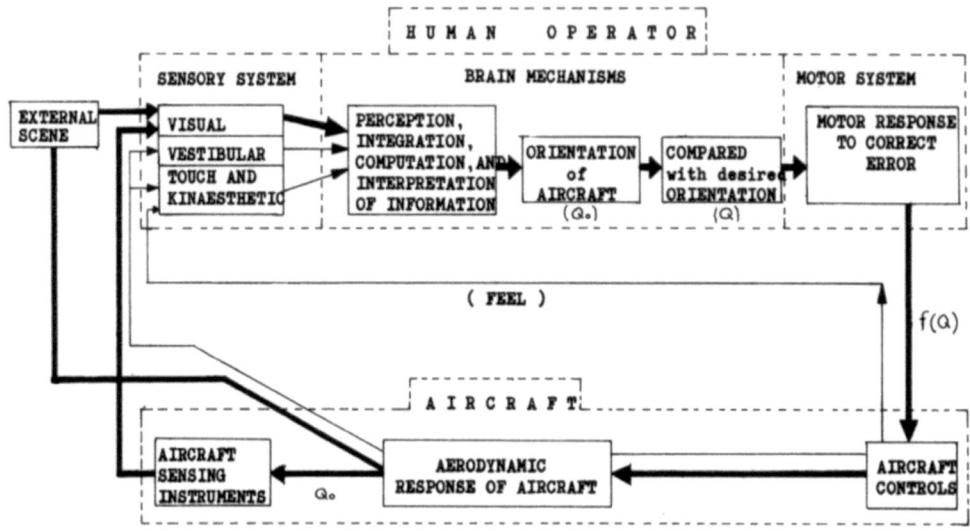

Bild 7: Der Pilot als Regler[43].

In den 1960er Jahren wurde der Pilot von Seiten der Ingenieure, aber auch der kybernetisch orientierten Psychologie und Medizin als Regler und Operator in einem System aufgefasst. Dies ist anhand eines Schemas aus einem Lehrbuch der Flugpsychologie aus dem Jahr 1965 zu sehen. Der Pilot steht hier als „human operator" an der Mensch-Maschine-Schnittstelle und muss funktional über sein sensorisches und motorisches System und seine Gehirn Mechanismen, das Input interpretieren und dementsprechend das Flugzeug auf der Basis der wahrgenommenen Informationen der Flugzustände kontrollieren. In diesem Sinne könnte man am ehesten von einem kybernetischen Handlungszusammenhang sprechen. Dies ist allerdings ein weitaus komplexerer und zudem wissens- und erfahrungsbasierter, körperlich vermittelter Vorgang als dies die meist krude Metaphorik des „Cyborgs" und die damit einhergehende Vorstellung einer Verschmelzung des Körpers mit der Technik suggeriert.

---

[43] Spohd, Gerd O.: Human Factors. In: Human factors Aspects of Aircraft accidents. NATO, Agard (Advisory Group for Aerospace research and development) Lecture Series, Neuilly sur Seine 1982, S. 5-13.

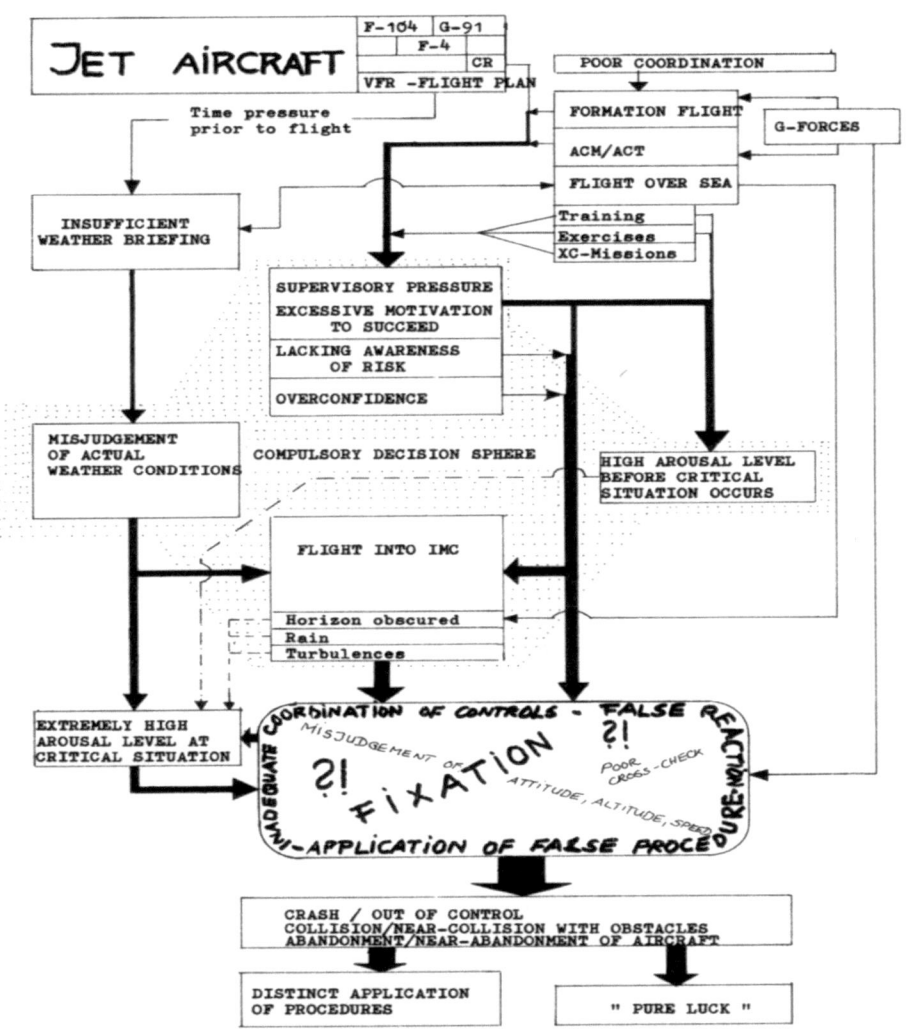

Figure 19. Human factor in spatial disorientation.
(Results of a study)

Bild 8: Die kybernetische Interpretation einer räumlichen Desorientierung beim Flug mit einer F-104G[44].

---

44   Ebd., S. 5-14.

Wie eine Gefahrensituation als regelungstechnisches Problem interpretiert wurde, zeigt das Schema eines Flugmediziners aus Fürstenfeldbruck. Das Blockbild verdeutlicht den neuen, kybernetischen Technik- und Wissenschaftsstil. Die externen Fehlerursachen basieren auf zeitlichem Druck, unzureichendem Wetterbriefing, falscher Einschätzung der aktuellen Wetterlage, zu hoher Motivation bzw. zu hoher Erwartungen der Vorgesetzten, ein mangelndes Risikobewusstsein oder zu großes Selbstvertrauen auf Seiten der Piloten, die dann zu einem zu hohen Erregungszustand in der Gefahrensituation und beim Überschreiten einer kritische Schwelle zwangsläufig dazu führen, dass der Pilot in eine Schlechtwettersituation hineinfliegt. Das hieraus resultierende Unfallrisiko lässt sich dann nur noch durch ein entschiedenes Anwenden von Procedures einerseits oder, als logische Alternative, „pures Glück" andererseits abwenden.

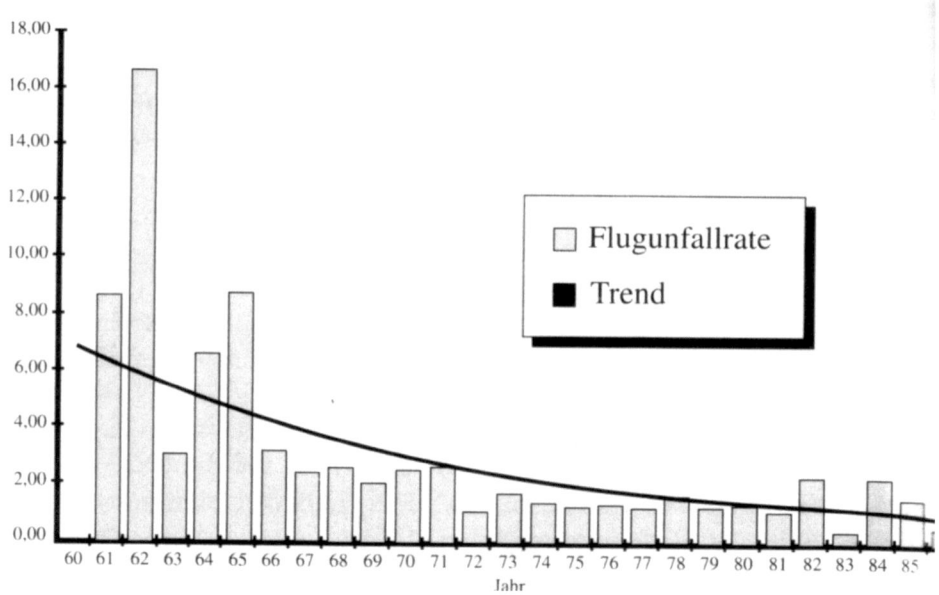

Bild 9: Unfallrate der F 104G pro 10 000 Flugstunden[45].

---

[45] Schlieper, Andries: Die Wechselwirkung Taktik – Technik – Mensch. Die Einführung des Flugzeuges F 104 G in die deutsche Luftwaffe und die „Starfighterkrise" von 1965/66. In: Thoß, Bruno (Hrsg.): Vom Kalten Krieg zur deutschen Einheit. Analysen

Dass die technischen Anforderungen an die Piloten zu hoch und zugleich die Technik noch nicht voll ausgereift war, zeigte die Starfighter-Krise, die in den Jahren 1965/1966 kulminierte. Die Krise ist nicht nur aus medien- und politikgeschichtlicher oder in organisatorischer Hinsicht relevant, wenn es um die Frage geht, wie letztlich diese Unfallproblematik bewältigt wurde. Unfälle geben zudem Auskunft über die Anforderungen der Technik an den Piloten. Deshalb sind Momente der Krise und des Scheiterns von Technik ein geeignetes heuristisches Mittel, Praxiszusammenhänge aufzuzeigen. Einer der wesentlichen Maßnahmen von General Johannes Steinhoff (1913-1994) als verantwortlicher Inspekteur der Luftwaffe war es, dafür zu sorgen, dass sich die Zahl der Flugstunden erhöhte, um so den Piloten jene technische Erfahrungen und Lernprozesse zu ermöglichen, die eine komplexe Hochtechnologie an der Leistungsgrenze verlangt[46].

Fazit

Luftfahrtgeschichte lässt sich ohne die Betrachtung des Fliegens, der verwickelten Mensch-Maschine-Interaktionen, Flugeigenschaften und Anforderungsprofile nicht verstehen. Im historischen Längsschnitt wird die zunehmende technische Komplexität der Militärluftfahrt und die damit einhergehende Ausweitung der Handlungsmöglichkeiten ersichtlich. Technisierungsschübe machten ältere, traditionellere militärische Vorstellungen und Männlichkeitsvorstellungen aber nicht einfach obsolet. Auch im Zeitalter der Düsenjets und automatisierten Waffensysteme ist der Pilot kein rein funktionalistisch zu verstehender „high tech warrior", kybernetischer Regler oder Cyborg, der die Systemanforderungen nach Ist- und Sollwert abgleicht. Vielmehr bleibt der militärische Habitus, als eine Art Handlungsressource nötig, um die trotz aller Vereinfachungs- und Automatisierungsprozesse im militärischen Bereich steigende technische Komplexität des Fliegens abzufedern.

---

und Zeitzeugenberichte zur deutschen Militärgeschichte 1945 bis 1995, München 1995, S. 551-581, hier S. 576.

46 Vgl. Steinhoff, Johannes: In letzter Stunde. Die Verschwörung der Jagdflieger, München 1974, S. 275-287. Lemke, Bernd: Konzeption und Aufbau der Luftwaffe. In: Lemke, Krüger, Rebhan, Schmidt, Die Luftwaffe 1950 bis 1970 (wie Anm. 41), S. 71-484. Vgl. auch den Beitrag Möllers in diesem Band.

Michael Stein

Automation und Crew Ressource Management[1]

Einleitung: Vom traditionellen zum „Glass Cockpit"

In der zivilen wie auch der militärischen Luftfahrt können seit einigen Jahren zwei interagierende Entwicklungen beobachtet werden, welche das Arbeitsumfeld und Anforderungen an die Piloten wie auch deren Rollenbild verändern: Zum einen sind dies Fortschritte in der Informationsdarstellung, die sich in der Modifikation des konventionellen Cockpits mit den typischen Rundinstrumenten hin zum sogenannten „Glass Cockpit" (Computer Displays) niederschlagen. Zum anderen koexistiert der tiefgreifendere Prozess der Automation. Dabei werden vormals manuell ausgeführte Prozesse computergestützt gesteuert und exekutiert. Das Ziel beider Implementierungen ist eine Erhöhung der Flugsicherheit sowie eine Steigerung der Effizienz[2], welche vor allem durch die negative Relation zwischen der Anzahl von Flügen und Unfällen bestätigt wird. Dies impliziert im militärischen Bereich sowohl eine effizientere Durchführung von militärischen Missionen als auch eine Verbesserung des Eigenschutzes. Jedoch treten auch negative Effekte auf, wie u. a. der Fähigkeitsverlust des Piloten, das Flugzeug manuell zu steuern. Ferner können durch die Herausnahme des Piloten aus der Wirkschleife („Out of the Loop") in bestimmten Flugphasen Zustände der Langeweile und Monotonie beobachtet werden, aus der eine mangelnde Überwachung des Systems („Lack of Monitoring") resultiert. Hier stellt sich die Frage, ob und inwiefern Techniken wie das Crew Ressource Management (z. B. Teambildung, Selbst-Reflexion, Kommunikations-, Problem- und Konfliktlösetraining) Abhilfe schaffen können.

---

[1] Der Beitrag entstand in Zusammenarbeit mit Maxi Robinski und Franz Grell.
[2] Vgl. Abbildung 1.

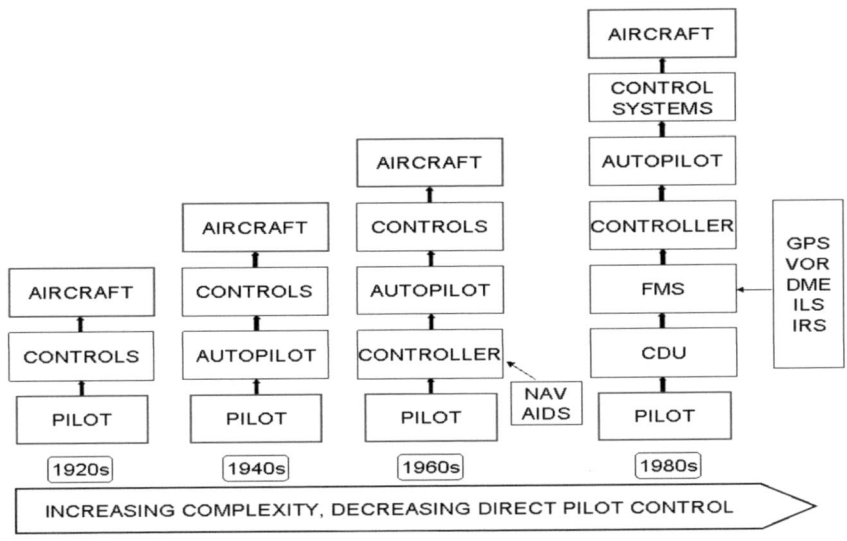

Abbildung 1: Zusammenhang zwischen steigender Komplexität von Automation (links) und Produktivität bzw. Flugsicherheit (rechts)[3].

---

[3] Übernommen aus Sarter, N./Woods, D. D./Billings, C. E.: Automation surprises (pp. 1926–1943). In: G. Salvendy (Ed.): Handbook of Human Factors and Ergonomics (2nd ed.) New York 2001. Flemisch, Frank Ole: Pointilistische Analyse der visuellen und nicht-visuellen Interaktionsressourcen am Beispiel Pilot-Assistenzsystem. Universität der Bundeswehr München, Aachen 2001.

Seit Beginn der Einführung des Eurofighters (auch mit der Einführung des Transportflugzeuges A 400M, der Hubschrauber NH 90 sowie UH Tiger) steht die Bundeswehr vor dem Ersatz konventioneller Cockpits mit typischen Rundinstrumenten (Phantom F4-FII, PA 200 Tornado, Transall, Bell, Bo 105) durch hoch automatisierte und mit „Glass Cockpits" ausgerüstete Luftfahrzeuge[4]. Hier ist zu erwähnen, dass sich insbesondere die Automation nicht nur auf die Flugführung und -regelung auswirkt, sondern auch auf den Bereich Waffeneinsatz und Kommunikation. Dies reicht vom automatischen Erkennen i. d. R. multipler gegnerischer Ziele bis hin zu automatisch durchgeführten Abwehrmanövern. Insbesondere beim Eurofighter wird der Pilot durch Automation (z. B. „Fuel Management", automatische Feinderkennung u. a.) als auch durch die zentrale Informationsdarstellung zwar entlastet, jedoch gleichzeitig durch die Anforderungen des „Single-Seater-Konzeptes" und des „Multi-Role-Luftfahrzeuges" kognitiv belastet. Insgesamt wird das Gesamtsystem Eurofighter damit komplexer, wenn nicht gar komplizierter. Im Rahmen des Vergleiches zwischen der zivilen und militärischen Luftfahrt muss betont werden, dass fliegende Waffenplattformen mit Abstand die komplexeren Systeme im Vergleich zu zivilem Luftfahrtgerät darstellen. Dies liegt darin begründet, dass Fliegen im militärischen Kontext zwar eine „Basiseigenschaft" darstellt, es sich jedoch um eine Waffenplattform handelt, die im Verbund mit anderen Kräften (Land, See) in der Regel in sehr komplexen Szenarien eingesetzt wird. Hier sind die System- und Kommunikationsanforderungen wesentlich höher als in der zivilen Luftfahrt, deren einziges Ziel es ist Passagiere oder Fracht sicher und effizient von einem Standort zu einem anderen zu transportieren. Allerdings zeigen zahlreiche Untersuchungen in der zivilen Luftfahrt schon aus den 1980er Jahren[5], dass es Piloten durch Fähigkeitsverluste und Trainingsmangel schwer fallen kann, neue, automatisierte Cockpits zu adaptieren.

---

[4] Vgl. Abbildung 2.
[5] Wiener, Earl L./Curry, Renwick E.: Flight-Deck Automation: Promises and Problems. NASA TM-81206, 1980. Wiener, Earl L.: The human factors of advanced technology ("glass cockpit") transport aircraft (NASA Contractor Report 177528). Moffett Field, CA: NASA Ames Research Center 1989.

Abbildung 2: Konventionelles Cockpit (hier: Phantom F4-F) vs. „Glass Cockpit" (hier: Eurofighter) (eigene Fotos).

Vom aggressiven zum kühlen „Fighter Pilot"

Die effiziente Adaption an automatisierte Cockpits wird innerhalb der Bundeswehr durch traditionelle Rollenbilder der Piloten konterkariert: War der Maßstab für einen guten „Fighter Pilot" neben seinen „Airmanship-Eigenschaften[6]" in früheren Jahren insbesondere seine Hand-Auge-Koordination („Good Stick") und eine gewisse „Aggressivität" gepaart mit Intelligenz, so ist diese Informationsaufnahme und -verarbeitung mittels Informationssystemen und darauf basierendes „Decisions Making". Auch ist eher kühle Rationalität gefragt, die nicht durch Aggressivität interferiert wird. Auf die Veränderung des Rollenbildes in der zivilen Luftfahrt weist ein Artikel mit dem Titel „Computer-Piloten. Trends in der Verkehrstechnik" hin[7]. In diesem wird das Rollenverständnis des Piloten als „Flieger" kritisch beleuchtet. Jener hat sich im Rahmen von Automation zu einem Systemoperator gewandelt, der mittels „Multi-Function-Displays" und Informationssystemen das Flugzeug überwacht und steuert und mit Hilfe dieser Systeme betriebswirtschaftliche Erwägungen nach der optimalen Geschwindigkeit und Höhe in Bezug zu den zurzeit bestehenden Personalkosten anstellt[8]. Zwar referiert der oben beschriebene Artikel auf die zivile Luftfahrt, lässt jedoch auch Schlüsse auf die militärische Luftfahrt zu. Zum Thema Rollenverständnis wird zwar von Eurofighter-Piloten (hier insbesondere der Fluglehrer) die Bedeutung der oben beschriebenen klassischen „Fighter-Eigenschaften" betont und ausgeführt, dass diese auch in der heutigen Zeit hochrelevant seien; es ist jedoch daran zu zweifeln, ob dem durch jüngere und insbesondere in Bezug auf den Umgang mit Computern anders sozialisierten Generationen von „Fighter Piloten" noch beigepflichtet wird. Au-

---

[6] "Airmanship can be defined as: 1) A sound acquaintance with the principles of flight, 2) The ability to operate an airplane with competence and precision both on the ground and in the air, and 3) The exercise of sound judgment that results in optimal operational safety and efficiency." (Airplane Flying Handbook. U.S. Government Printing Office, Washington DC: U.S. Federal Aviation Administration. 2004. pp. 15–7 to 15-8. FAA-8083-3A. http://www.faa.gov/library/manuals/aircraft/airplane_handbook/ Retrieved (12.04.2012).

[7] Stix, G.: Computer-Piloten. Trends in der Verkehrstechnik. Spektrum der Wissenschaft, Heft 9, 1993, 68-73.

[8] Stein, Michael: Informationsergonomie. Ergonomische Analyse, Bewertung und Gestaltung von Informationssystemen (Habilitationsschrift), 2008.

ßerdem bleibt offen, ob sich die Sicht heutiger Generationen in Zukunft halten wird.

Automation: Definitionen, Stufen und Prinzipien

Parsons definiert Automation wie folgt: „[...] systems or methods in which many of the processes of production are automatically performed or controlled by autonomous machines or electronic devices".[9] Auch wenn diese Definition durchaus trivial anmutet, so stellt die Automation von heutigen militärischen und zivilen Luftfahrzeugen ein hoch komplexes System innerhalb der Mensch-Maschine-Schnittstelle dar. Dabei stellt sich die Frage, ob die Komplexität dieses Systems von Piloten kognitiv derart abgebildet werden kann, dass diese in der Lage sind das Gesamtsystem zu jeder Zeit (also in jeder Flugphase, auch „Abnormal Situations") zu beherrschen.

Eine neuere, an das Informationszeitalter angepasste Definition stammt von Parasuraman: „We define automation as the execution by a machine agent (usually a computer) of a function that was previously carried out by a human. What is considered automation will therefore change with time."[10] Hierin wird auch deutlich, dass sich Automation in Abhängigkeit der technischen Entwicklung ständig wandelt, aber nicht zwingend zu einer Optimierung der Mensch-Maschine-Schnittstelle führt.

Sheridan[11] schlägt zehn Stufen der Automation vor[12]. Die Endpunkte dieser diskreten Skala sind auf der einen Seite beschrieben mit „autonomes Handeln der Automation, ohne Einbezug des Operateurs" (höchste Stufe der Automation) sowie auf der anderen mit „alleiniges Handeln des Operateurs ohne Unterstützung von Automation und sonstigen Assistenzsystemen". In der Regel werden nur wenige Prozesse und die damit verbundenen

---

[9] Parsons, H. M.: Automation and the individual: Comprehensive and comparative views, Human Factors, 27 (1985), S. 99-111.

[10] Parasuraman, R. & Riley, V.: Humans and Automation: Use, Misuse, Disuse and Abuse. Human Factors; The Journal of the Human Factors and Ergonomics Society, 39 (1979), 2, S. 230-253.

[11] Sheridan, T. B.: Telerobotics, automation, and human supervisory control. Cambridge 1992.

[12] Vgl. Abbildung 3.

Entscheidungs- und Ausführungsschritte derart „extrem" entweder der Automation oder dem Operateur zugeordnet. Vorteilhafter erwies sich in modernen Luftfahrzeugen eher ein kooperatives Miteinander, welches die Stärken und Schwächen des jeweiligen Parts in die Aufgabenteilung mit einbezieht. Hierbei überwachen sich Automation und Pilot gegenseitig, jedoch verbleibt die letzte Entscheidungsgewalt stets beim Piloten.

HIGH	10. The computer decides everything, acts autonomously, ignoring the human.
	9. informs the human only if it, the computer, decides to
	8. informs the human only if asked, or
	7. executes automatically, then necessarily informs the human, and
	6. allows the human a restricted time to veto before automatic execution, or
	5. executes that suggestion if the human approves, or
	4. suggests one alternative
	3. narrows the selection down to a few, or
	2. The computer offers a complete set of decision/ action alternatives, or
LOW	1. The computer offers no assistance: human must take all decisions and actions.

Abbildung 3: Die zehn Stufen der Automation nach Sheridan (1992).

Unabhängig auf welcher Stufe die Automation realisiert wird, schlagen Wiener und Curry (1980)[13] folgende allgemeine Gestaltungsprinzipien für die Integration von Automation in Luftfahrzeugen vor:
- Die Automation sollte vom Operateur einfach zu verstehen und interpretieren sein,
- Die Automation sollte die Aufgabe so ausführen, wie der Operateur es sich vorstellt,
- Es sollten hohe Arbeitsbelastungen des Operateurs vermieden werden,
- Der Operateur sollte trainiert werden und die Automation als zusätzliche Hilfe/Ressource begreifen,

---

[13] Wiener/Curry, Flight deck (wie Anm. 5), S. 995-1011.

- Die Automation sollte sich an unterschiedliche Nutzer („Different Operator Styles") anpassen.

Ob sich diese durchaus einfachen und klaren „Style Guides" in den heutigen Systemen wirklich wiederfinden, bedarf zukünftig näherer Betrachtung.

Automation am Beispiel „Flight Envelope Protection"

In der Luftfahrt werden durch die Firmen Airbus und Boeing unterschiedliche Philosophien in Bezug auf die Cockpitgestaltung, insbesondere auf Automation und die Aufgaben- sowie Kompetenz-Verteilung zwischen Mensch und Maschine vertreten. Die sogenannte „Flight Envelope Protection", zuerst eingeführt im Airbus A 320, ist ein Teil der „Flight Control Software" und stellt sicher, dass ein Luftfahrzeug sich immer im Rahmen seiner strukturellen Integrität, aerodynamischen „Limits" und Leistungsfähigkeit bewegt. Somit schützt die „Flight Envelope Protection" das Luftfahrzeug vor unkontrollierten Flugzuständen und Beschädigung. Im Rahmen der „Flight Envelope Protection" wird u. a. die minimale und maximale „Airspeed" definiert und bei drohender Unter- oder Überschreitung computergesteuert sicher gestellt, dass sich das Luftfahrzeug nicht aus den „Design Limits" bewegt. Die Besatzung eines Airbus kann diese vorgegebene „Flight Envelope Protection" nicht direkt „overridden", z. B. durch eine größere Krafteinwirkung auf den „Stick", sondern es muss im „Flight Management System" ein anderer Modi angewählt werden („Hard Protect"[14]). Im Gegensatz zur „Flight Envelope Protection" von Airbus kann im Rahmen der Boeing Philosophie direkt über eine größere Krafteinwirkung auf den „Stick" („Active Control Stick") die vorgegebene „Flight Envelope Protection" willentlich verlassen werden („Soft Protect"[15]).

---

14 Vgl. Abbildung 4.
15 Vgl. Abbildung 4.

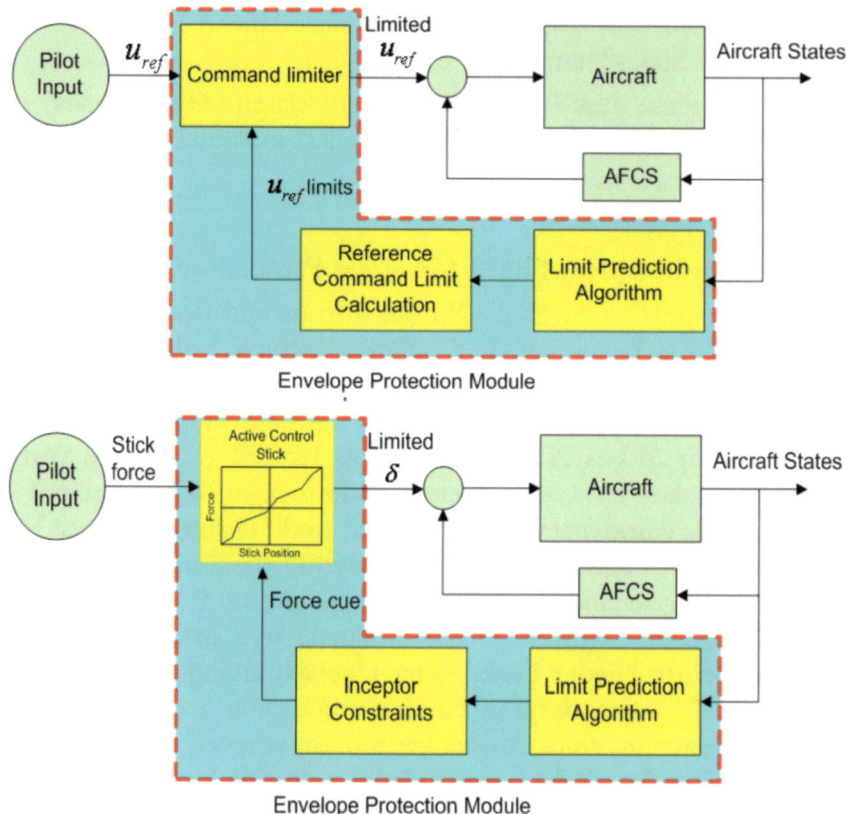

Abbildung 4:   Schemata für „Hard Envelope Protection" (oben) vs. „Soft Envelope Protection" (unten; übernommen aus Shin et al., 2011[16]).

Für beide Gestaltungsansätze existieren Beispiele, die die Vor- und Nachteile aufzeigen. So können aus bestimmten Flugsituationen Anforderungen entstehen, aus denen eine partielle Beschädigung des Luftfahrzeugs in Kauf zu nehmen, jedoch dadurch ein Totalverlust zu vermeiden ist. Als Beispiel hierfür kann der Unfall einer Boeing 747SP-09 (China Airlines Flug 006) am 19. Februar 1985 angeführt werden. Dabei wurde das Flugzug aufgrund eines Autopilotenfehlers („Automatic Disconnect of the Autopilot")

---

[16] Shin, H. H./Lee, S. H./Kim, Y./Kim, E. T./Sung, K. J.: Design of a Flight Envelope Protection System Using a Dynamic Trim Algorithm. International Journal of Aeronautical & Space Sciences 12(3) 2011, S. 241-251.

und eines Triebwerkausfalls, welcher in einer kritischen Fluglage mündete (auf dem Kopf und nahezu vertikale, abwärtsgerichtete Flugbahn), beim Abfangmanöver mit 5.5 G's – also außerhalb der „Design Limits" – belastet. Dies führte in der Folge zu einer Beschädigung des Höhenleitwerks. Hier wurde mit dem Überschreiten der „Design Limits" die strukturelle Integrität partiell verletzt, jedoch ein Totalverlust vermieden. Im Gegensatz dazu verunglückte am 12. November 2001 ein Airbus A300 (American Airlines Flug 587) ohne „Flight Envelope Protection" aufgrund eins Bruches des „Vertical Stabilizer" als Folge eines überhöhten Ruderausschlages.

Auswirkungen von Automation

Automation und ihre Wirtschaftlichkeit

Die Vorteile von Automation sieht Wiener[17] vor allem in einer Steigerung der Kapazität und Produktivität des Gesamtsystems Luftfahrzeug als auch in einer Erhöhung der Flugsicherheit durch Vermeidung von menschlichen Fehlern. Dies gilt sowohl für die zivile als auch die militärische Luftfahrt. Ein Beispiel für den erstgenannten Bereich ist der automatisiert durchgeführte Steigflug. Hierbei steuert die Automation („Flight Management System" und Autopilot) bestimmte Parameter (z. B. Triebwerksleistung und Steigwinkel) im Rahmen von Vorgaben der Piloten und der Flugsicherung so effizient (maximale Leistung bei einem angemessenen Ressourceneinsatz), wie es bei einem manuell durchgeführten Steigflug kaum möglich wäre. Somit wird mittels Automation dem Primat der Wirtschaftlichkeit in der zivilen Luftfahrt Rechnung getragen. Als Beispiel für die militärische Luftfahrt kann die vom Autopilot berechnete und ausgeführte Flugroute zu einem Abfangziel („Intercept") betrachtet werden, die präziser und schneller geflogen werden kann als bei manueller Steuerung. Die gewonnenen kognitiven Ressourcen kann der Pilot für höherwertige Aufgaben oder taktische Überlegungen nutzen. Überdies führt Automation zu einer Entlastung des Operateurs von – als lästig wahrgenommenen – Routineoperationen und somit zur Reduktion von Arbeitsbelastung („Workload") und mentaler Ermüdung.

---

[17] Wiener/Curry, Flight deck (wie Anm. 5), S. 995-1011.

Automation und ihre Ironien

Ein höherer Grad an Automation resultiert in einer anderen Aufgabenverteilung zwischen Mensch und Maschine. Dabei kommt es in der Regel zu einer Veränderung der kognitiven Anforderungen. Ist der Pilot beim manuellen Fliegen Ausführender, so ist er im automatisierten System häufig nur noch Systemüberwacher (siehe Stix, 1991, „Computerpiloten"). Entsprechend stehen den oben genannten Vorteilen die „Ironien der Automation"[18] gegenüber. Im Gegensatz zu dem Beschriebenen kann die Herausnahme des Operateurs aus Routineoperationen auch zu dessen Ermüdung beitragen. So reagiert der Pilot aufgrund geringer Anforderungen mit Monotonieempfinden, Langeweile sowie mentaler und physischer Unterforderung. Hierbei sinkt insbesondere die physiologische Aktivierung („Arousal") des Piloten auf ein Ressourcen schonendes Niveau herab. Der gesamte Prozess wird auch als „Out of the Loop" (Herausnahme des Piloten aus der Wirkschleife) bezeichnet. Ein weiterer Nachteil dieses „Standby-Modus" ist, dass der Pilot z. B. im Notfall nicht schnell genug ein mentales Abbild der Situation generieren kann („Situational Awareness"[19]). Das genannte Problem zeigt, wie bedeutsam die Aufgabenteilung zwischen Mensch und Maschine ist. Dies gilt insbesondere für den Menschen, der aufgrund seiner Physiologie sowie seiner mentalen Fähigkeiten und Begrenzungen nur in einem bestimmten Bereich präzise und sicher agiert.

Ein weiterer Nachteil von Automation ist der Verlust bzw. die Minderung der Fähigkeit ein Luftfahrzeug manuell zu bedienen. Dies kann insbesondere bei Ausfall der Automation oder auch in einem Notfall von Bedeutung sein, bei dem der Pilot dann nicht mehr in der Lage ist, die Steuerung unverzüglich zu übernehmen und manuell zu regulieren. Ein anderes Problem besteht darin, dass die Strukturierung der Aufgaben des Piloten, wie z. B. Eingabe von Parametern und die Überwachung der Automation vorgegebenen Sequenzen folgt, denen sich der Operateur unterzuordnen hat (Stichwort Checklisten). Da diese Festlegung häufig auch als Bevormundung verstanden wird, gibt es immer wieder bewusste Verstöße gegen festgesetzte Regeln.

---

[18] Bainbridge, L.: Ironies of automation. In: J. Rasmussen/K. Duncan/J. Leplat (Eds.): New Technology and Human Error, Chichester 1987, S. 271-284.

[19] Endsley, M. R.: Toward a theory of situation awareness in dynamic systems. Human Factors, 37 (1995), S. 32-64.

Automation führt ferner zu Phänomenen wie dem „Schlüssellocheffekt", bei dem der Pilot aufgrund der Anzeigensymbolik (Schlüsselloch) in ein dahinter liegendes komplexes System „schaut", aber nur einen bestimmen Teil der Prozesse kennt und wahrnehmen kann. Zentral ist außerdem das Problem der „kognitiven Überladung". Hier kann die Kapazität des Piloten, bzw. dessen kongitives Handlungsmodell nicht mehr die Komplexität des realen Fluggerätes und der ganzen Systeme abbilden. Um mit der nicht beherrschbaren Komplexität umgehen zu können, werden vom Piloten kognitive Reduktionsstrategien eingesetzt, mittels derer starker Informationsverlust oder eine fehlgeleitete Priorisierung von Information einhergehen kann[20].

Basierend auf Wiener[21] fasst Prinzel III die Nachteile der Automation wie folgt zusammen: „These changes can result in lower job satisfaction (automation seen as dehumanizing human roles), lowered vigilance, fault-intolerant systems, silent failures, an increase in cognitive workload, automation-induced failures, over-reliance, complacency, decreased trust, manual skill erosion, false alarms, and a decrease in mode awareness".[22]

Methoden zur Entwicklung automatisierter Systeme

Um einen optimalen Grad an Automation zu entwickeln und zu implementieren werden verschiedene Methoden eingesetzt, die dazu dienen, Parameter des Operateurs zu überwachen und dessen Level an Beanspruchung mit dem Unterstützungspotenzial durch Automation zu verschränken. Über „Online"-Methoden werden beispielsweise die dynamische „Workload" und Performanz des Operateurs gemessen, indem er neben der Steuerung des Luftfahrzeugs eine Zweitaufgabe bearbeiten soll („Secondary Task Paradigm"). Ferner existieren subjektive Methoden, die die Beanspruchung von

---

[20] Herczeg, M./Stein, Michael: Human Aspects of Information Ergonomics. Development of a holistic model to describe human computer interaction. In: Stein, Michael/ Sandl, P. (Hrsg.): Information Ergonomics in Transportation, Berlin 2012.

[21] Wiener, E. L./Chidester, T. R./Kanki, B. G./Palmer, E. A./Curry, R. E./Gregorich, S. E.: The impact of cockpit automation on crew coordination and communication: I. Overview, LOFT evaluations, error severity, and questionnaire data (NASA Contractor Report 177587). Moffett Field, CA: NASA Ames Research Center 1991.

[22] Prinzel, L.: Team-Centered Perspective for Adaptive Automation Design (NASA/TM-2003-212154). Hanover, MD: NASA Center for AeroSpace Information, 2003.

Piloten beispielsweise verbal, in Form von Fragebögen, messen. Darüber hinaus lassen sich Vitalparameter und physiologische Korrelate mentaler Belastung, wie z. B. die Hirn- (EEG) oder Herzaktivität (EKG) erfassen. Einen weiteren Entwicklungsansatz für Automation bieten Modelle der menschlichen Performanz, sog. „Human Performance Models"[23]. Hier wird die Entwicklung von Reaktionsstandards ermöglicht, die sich aus einem Modell des Operateurs ableiten lassen. Nicht zuletzt steht zu Weiterentwicklungszwecken die „Mission"-Analyse zur Verfügung, innerhalb derer kritische Aktivitäten der Mission oder des Manövers beobachtet werden, um dann mit automatisierten Systemen zu reagieren. Aufgrund der fehlenden Orientierung an der „Workload" des Operateurs führt diese Methode aber zu kaum an menschliche Reaktionen angepassten Ergebnissen.

Adaptive Automation: Scheinbare Einfachheit, faktische Komplexität

Woods[24] kritisiert, dass der technische Wandel hin zur heutigen Automation augenscheinlich einfach wirkt, in der Realität aber zu dominanten, intransparenten, schwerfälligen und schwierig zu bedienenden Systemen führte. Zur Verbesserung der Systeme betonte Billings[25] deswegen die Notwendigkeit eines „Human-Centered Approach", mit dem sich automatisierte Systeme als „Team Player" adaptiv in die Crew integrieren sollen. Die sich aus diesem „Adaptive Automation" – Ansatz ableitenden Design-Prinzipien beinhalten, dass Operateure stets autoritär, informiert und das System überwachend agieren können. Darüber hinaus soll Automation vorhersagbarer für Operateure werden, soll den Zustand der Crew erkennen und mit den Piloten kommunizieren. Der Entwicklungsansatz zu adaptiver Automation hat zum Ziel, die Schnittstelle zwischen Crew, ATC und anderen Luftfahrtoperateuren ausreichend transparent zu gestalten. Scerbo[26] sieht als Schlüssel hin zur

---

[23] Ebd.

[24] Woods, D. D.: Decomposing automation: Apparent simplicity, real complexity. In: R. Parasuraman & M. Mouloua (Eds.): Automation and human performance: Theory and applications, New York 1996, S. 3-18.

[25] Billings, C. E.: Aviation automation: The search for a human-centered approach. Mahwah, New York 1997.

[26] Scerbo, M. W.: Theoretical perspectives on adaptive automation. In: Parasuraman, R./ Mouloua, M. (Eds.): Automation and human performance: Theories and applications New York 1996, S. 37-64.

Verbesserung der Kommunikation zwischen Crew und adaptiven Systemen die technische Gestaltung von „Displays": Zentrale, kommunikationsfördernde Elemente seien Text, Grafik, Stimme und Videoinhalte. Die gut durchdachte Gestaltung dieser Systemparameter würde es den Operateuren ermöglichen, auf natürlichere Weise mit den Systemen zu interagieren. Ein Synonym für diesen Gestaltungsansatz bildet der Begriff „Cognitive Automation". Die folgende Abbildung[27] illustriert den potentiell abgeflachten Gradient zwischen zu komplexer Automation und Flugsicherheit für den Fall, dass Prinzipien wie die der „Cognitive Automation" nicht berücksichtigt werden.

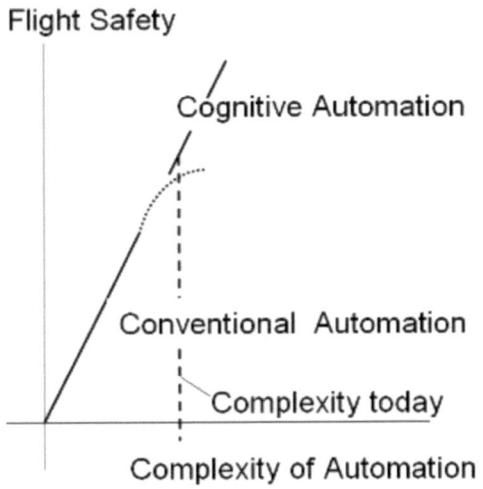

Abbildung 5: *Rolle der „Cognitive Automation" innerhalb des Zusammenhangs zwischen Komplexität der Automation und Flugsicherheit[28].*

Die Perspektive der teamorientierten Verbesserung der technischen Seite innerhalb der Mensch-Maschine-Schnittstelle steht dem Ansatz gegenüber, die Kompetenzen der Operateure im Umgang mit steigender Automa-

---

[27] Vgl. Abbildung 5.
[28] Übernommen aus Flemisch (2001).

tion und Komplexität zu erhöhen. In den beschriebenen Problembereichen stellt sich die Frage, ob mittels „Crew Ressource Management" („Fighter Ressource Management") den Piloten Strategien an die Hand gegeben werden können, mit Hilfe derer sie besser mit der Komplexität umgehen können und so zu einem sicheren und effizienten Fliegen in der Lage sind.

„Crew Ressource Management": Eine aktuelle Definition

„Crew Ressource Management" (CRM) kennzeichnet im Allgemeinen die Anwendung von Trainingsmethoden (z. B. Teambildung, Selbst-Reflexion, Kommunikations-, Problem- und Konfliktlösetraining) zur Verbesserung der Teamarbeit im Cockpit und zur Erhöhung der Flugsicherheit[29]. Die Methoden beziehen sich heutzutage optimalerweise nicht nur auf Piloten, sondern insbesondere auch auf die Verbandsführung (Staffelkapitän, Kommandeur, Kommodore), den Einsetzer oder Fluglotsen (ATC). Außerdem umfasst CRM nicht nur die eigentliche Flugsituation der Crew in der Luft, sondern auch „Mission Planning", „Pre-Flight-Checks" sowie Arbeitsvorgänge der Bodencrews. Ein solches sich auf die gesamte Organisation beziehendes CRM-Verständnis existierte allerdings nicht von Anfang an. Helmreich, Merritt und Wilhelm[30] beschreiben fünf Phasen der Genese dieser heutigen Sichtweise zu CRM; von einer eher eindimensionalen Perspektive bezüglich der Piloten im Cockpit hin zu einer die gesamte Organisation betreffenden Fehlermanagement-Technik.

Die fünf Generationen von CRM[31]

Die erste Generation: „Cockpit Ressource Management"

Die Erkenntnis zur Notwendigkeit und die Initialzündung zur Entwicklung von CRM basierten Ende der 70er Jahre auf Analysen von Flugunfällen. Beim Flugunfall von United Airlines 173 (1978) beispielsweise entschied der Kapitän aufgrund einer Warnanzeige im Cockpit durch das Fahrwerk die Landung auf dem Portland International Airport abzubrechen und noch

---

[29] Helmreich, R. L./Merritt, A. C./Wilhelm, J. A.: The evolution of Crew Ressource Management training in commercial aviation. In: International Journal of Aviation Psychology, 1999, Heft 9 (1), S. 19-32.
[30] Ebd.
[31] Ebd.

einmal durchzustarten. Er wies die Crew-Mitglieder an, die Probleme des Fahrwerks zu identifizieren, um dann eine Notlandung durchzuführen. Während die Crew gehorsam und eine Stunde mit der Problemidentifikation beschäftigt war, bemerkte keiner der Piloten, dass inzwischen kein Treibstoff mehr vorhanden war. Die Maschine stürzte ab, weil die Crew-Kommunikation und Aufmerksamkeitsverteilung der Piloten scheiterten. Als Folge dieses Unfalls institutionalisierte die Fluggesellschaft ein erstes CRM-Programm für ihre Piloten und gestaltete damit den Auftakt der Evolution von CRM. In den 80er Jahren bestand die Motivation für Trainingsmaßnahmen innerhalb ziviler Fluggesellschaften der USA darin, den „Pilot Error" zu verringern, den Hierarchiegradient zwischen Kapitän und Copilot im Cockpit zu minimieren und die Führungsperson mit geeigneten Management-Techniken auszustatten. Diese erste CRM-Generation wird aufgrund ihrer stark auf die Operateure im Cockpit bezogenen Ausrichtung auch als „Cockpit Ressource Management" bezeichnet. In intensiven Seminarsitzungen und frontalen Management-Unterrichten wurde der Führungsstil von Piloten diagnostiziert und analysiert. Dabei mangelte es allerdings an klaren, auf spezifische Situationen zugeschnittenen Definitionen für das richtige Verhalten im Cockpit – insbesondere für unvorhersehbare Ereignisse. Als Kausalfaktor für Fehler oder Unfälle wurde die unzureichende Bestimmtheit bzw. das geringe Durchsetzungsvermögen von Cockpit-Mitgliedern, wie beispielsweise vom Bordmechaniker oder jüngeren Copiloten, gegenüber dem Kapitän betrachtet. Falsche Verhaltensweisen im Cockpit waren in der ersten CRM-Generation Folge der falschen Besatzung. Aufgrund dieser personalisierten Ausrichtung auf den Führungsstil von Piloten und des Gießkannenprinzips der Kurse mit wenig Bezug zum eigentlichen Alltag im Cockpit erfuhren die ersten Ansätze eine nur zweifelhafte Akzeptanz unter den Piloten, welche CRM-Kurse abfällig mit „Charm-School" umschrieben.

Die zweite Generation: „Crew Ressource Management"

In der darauffolgenden zweiten CRM-Generation verbesserte sich die Akzeptanz von CRM, weil die Notwendigkeit der Analyse und Vermittlung von Gruppenprozessen, die sowohl Teil des Cockpits, als auch Teil der Interaktion von Piloten und Kabinenpersonal sind, erkannt wurde. In den frühen 90er Jahren wechselte dementsprechend die Bezeichnung von „Cockpit" zu „Crew Ressource Management". Die Kurse waren jetzt durch mehr Teamorientierung und spezifischere Konzepte, wie beispielsweise Team-Bildung, „Briefing"-Strategien und Stress Management gekennzeichnet. So etablierte sich in dieser Phase die Relevanz eines Kernkonstruktes von CRM, das bis heute Schwerpunkt aller Trainings ist: CRM soll die „Situation Awareness" bzw. „Knowing What Is Going On"[32] innerhalb der Crew steigern. Das „Situation Awareness" Konzept umfasst drei zentrale Komponenten eines genauen mentalen Abbildes der Situation im Cockpit, nämlich die Wahrnehmung von aktuellen Elementen der Situation, deren Integration und Verständnis sowie deren Projektion in die Zukunft. Endsleys Modell[33] vereint die wichtigsten kognitionspsychologischen Konzepte, die bei der Arbeit im Cockpit eine Rolle spielen auf deskriptivem Niveau. Das „Situation Awareness" Konzept erlangte deswegen eine große Popularität innerhalb von CRM-Unterrichten, weil „Situation Awareness" die Grundvoraussetzung für gelungenes „Aeronautical Decision Making" sowie erfolgreiche „Performance" im Cockpit ist[34].

Die Vermittlung von kognitionspsychologischen Konzepten, wie beispielsweise „Situation Awareness" in den Trainingskursen geschah aber nach wie vor in unspezifischen Vorträgen, die durch die Rezipienten unter anderem mit „Psycho-Babble" tituliert wurden. Die inhaltliche Spezifikation von CRM auf die Anforderungen im Cockpit und die Crew-Interaktion hat dessen Akzeptanz unter den Piloten zwar im Vergleich zur ersten Generation erhöht, aber die Effizienz von CRM zur Vermittlung und Steigerung von „Situation Awareness" blieb zunächst fragwürdig.

---

[32] Endsley, M. R.: Toward a theory of situation awareness in dynamic systems. In: Human Factors, 37 (1995), S. 32-64.
[33] Ebd.
[34] Vgl. Abbildung 6.

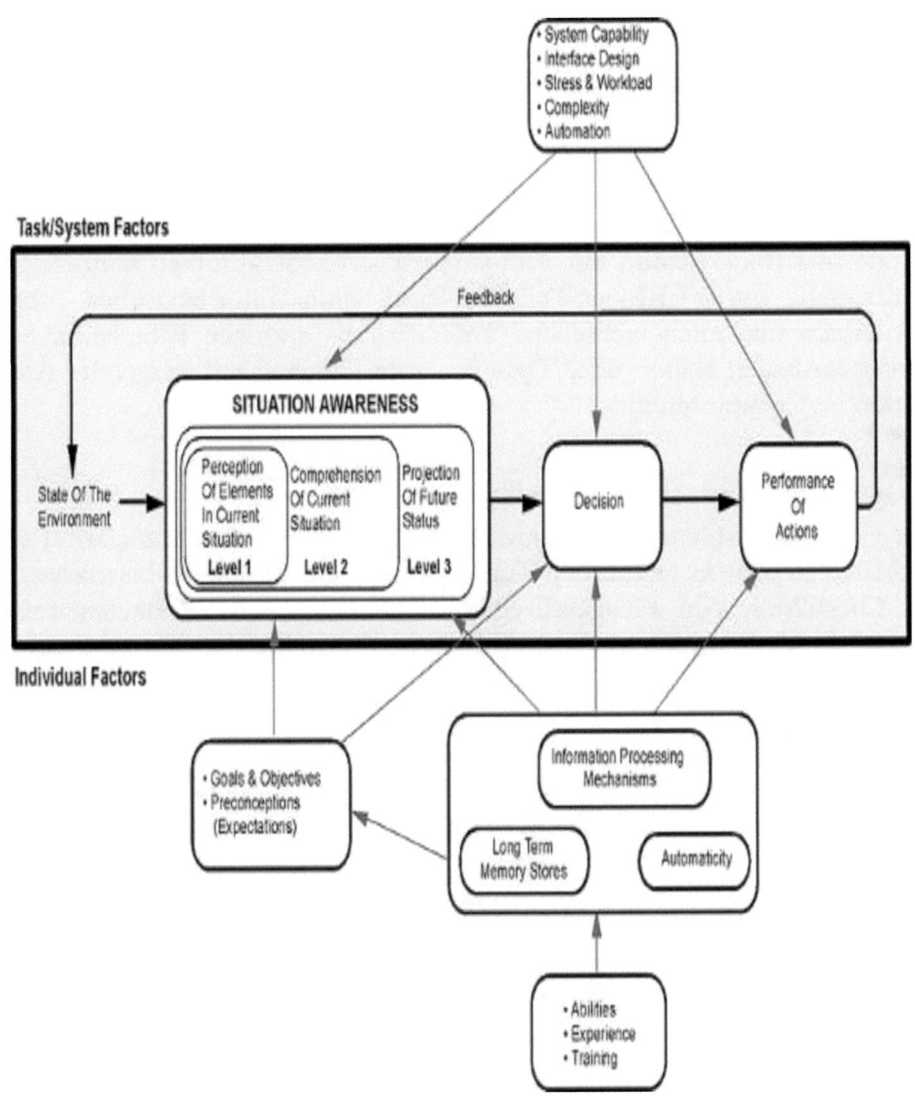

Abbildung 6:   Modell der „Situation Awareness" nach Endsley[35].

---

[35]   Endsley, Toward a theory (wie Anm. 32), S. 32-64.

Die dritte Generation: „Erweiterung des Spektrums"

In der dritten Generation griff CRM langsam auf alle beteiligten Akteure der Luftfahrt über, was bedeutete, dass neben Cockpit- und Kabinenbesatzung auch Fluglotsen und andere Mitglieder der Organisation, wie beispielsweise Wartungspersonal einbezogen wurden. Es schärfte sich ein Bewusstsein dafür, dass Flugunfälle aufgrund unzureichender Kommunikation der Kabine oder der Bodenstation mit dem Cockpit zustande kommen können. Immer häufiger wurde CRM als Teil der Organisationskultur beworben. Inhaltlich kamen nun auch technische Trainings, die spezielle Fähigkeiten von Piloten ausbauen sollten oder Trainings zum Umgang mit steigender Automation im Cockpit hinzu.

Die vierte Generation: „Integration und Flexibilisierung"

Die vierte CRM-Generation kennzeichnet sich durch eine Integration von CRM-Konzepten in technische Trainingsmaßnahmen, indem beispielsweise die Checklisten von Fluggesellschaften durch spezielle Verhaltensweisen ergänzt werden. Im Sinne einer Flexibilisierung stellte die Federal Aviation Administration (FAA) ein „Advanced Qualification Program (AQP)" vor, welches Fluggesellschaften erlauben sollte, innovative Trainingsmethoden zu entwickeln, die kongruent mit den Bedürfnissen ihrer Organisation sind. Durch die Ausweitung von CRM auf die gesamte Organisation wird deutlich, dass Flugsicherheit auf der einen, aber auch verheerende Flugunfälle auf der anderen Seite immer Produkt des Zusammenspiels aller Organisationsmitglieder sind. Dieser Gedanke spiegelt sich im „Human Factors Analysis and Classification System" (HFACS[36,37]) wieder, welches modelliert, dass kausale Ursachen für Fehler und Flugunfälle auf jeder Ebene einer Organisation gesucht und analysiert werden müssen.

Obwohl CRM-Konzepte und -Trainingsmaßnahmen derzeit von immer mehr sicherheitskritischen Branchen, wie beispielsweise in der medizinischen Versorgung oder in Kernkraftwerken aufgegriffen werden, kann

---

[36] Vgl. **Fehler! Verweisquelle konnte nicht gefunden werden.**.
[37] Wiegmann, D./Shappell, S./Boquet, A./Detwiler, C./Holcomb, K./Faaborg, T.: Human error and general aviation accidents: A comprehensive, fine-grained analysis using HFACS. Federal Aviation Administration, Office of Aerospace Medicine Technical Report No. DOT/FAA/AM-05/24. Office of Aerospace Medicine: Washington, DC 2005.

deren Effizienz zur Steigerung von „Situation Awareness" in unvorhersehbaren Situationen noch immer nicht vollständig verifiziert werden. Helmreich et al. (1999)[38] diskutieren hierfür verschiedene Ursachen: Ein zentrales Problem sehen die Autoren darin, dass CRM von einigen Verbandsmitgliedern nicht akzeptiert wird bzw. die Akzeptanz über die Zeit sinkt[39]. Dies ist möglicherweise der Tatsache geschuldet, dass die Organisationsführung häufig keine Verantwortung für die Umsetzung von CRM übernimmt. Außerdem ist die Wirksamkeit und Validität von CRM-Trainings nur schwer messbar und für die Operateure nicht direkt sichtbar. Die Flugunfallrate ist hierfür als Kriterium nicht geeignet, da sich per se nur sehr wenige Flugunfälle ereignen, deren Ursachen zu komplex sind, um sie empirisch eindeutig mit (gescheitertem) CRM in Verbindung zu bringen. Bei „importierten" CRM-Kursen, die Fluggesellschaften von anderen, teilweise internationalen Organisationen einkaufen, existieren schon deshalb häufig Akzeptanzprobleme, weil diese organisationsunspezifisch sind und den kulturellen Hintergrund der Crew nicht berücksichtigen. Trotzdem konnten innerhalb empirischer Studien bereits positive Auswirkungen von CRM-Training beobachtet werden: Via Sprachaufzeichnungen im Cockpit ließen sich Verbesserungen in der Crew-Kommunikation beobachten und über Befragungsstudien wurde eine positive Einstellung von Crew-Mitgliedern gegenüber CRM gemessen[40].

Die fünfte Generation: „Suche nach einer universellen Definition"
Die fünfte CRM-Generation ist geprägt durch die Suche nach einer universellen Sinndefinition, in der alle Nationen und fliegenden Verbände CRM als „Error Management" begreifen sollen. Hierunter zählt sowohl das Vermeiden als auch die Früherkennung von potentiellen Fehlern bevor sie begangen werden sowie die Schadensbegrenzung und Milderung von Konsequenzen nach dem Begehen eines Fehlers. Zur Umsetzung dieser „Troika" des

---

38 Helmreich, The evolution (wie Anm. 29), S. 19-32.
39 Helmreich, R. L. & Taggart, W. R.: CRM: Where are we today? In: Proceedings of the CRM Industry Update Workshop. Seattle, WA, September 12-13, 1995.
40 Helmreich, R. L./Foushee, H. C.: Why Crew Ressource Management? Empirical and theoretical bases of human factors training in aviation. In: Earl Wiener/B. Kanki/R. Helmreich (Eds.): Cockpit Ressource Management San Diego/CA 1995, S. 3-45.

„Error Management"[41] ist es wichtig, dass Organisationen und deren Führung zunächst bekennen, dass Fehler stets Teil der Arbeit eines Verbandes sind. Mit Hilfe einer für Fehlergeständnisse offenen „Just Culture" kann es dann gelingen, sich zu einer „lernenden Organisation"[42] zu entwickeln. Im Rahmen von „Just Culture" wird die Fehlerursache genauestens analysiert, wobei zum Beispiel Fehler aufgrund von Wissenslücken nicht bestraft, sondern durch Training und Wissensvermittlung vermieden werden sollen. Liegt hingegen intendiertes Fehlverhalten („Violation") vor, so wird zielgerichtet geahndet und gerecht bestraft.

CRM am Praxisbeispiel von „Fighter Piloten" in „Single-Seaters":
„Fighter Ressource Management"

Am Praxisbeispiel des „Fighter Ressource Managements" (FRM) soll nun dargestellt werden, wie CRM aktuell in militärischen fliegenden Verbänden implementiert ist und wie es durch die Piloten bewertet wird (Studie zitiert nach Karp, Condit & Nullmeyer, 1999[43]). Die Besonderheit beim FRM besteht darin, dass sich Fighter Piloten stets in einem „Single-Seat-Cockpit" befinden, mithin die Crew stets außerhalb des eigentlichen Cockpitarbeitsplatzes (also als „Wingman", in der Rotte oder am Boden) ist. FRM hat das Ziel, die Effektivität einer Operation und die Kampfbereitschaft zu steigern sowie den menschlichen und materiellen Ressourceneinsatz zu schonen. Entsprechend sollten FRM-Maßnahmen stets auf eine spezielle „Mission" zugeschnitten sein, wenngleich sechs universelle Kerninhalte obligatorisch sind:

- „Situation Awareness",
- „Crew Coordination" / „Flight Integrity",
- „Communication",
- „Risk Management" / „Decision Making",

---

[41] Helmreich, R. L./Merritt, A. C./Wilhelm, J. A.: The evolution of Crew Ressource Management training in commercial aviation. In: International Journal of Aviation Psychology, 1999, Heft 9 (1), S. 19-32.

[42] Schuler, H. (Hrsg.): Lehrbuch der Organisationspsychologie Bern ⁴2007.

[43] Karp, R./Condit, D./Nullmeyer, R. : Cockpit/Crew Ressource Management for Single-Seat Fighter Pilots. In: Proceedings of the Interservice/Industry Training, Simulation and Education Conference [CD-ROM]. Arlington/VA 1999.

- „Task Management" sowie
- „Mission Planning" / „Debriefing".

CRM für „Fighter Piloten" - ein Akzeptanzproblem?

Wie die qualitative Befragungsstudie mit 36 F-16 Piloten zeigt, verstehen die meisten Verbandsmitglieder die grundlegende CRM Intention schon deswegen nicht, weil sie der Meinung sind, „CRM schon immer gemacht zu haben", nur eben bisher unter einem anderen oder gar keinem Begriff. „Fighter Piloten" sehen CRM als inadäquate Methode zur Verbesserung der Crew-Interaktion, weil sie es eher auf die „Multi-Crew-Luftfahrt" mit mehr als einem Piloten im Cockpit beziehen. Der Begriff „CRM" sei entsprechend unpassend und spiegelt nicht die Besonderheiten im „Single-Seat-Cockpit" wieder. Gleichzeitig hatten die Piloten in der Studie ein klares technisches sowie taktisches Missionsverständnis und akzeptierten die Notwendigkeit der o. g. Kerninhalte für „Pre-Flight-Briefings". Ausgehend von den Meinungen der F-16 Piloten müsse der Lernprozess beim CRM gesteigert, die Inhalte anwendbarer für Operateure gestaltet und Simulatoren häufiger dafür genutzt werden, CRM praktisch zu üben. Die Hälfte der Befragten gab außerdem an, ein sog. „Hands-on-Learner" zu sein, das heißt ein Lern-Typus, der die Dinge nicht durch Zuhören oder Zuschauen, sondern durch aktives Anwenden begreift.

Ein integratives CRM-Modell

Auf Basis der Erkenntnisse schlagen die Autoren ein „Integrated CRM Learning Model"[44] vor, das insbesondere den Fakt berücksichtigt, dass ältere Piloten anders lernen, als jüngere: „[…] adults learn best when they believe that they have a need to learn and are ready to learn. Normally, adults are self-directed learners and require an instructor to paint a clear picture of where a course is going, and why, before they are willing to commit them-

---

44   Vgl. Abbildung 7.

selves to a learning enterprise. Adult learners [...] want to apply knowledge immediately ".[45]

Aus empirischen Arbeiten geht weiterhin hervor, dass Erwachsene besser in gut angeleiteten Diskussionsrunden lernen, wenn sie vorab Basiswissen akquiriert haben.

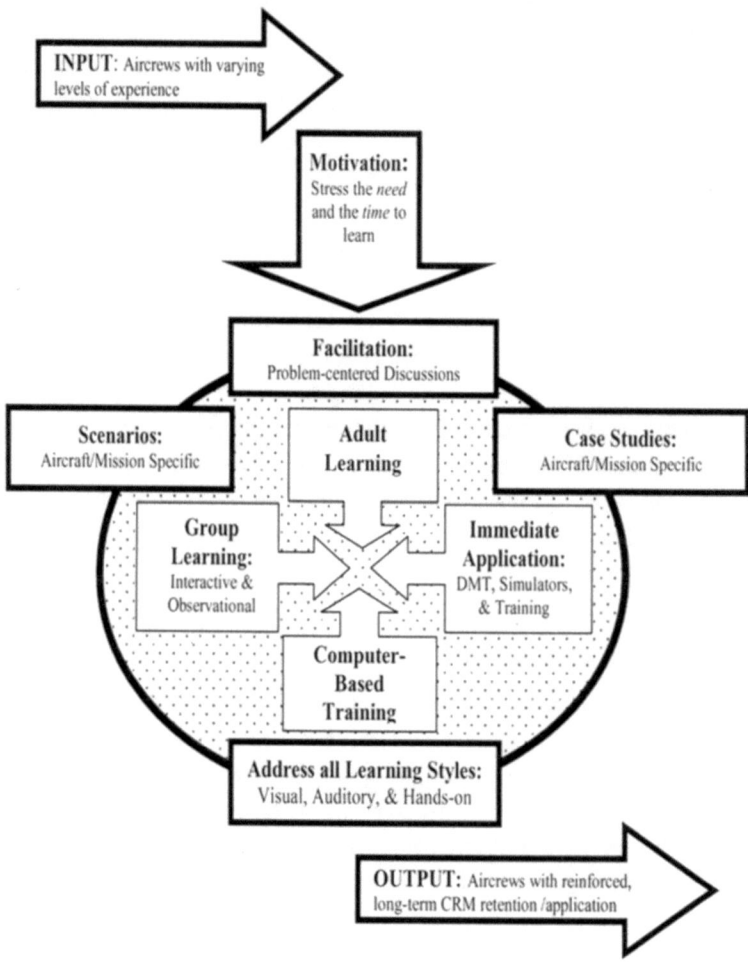

Abbildung 7: „Integrated CRM Learning Model" nach Karp et al. (1999)[46].

---

[45] Karp, R./Condit, D./Nullmeyer, R. : Cockpit/Crew Ressource Management for Single-Seat Fighter Pilots. In Proceedings of the Interservice/Industry Training, Simulation and Education Conference [CD-ROM]. Arlington/VA 1999.

Ableitungen aus dem Modell

Die Anwendung des „Integrated CRM Learning Models" als Rahmen für FRM bietet den Vorteil, dass Operateure nicht mehr im Gießkannenprinzip in Form von frontalem Schulunterricht mit CRM-Inhalten überschüttet werden würden, sondern spezielle, auf die „Mission" oder spezifische Anforderungen durch „Glass Cockpit" und Automation zugeschnittene Inhalte vermittelt bekämen. Dies insbesondere durch die Anwendung von Methoden der Erwachsenenbildung, wie beispielsweise Diskussionsrunden, interaktives, Computer-gestütztes Lernen, die Instruktion durch einen erfahrenen „Peer" und den Einsatz von effektiven Verstärkern nach Teilnahme an „Training-Sessions". Darüber hinaus sollten spezielle Fallstudien Anwendung finden, die über Videoaufzeichnungen, auditives oder „Hands-on"-Material jeweils richtiges aber auch falsches Handeln in kritischen Situationen gegenüberstellen. Wichtig ist hier ferner, dass vermittelte theoretische Inhalte im direkten Anschluss praktische Anwendung im Simulator finden, dies eventuell mit der Übernahme wechselnder Rollen durch die „Fighter Piloten" (als „Wingman", „Lead" oder Teil der ATC sowie „Maintenance Crew"). Wenn die praktische Anwendung von theoretischem Wissen direkt im Anschluss an eine „Session" nicht gewährleistet werden kann, sollten PC-basierte „FRM-Tools" bereitstehen, die FRM-Szenarien selbstständig anhand von spezialisierten Situationsparametern generieren und das Üben der richtigen Verhaltensweisen ermöglichen. Konsistente und Crew-übergreifende FRM sollte außerdem regelmäßig stattfinden und im Grunde Teil jeden Fluges oder jeder Simulatorübung werden. Die Autoren betonen, dass der nächste Schritt zur Überprüfung der Frage, ob CRM bzw. FRM Fehler im Umgang mit „Glass Cockpit" und steigender Automation beheben kann, daraus besteht, innovative CRM-Konzepte auf deren Akzeptanz und verhaltensbezogene Umsetzbarkeit zu evaluieren. Erst wenn Erkenntnisse über die Effizienz der Methode für jeden einzelnen fliegenden Verband vorliegen, kann CRM als Schlüssel zum erfolgreichen „Error Management" wirksam werden.

---

46 Ebd.

Fazit

Heutige militärische sowie zivile Piloten unterliegen aufgrund der Entwicklung hin zum „Glass Cockpit" mit hoch automatisierten Systemen veränderten Anforderungen im Vergleich zu ihren früheren Besatzungen in traditionellen Cockpits. Die immer vielschichtiger werdende Automation in Cockpits steigert die Systemkomplexität bei gleichzeitig verbesserter Informationsdarstellung. Die komplexere Arbeitsumgebung für Piloten wirft die Frage danach auf, wie die Arbeitsbelastung in kritischen, aber auch „ruhigen" und monotonen Situationen optimal verteilt werden kann. Darüber hinaus muss gewährleistet sein, dass das Situationsbewusstsein, die sich wandelnde Crew Koordination sowie Kommunikation und Entscheidungsfindung stets auf einem sicherheitsunkritischen Niveau stattfinden. Dies vor allem deswegen, weil hoch automatisierte Technik in „Glass Cockpits" immer Teil der Crew ist und sein wird („Adaptive Automation"). Parallel zu dieser Entwicklung in Cockpits findet eine Metamorphose von CRM statt, wobei das heutige CRM vor der Herausforderung steht, steigende Systemerfordernisse mit limitierten menschlichen Ressourcen zu korrelieren. Wenn es CRM-Trainern durch spezielle Methoden (z. B. interaktives, PC-basiertes Lernen oder das unverzügliche Anwenden von Inhalten in der Realsituation) gelingt, den sicheren Umgang mit Automation zu festigen, können dadurch negative Effekte wie Über- oder Unterforderung, der Schlüssellocheffekt und Kommunikationsmängel zugunsten von Vorteilen der Automation wie Entlastung, Ressourcenschonung und Effizienzsteigerung der Operateure ausgeräumt werden.

Karl H. Schreiner
Rolle und Bedeutung von Mensch und Technologie im 21. Jahrhundert

Vieles spricht dafür, dass wir derzeit Zeugen der Entstehung einer neuen Zivilisation auf unserem Planeten sind.[1] Diese Entwicklung vollzieht sich vor dem Hintergrund eines raschen und immer dynamischer werdenden Wandels, den wir vielfach – und eher oberflächlich – im Kontext der Globalisierung wahrnehmen; zugleich aber gehen damit auch die eher klassischen Problemstellungen einher, die jede für sich, doch besonders im Zusammenwirken mit neuen Herausforderungen, einigen Sprengstoff in sich bergen.

In der ersten Hälfte des 21. Jahrhunderts werden wir vor gewaltigen Herausforderungen stehen: Die demographische Entwicklung in den europäischen Staaten, in den benachbarten Regionen sowie im globalen Maßstab mit jeweils unterschiedlichen und sehr gegensätzlichen Ausprägungen, Wanderungsbewegungen und Migrationsdruck, Rohstoff- und Energieknappheit, Finanzkrisen, Verteilung des Wohlstands, die Entwicklung der Staatenwelt, Verlust der Gewaltmonopole der Staaten, zerfallende Staaten und die mögliche Entstehung einer neuen Weltordnung sowie der Klimawandel und globale Umweltprobleme etc., beeinflussen Sicherheit und Wohlstand der industrialisierten Welt. Sie betreffen uns damit unmittelbar. Humanitäre Katastrophen, Hunger und Unterentwicklung sind nicht mehr nur isolierte Probleme der so genannten Dritten Welt[2]. Parallel dazu stehen wir vor neuen Sicherheitsbedrohungen, die von weltweit agierenden Terror-Netzwerken, der Weiterverbreitung von Massenvernichtungsmitteln sowie Bürgerkriegen und Gewalt in unterschiedlichen Krisenregionen ausgehen. Zeitgleich befinden wir uns in einem Übergang von einer Industriegesellschaft in eine Wissensgesellschaft[3]. Technologie wird in dieser Phase ein signifikanter Treiber für die Zukunft sein.

---

1   Vgl. Toffler, Alvin und Heidi: Überleben im 21. Jahrhundert. Stuttgart 1994, S. 339.
2   Vgl. dazu Steingart, Gabor: Weltkrieg um Wohlstand. Wie Macht und Reichtum neu verteilt werden. 3. Aufl. München 2006.
3   Vielfach mit geringer Trennschärfe, manchmal auch konkurrierend als Bildungs-, Informations-, Kommunikations- oder Mediengesellschaft bezeichnet.

Im Kern stellt diese Entwicklung deshalb eine Revolution[4] dar, „weil der Produktionsfaktor Wissen praktisch unerschöpflich ist, während Boden, Arbeit, Rohstoffe und vielleicht sogar Kapital als begrenzte Ressourcen gelten müssen."[5] In kaum noch nachvollziehbarer Geschwindigkeit und in exponentiellem Maße werden Wissen und Information produziert. Die mit der Industriegesellschaft einher gehende Enzyklopädisierung und Explosion des Wissens findet an der Schwelle zur Wissensgesellschaft ihren Ausdruck in der Virtualisierung und Digitalisierung.[6] Die virtuelle Dimension der Infosphäre[7] lässt Raum und Zeit an Bedeutung verlieren. Das für die Bewältigung des Daseins erforderliche Wissen und die entsprechenden Informationen stehen grundsätzlich jederzeit und überall zur Verfügung.

Die Wertschöpfung beruht zunehmend auf der Produktion, Bereitstellung, Sammlung, Auswertung und dem Austausch von Wissen. Mit atemberaubender Geschwindigkeit entstehen regional und global neue Informations- und Wissensinfrastrukturen mit weitreichenden Auswirkungen auf Politik, Gesellschaft, Wirtschaft und auch auf das Militär. Information und Wissen entwickeln sich zu eigenständigen Machtfaktoren und strategischen Elementen. Im Kontext der sicherheitspolitischen Herausforderungen des 21. Jahrhunderts entscheiden die effiziente Sammlung und Bereitstellung von Information und Wissen über Erfolg oder Misserfolg künftiger Gesellschaften. Information und Wissen werden Ware und Waffe zugleich sein.

Die einzelnen Elemente dieser komplexen Gesamtentwicklung verlaufen gleichermaßen asynchron und asymmetrisch. Das Erkennen und Analysieren dieser Prozesse erfordert unsere gesamte intellektuelle Kraft; die Fähigkeiten zu holistischem und interdisziplinärem Denken sind mehr denn je gefragt. Um erfolgreich bestehen zu können, sind wir auf moderne Infor-

---

[4] Vgl. dazu Singer, P. W.: Wired for War. The Robotics Revolution and Conflict in the 21st Century, New York 2010.

[5] Toffler, Überleben (wie Anm. 1), S. 88.

[6] Die ersten modernen, durch Vielzahl von Spezialisten verfassten Enzyklopädien wurden im späten 18. Jahrhundert veröffentlicht. Die nachhaltige Wirkung der Wissensgesellschaft ist auch daran zu erkennen, dass der Brockhaus-Verlag Anfang 2008 verkündete, dass es voraussichtlich keine weitere gedruckte Auflage der Brockhaus-Enzyklopädie geben werde. Künftig wird dieses Werk voraussichtlich nur noch in ständig aktualisierter Form im Internet verfügbar sein.

[7] Vgl. dazu Becker, Konrad u. a.: Die Politik der Infosphäre. World-Information.Org., Bonn 2002.

mationstechnologie und die intelligente Nutzung der Cybersphäre angewiesen. Daten und Informationen können jederzeit an nahezu jedem Ort unserer Erde in diesen virtuellen Raum eingestellt, dort verarbeitet und zielgruppenorientiert bereitgestellt werden. Wir gestalten diesen rasanten Wandel mit und sind zugleich aber auch Getriebene; Chancen und Risiken liegen hierbei eng beieinander. Wer aussteigt oder aufgibt, wird es aller Voraussicht nach sehr schwer haben, auf diesen Zug jemals wieder aufzuspringen.

Die auf uns zurollende und täglich zunehmende Wissensfülle aber ist es, die zugleich letztlich alles Wissen relativiert. Wenn der Philosoph Niklas Luhmann schreibt, dass Wissen aus „veränderungsbereiten", als wahr geltenden, kognitiven Schemata besteht, die den Umweltbezug sozialer und psychischer Systeme steuern[8], dann erfordert dies Erfahrungsoffenheit und permanente Enttäuschungsbereitschaft. Wenn Experiment und Innovation treibende Elemente der Informations- und Wissensgesellschaft sind, dann müssen wir den Stress bei den Menschen zur Kenntnis nehmen, die letztlich nur eine Existenz anstreben, in der die Konstanten größer sind, als die Unsicherheiten.[9] Solches können die Menschen aber nur dann ertragen, wenn sie auf geistig-emotionale Fundamente zurückgreifen. Das bedeutet wiederum, dass Sinngebung und Vertrauen bedeutsamer werden als jemals zuvor. Die intellektuelle menschliche Leistungsfähigkeit wird sich nur unter Zuhilfenahme „intelligenter" Werkzeuge signifikant steigern lassen. Auch dies ist nicht ohne Risiken, denn es ist nicht auszuschließen, dass auch das System Mensch – Maschine außer Kontrolle gerät.[10]

Gerade an der Schwelle zur Entwicklung fundamental neuer Technologien und Handlungsmuster sind die handelnden Akteure, Ingenieure, Techniker, aber auch die Planer und Organisatoren und vor allem die Verantwortungseliten in Politik, Gesellschaft und Wirtschaft auf gesellschaftliche Orientierungen angewiesen, weil sie sonst der Faszination des technisch

---

[8] Vgl. dazu Luhmann, Niklas: Die Soziologie des Wissens. Probleme ihrer theoretischen Konstruktion. In: Gesellschaftsstruktur und Semantik, Bd. 4, Frankfurt a. M. 1995, S. 189 ff.

[9] Vgl. dazu Höhler, Gertrud: Die Sinn-Macher. Wer siegen will muss führen, München 2004, S. 33 ff.

[10] Vgl. Kurzweil, Ray: The Age of Spiritual Machines. When Computers exceed Human Intelligence, London 2000. S. 279. In seiner „Time-Line" prophezeit der Autor für 2019 die Aufnahme von Beziehungen zwischen „automated personalities" und Menschen.

Machbaren erliegen. Wir brauchen daher eine „institutionalisierte Dauerreflexion", wie Helmut Schelsky es formulierte, die technische Entwicklungen kritisch-konstruktiv beobachtet und an ihrer Gestaltung mitwirkt. Auch die Gesellschaft der Zukunft, in der menschliche Akteure und technische Agenten nebeneinander existieren, braucht Aufklärung, damit sie eine gesunde Balance von Mensch und Technik findet. Die Traditionen des Humanismus und unser Menschenbild dürfen daher auf keinen Fall über Bord geworfen werden.

Die Hoffnung, dass man das Computerzeitalter möglichst schnell überwinden und zurück zur computerlosen Zeit gelangen kann, ist eher neoromantischen Gefühlswallungen zuzuordnen und führt im Zeitalter des Wissens und der Information sicherlich in die Irre. Es wird vielmehr ganzheitliches und interdisziplinäres Wissen, erheblicher und breiter Sachverstand benötigt. Politik und Wissenschaft müssen ihre Strukturen in diesem Sinne auf Effizienz und Zukunftsfähigkeit überprüfen. Wir benötigen Weitblick, Zukunfts- und Strategieorientierung und beträchtliche finanzielle Mittel, um diesen Herausforderungen sachgerecht zu begegnen und unsere Handlungsfähigkeit auch in Zukunft sicherzustellen. Relevanter als die Frage, „welchen Einfluss ... der Computer auf unsere Gesellschaft" hat, ist – darin ist Joseph Weizenbaum zuzustimmen – die Frage, „welchen Einfluss ... die Gesellschaft auf den Computer, seine Entwicklung und seine Bedeutung" hat.[11] Bei allem sachlichen und nüchternen Problem- und Risikobewusstsein benötigen wir zur Lösung der Herausforderungen allerdings auch ein hohes Maß an Optimismus und Zuversicht. Die Beschäftigung gerade auch mit geschichtlichen Fragestellungen erhält unter dem Blickwinkel der Zukunft daher ebenfalls eine besondere Bedeutung.

Rolle von Technologie und Technik in der Anfangszeit der Luftwaffe
Während der Aufstellungsphase von Bundeswehr und Luftwaffe in den 1950er und frühen 1960er Jahren war die Situation noch relativ eindeutig: Das Wettrüsten um die Vorherrschaft und der Machtkampf zwischen zwei antagonistischen Blöcken im Kalten Krieg führten zu einer raschen Aus- und Aufrüstung - insbesondere der Luftwaffe - durch die amerikanischen

---

[11] Weizenbaum, Joseph: Inseln der Vernunft im Cyberstrom. Auswege aus der programmierten Gesellschaft, Freiburg im Breisgau/Bonn 2006, S. 8.

Verbündeten. Innerhalb Deutschlands herrschte Aufbruchstimmung, das Wirtschaftswunder war in vollem Gange: Industrie, Infrastruktur sowie Forschung und Technik konnten sich mit amerikanischer Unterstützung rasant entwickeln und schon bald wieder an das internationale Niveau aufschließen.

Doch wie stand es zu jener Zeit um die Rolle von Technik und Technologie in der Bevölkerung? Auch wenn man sich durchaus für die Eroberung des Weltalls und die friedliche Nutzung der Atomenergie begeisterte, ging mit dieser Entwicklung bereits damals auch eine skeptische Haltung gegenüber neuen technischen Errungenschaften und einem möglichen Kontrollverlust einher. Der Philosoph und Soziologe Arnold Gehlen stellte bereits 1957 fest, dass „unsere Gesellschaft die innere Auseinandersetzung mit den tiefgreifenden Veränderungen in ihr selbst, wie sie im Zuge der Industrialisierung vor sich gingen, noch nicht beendet hat. In unserer Öffentlichkeit sind angstvolle Vorstellungen vom Ameisenstaat der Zukunft, von Vermassung und drahtloser Lenkung der Gehirne, vom Verlust der Person und vom Verfall der Kultur weit verbreitet, und dabei verweist man die Technik gern in die Rolle des Angeklagten."[12]

Wo stehen wir heute?

Im Jahr 2009 bezeichnete das amerikanische Magazin „*Newsweek*" Deutschland als das „technikfeindlichste und fortschrittspessimisitischste" Land in der westlichen Zivilisation. Skepsis gegenüber Atomkraft, Gentechnik, Stammzellenforschung, Chemieangst und Mobilfunkfurcht seien nirgends so ausgeprägt wie in Deutschland. Auf der anderen Seite sind wir geradezu technikeuphorisch, wenn es um Konsum- und Alltagstechnik oder Technik am Arbeitsplatz geht. Erstaunlicherweise spielen Lebensalter, Bildung oder Herkunft dabei eine eher untergeordnete Rolle.[13] Die diesbezüglichen Befunde scheinen eindeutig zu sein. Industriezweige wie die Atom- oder Rüstungsindustrie können sich nur durch internationale Geschäftspartner halten und werden gleichzeitig in Deutschland zum Politikum. In der Folge der Nuklearkatastrophe von Fukushima steht der Ausstieg aus der Kernenergie

---

[12] Gehlen, Arnold: Die Seele im technischen Zeitalter. Sozialpsychologische Probleme in der industriellen Gesellschaft, Reinbek 1957.

[13] Prof. Dr. Ortwin Renn, Technology Review „Sind wir technikfeindlich?" www.heise.de, (30.04.2010).

seit 2011 ganz weit oben auf der Agenda der Bundesregierung. Nicht zuletzt aufgrund humanistisch-ethischer Traditionen wird sich die Stammzellenforschung aus Deutschland in andere Staaten verlagern.

Doch wie steht es um Technologie in der Bundeswehr? Der Bericht der Strukturkommission der Bundeswehr vom Oktober 2010 bewegt sich auf einem hohen Abstraktionsniveau: „Technologische Innovation und die Digitalisierung der Welt revolutionieren die Kampftechnik. Neue Optionen der Aufklärung, der Digitalisierung und Virtualisierung verändern das Gefechtsfeld." Der Inspekteur der Luftwaffe hat in einem Vortrag Anfang März 2012 die künftige Rolle der Luftwaffe als Technologieträger dann auch deutlich herausgestellt. Die Luftwaffe in der Mitte des 21. Jahrhunderts wird sehr wahrscheinlich eine grundlegend andere sein. Weil die Technik sich rasant ändert und eine zunehmende Ressourcenknappheit nach strenger Haushaltsdisziplin verlangt, wird sich das Verständnis vom Fliegen, wie wir es bisher kennen, nachhaltig verändern. Dies wird besonders am wachsenden Einfluss der unbemannten Luftfahrt deutlich. Die entscheidende Frage wird daher sein, wie wir in der Luftwaffe künftig mit der rasanten technologischen Entwicklung umgehen, um auch zukünftig unser Fähigkeitsprofil bei der Auftragserfüllung unter den gegebenen Umständen bestmöglich zur Geltung bringen zu können.

Verhältnis Mensch - Technik

Der amerikanische Zukunftsforscher John Naisbitt hat es auf den Punkt gebracht, wenn er schreibt: „Es hängt vom Menschen ab, ob er die Technologie beherrscht oder sie ihn…!" Technologischer Fortschritt geht Hand in Hand mit zunehmender Komplexität. Dieser Fortschritt wirkt sich allerdings nur dann aus, wenn es gelingt, die Komplexität in den Griff zu bekommen. Dies führt zwangsläufig zur Frage nach der Rolle und Bedeutung des Menschen bei dieser Entwicklung.

Im Zeitalter des Internets, der Roboter und der Maschinen besteht die Gefahr, dass der Mensch mehr und mehr als Fehlerquelle identifiziert und als Entscheider aus technischen Systemen und Prozessen verdrängt wird. Der Soziologe Johannes Weyer hat dazu in einem Essay in der Frankfurter Allgemeinen Zeitung (FAZ) bereits am 01. September 2005 ausgeführt: „Das überzogene Streben nach Optimierung, nach Perfektion, nach totaler Sicherheit beschert Systemarchitekturen, die mit modernsten elektronischen Mitteln einem Kontroll-Paradigma folgen, das tendenziell den menschlichen Entscheider überflüssig macht und damit dessen Fähigkeiten zum Management aushöhlt." Paradoxerweise werden so neue Unsicherheiten geschaffen. Die gesellschaftliche Verantwortung von Wissenschaft kann nach meinem Dafürhalten jedoch nicht darin bestehen, ständig neues Wissen zu generieren und die Gesellschaft damit zu konfrontieren. Vielmehr sollte ihre Aufgabe darin bestehen, Lernfähigkeit von Individuen und Organisationen zu erhalten, also Technik und Technologien zu entwickeln, die nutzer- und fehlerfreundlich sind. Eine besondere Problematik ist dabei, dass „die zunehmende Nutzung von Information und Wissen ... die verstärkte Einbeziehung virtueller Aspekte in unserer traditionellen Kultur" ermöglicht. Dabei entsteht ein zusätzlicher virtueller Interaktionsraum mit geschäftlichen und sozialen Anwendungen, der natürlich auch Konfliktraum werden kann."[14] Die entscheidende Herausforderung wird es also sein, als Mensch die Kontrolle über Entscheidungen zu behalten und in kritische Prozesse eingreifen zu können.

Konsequenzen für künftige Personalgewinnung

Weil davon auszugehen ist, dass mit dieser Entwicklung auch ein neuer Typus des „Wissenssoldaten" entstehen wird, also „Intellektuelle mit und ohne Uniform, die sich mit dem Gedanken beschäftigen, dass mit Hilfe von Wissen Kriege gewonnen oder verhindert werden können"[15], müssen wir uns in den Streitkräften intensiv mit den Anforderungen der Wissensgesellschaft auseinandersetzen. Wir werden also Vordenker benötigen, die einzelne Komponenten wissensbasierter Strukturen herausarbeiten und miteinander vernetzen können. Dazu benötigen wir gleichermaßen sowohl hervorragend ausgebildete Spezialisten als auch Generalisten mit Weitblick und interdisziplinär denkende Akteure, die komplizierte Wechselbeziehungen analysieren und auf dieser Basis Wissensmodelle und -strategien entwerfen. Künftig wird es noch wichtiger sein, dass ‚der richtige Mann/die richtige Frau' mit der geforderten Ausbildung zum gewünschten Zeitpunkt am vorgesehenen Platz zum Einsatz kommt. Dabei spielt vor allem eine talentbasierte Personalauswahl eine entscheidende Rolle. Politisches, gesellschaftliches, wirt-

---

[14] Thiele, Ralph: Gerhard von Scharnhorst. Zur Identität der Bundeswehr n der Transformation, Bonn 2006, S. 158.

[15] Toffler, Überleben (wie Anm. 1), S. 199.

schaftliches und militärisches Denken und Handeln für das 21. Jahrhundert muss diesem Anspruch gerecht werden. In der Konsequenz bedeutet das, wie US-General David. H. Petraeus treffend feststellte: „The most powerful tool any soldier carries is not his weapon but his mind".[16]

Die demografische Entwicklung in Deutschland macht es uns auf der Suche nach den richtigen Köpfen nicht einfacher. Im Gegenteil: Schon jetzt macht sich ein Paradigmenwechsel auf dem Arbeitsmarkt bemerkbar. Der Kampf um Arbeitsplätze wird zum Kampf um Arbeitskräfte. Das bedeutet, dass die Maßnahmen der Personalgewinnung und die Attraktivität des Soldatenberufs als kritische Faktoren begriffen und diesen eine signifikant erhöhte Aufmerksamkeit als bisher beigemessen werden müssen.

Ausblick

Trotz aller anstehenden Veränderungen können wir aber dennoch zuversichtlich in die Zukunft blicken, wenn sich die Angehörigen der Luftwaffe bei der Bewältigung zukünftiger Herausforderungen an unserem Leitbild „Team Luftwaffe" orientieren und dieses leben. Darin heißt es u.a.: „Unser gemeinsames Streben nach ständiger Weiterentwicklung sichert die Zukunftsfähigkeit." Und: „Wir sind professionell, technikorientiert und streben nach Vorsprung."

Ein amerikanisches Sprichwort lautet: „Zukunft ist die Zeit, in der du bereust, dass du das, was du heute tun kannst, nicht getan hast". Diese Maximen sollten unser tägliches Denken und Handeln lenken und leiten.

---

[16] Petraeus, David H.: To Ph. D. or Not to Ph. D. In: American Interest, Vol. II, No 6, July/August 2007, S. 16.

Hubert Merkel
Flugzeugführer in den Aufbaujahren der Luftwaffe. Persönliche Erinnerungen – eine Nachbereitung der Starfighterkrise

Vorbemerkung

Es ist jetzt genau 50 Jahre her, seit ich im Frühjahr 1962 erstmalig im Cockpit eines Lockheed F-104F Starfighter saß, um meine Umschulung auf das neue Muster zu beginnen. Das menschliche Gehirn ist in der Erinnerung nicht zuverlässig, denn spätere Erkenntnisse und zusätzliche Informationen werden „in der gleichen Schublade" gespeichert, und wenn man diese Informationen wieder hervor holt, dann ist das in der Regel eine nicht mehr klar trennbare Mischung.

Solche Erinnerungen sind immer noch gekoppelt mit den Emotionen, die damals ausgelöst worden waren. Das bedeutet auch, dass ich mich nicht unbedingt an alles gerne erinnere, und dass regelmäßig wieder ein erhöhter Puls und steigender Blutdruck fühlbar werden, denn es war eine aufregende Zeit und das Gehirn speichert Emotionen immer mit. Gefühle sind nicht beweisbar, aber sie steuern Engagement, Motivation, lösen Handlungen aus und gehen einher mit einer selektiven Wahrnehmung. Sie sind wirksam, auch wenn man sie konkret nicht fassen und nicht mit Fußnoten wissenschaftlich belegen kann. Emotionen sind untrennbar gekoppelt an das Individuum, das sie empfindet. Emotionen sind nicht diskutierbar. Mein Bericht ist damit nicht frei von meinen Emotionen und beschreibt meine Wahrnehmungen, die aus der Perspektive anderer Personen auch ganz anders gesehen werden können. Andere Wahrnehmungen und Sichtweisen kann ich daher weder anzweifeln noch bestreiten.

Mein Eintritt in die Luftwaffe

Die Motivation für meinen Eintritt in die Luftwaffe lag in dem Streben nach früher beruflicher Selbständigkeit mit wirtschaftlich eigenständiger Basis kombiniert mit dem Wunsch, das Fliegen zu lernen. Ich gehöre dem Offizier-Jahrgang an, der zum 1. April 1957 erstmals direkt nach dem Abitur in die Luftwaffe eintrat. Dieser Jahrgang war mit über 300 Offiziersanwärtern die stärkste Crew, die zu einem bestimmten Einzugstermin in die Luftwaffe eintrat. Wir sollten eine tragende Säule im Personalgefüge werden und nannten uns später „Sonnenscheincrew", die sich bis heute einmal im Jahr trifft, die auch in diesem Jahr wieder Vergangenheitserlebnisse auffrischt, gleiche Wertvorstellungen bestätigt und das Leben im unterschiedlich aktiven Ruhestand reflektiert und kommuniziert.

Die Fliegerei begann ich bereits im Segelflugverein an der Offizierschule in Faßberg. Nach der Sprachausbildung in Uetersen absolvierte ich ohne Probleme die fliegerische Vorauswahl (Screening) auf dem Muster Piper L-4 bei einer privaten Flugschule auf dem Flugplatz Windelsbleiche bei Bielefeld.

Danach begann die eigentliche Flugschulung in Landsberg am Lech mit 35 Flugstunden auf dem Propellerflugzeug Harvard Mark IV T-6 und mit 90 Flugstunden auf dem Düsentrainer Fouga Magister. Diese Flugstundenkombination war eine Art von Versuchslehrgang (CC59E). Wir sollten zunächst auf der T-6 mit der dritten Dimension durch eine intensive Kunstflugeinweisung vertraut gemacht werden und die Art dieser Einführung löste nicht nur für mich eine krisenhafte Situation aus, denn einigen von uns wurde beim Fliegen „kotzübel". Auf einem Erinnerungsbild nach der Landung stehe ich neben einer T-6 und sehe ungewöhnlich blass und eingeschüchtert aus. Wir haben im Kameradenkreis eine Lösung gefunden; einige haben vor jedem Flug Tabletten gegen Reiseübelkeit eingenommen und damit das Schlimmste verhindert. Sobald ich Looping, Immelmann, Kubanische Acht und andere Figuren selbst fliegen konnte, ging es mir gut. Sobald der Fluglehrer sagte: „I have it" oder „I show you", war ich wieder froh über die dämpfende Wirkung der Tabletten. Das liebevoll „Yellow Monster" genannte Schulflugzeug T-6 hatte einen mächtigen Sternmotor; bei abruptem Vollgas konnte dessen Drehmoment den Flieger auf den Rücken werfen. Das kleine Spornrad (Tail Wheel) senkte beim Rollen am Boden das Cockpit so tief ab, dass man direkt nach vorne nichts sehen konnte. Man musste daher auf den Rollwegen in S-Linien hin und her kurven, um am Motor vorbei nach vorne etwas zu sehen. Da nach der Landung ohne S-Kurven ausgerollt wurde, hat auch einmal eine T-6 die vorher gelandete Maschine von hinten gerammt und setzte sich auf diese Maschine, was lustig ausgesehen hat: „Flugzeuge bei der Begattung". Es gab wenig andere Unfälle und Zwischenfälle. Zu meiner Zeit in Landsberg hat ein Schüler eine T-6 auf einem Acker erfolgreich notgelandet, weil der Propeller eine Fehlfunktion (Run away Prop) hatte. Es war Teil der Ausbildung, während eines Fluges ständig nach potentiellen Notlandeplätzen zu schauen, um bei Motoraussetzern sofort richtig reagieren zu können. Der Fluglehrer riss immer einmal ohne Vorwarnung den Gashebel auf Leerlauf und verlangte das Ansteuern einer für die Notlandung geeigneten Wiese oder einer geeigneten Straße. Dieser frühe Drill war nach meiner Einschätzung ein damals in seinen Nachwirkungen noch nicht vorhersehbarer beitragender Faktor für spätere tödliche Flugunfälle. Manche Jet-Piloten versuchten später bei Triebwerksausfall ihr Flugzeug noch zu einem Landeplatz zu zwingen und kamen dabei zu Tode. Eine F-84F Thunderstreak oder ein F-104G Starfighter hatten eben denkbar schlechte Gleitflugeigenschaften für solche Notlagen. Einige Flugunfälle meine ich deswegen unter „antrainiertem Fehler des Piloten" einsortieren zu können.

Die Schulung auf dem Düsentrainer Fouga Magister CM-170 hielt die nächste Krise für mich bereit. Mein Fluglehrer hatte kurze Zeit vorher einen Fallschirmabsprung mit der CM-170 nur knapp überlebt und es schien mir damals, dass dieses traumatische Erlebnis sich für mich negativ auswirkte. Er wollte mir nicht das Steuer überlassen, wenn es kritisch werden konnte. Die vorgesehene Flugzeit für die Alleinflugfähigkeit war aufgebraucht und ich hatte das Flugzeug kaum je selbst landen dürfen. Ein weiteres Mal stand ich vor der Ablösung aus der Fliegerischen Ausbildung. Die Dienstaufsicht unter Fluglehrern funktionierte jedoch und ich bekam mit einem anderen Fluglehrer einige Zusatzstunden, die ausreichten, um die Fouga alleine fliegen zu können. Bei einem späteren Alleinflug mit einem angeordneten Kunstflugprogramm habe ich erst hinterher erfahren, dass der Kommandeur der Ausbildungsgruppe (Major Bruno Loosen, später Generalleutnant und Kommandierender General Luftflotte) die ganze Zeit von mir unbemerkt in dichter Formation (Close Trail Formation) unter mir hing und alle Kunstflugfiguren mitgeflogen war. Es gab ein dickes Lob und meine Qualifikation stand von da an nicht mehr unter Zweifel. Auch dieses Flugzeug hatte seine Schwächen. Das V-Leitwerk hatte aerodynamische Vorteile, aber bei dem vorgeschriebenen Trudeln konnte das Abfangen problematisch werden. Die Fouga kippte beim Abfangen der Drehbewegung oft in die entgegengesetzte Richtung und trudelte dann noch steiler und schneller. Wenn weitere Versuche erfolgreich waren, dann war man schon sehr nahe bei Mutter Erde.

Der nächste Schritt führte nach Fürstenfeldbruck zur Schulung auf der Lockheed T-33 (T-Bird) mit 110 Flugstunden. Wir konnten zu diesem

Zeitpunkt einen Düsentrainer schon fliegen, wozu noch ein weiteres Trainingsmuster? In der Rückschau sehe ich folgende Gründe: Wir sollten noch sicherer im Instrumentenflug werden und die Langstreckennavigation erlernen. Hinterher sollten wir in den USA auf diesem Flugzeugtyp die Waffenausbildung erhalten. Wir waren im Sommer 1959 fertig mit dem Schulungsprogramm und mussten noch auf die Kommandierung in die USA warten. Um das Fliegen durch eine zu lange Flugpause nicht wieder zu verlernen, bekamen wir einige Flüge, bei denen zwei ausgebildete Flugschüler mit dem Flugzeug selbstverantwortlich starten durften. Man verlernt die Bedienung eines komplexen Geräts nämlich recht schnell wieder. Wer ein Musikinstrument spielt, der weiß wovon ich rede. Alle Handgriffe, die das Unterbewusstsein in der Zwischenzeit übernommen hatte, müssen zunächst wieder bewusst mit hoher Konzentration durchgeführt werden. Man macht dann leicht einen Fehler und ich denke an einen solchen Flug (Buddy/Buddy-Ride) in Fursty – so die umgangssprachliche Bezeichnung von Fürstenfeldbruck – sehr ungern zurück, weil wir das Funkfeuer für den Landeanflug nicht richtig eingedreht hatten und prompt die Landebahn verfehlten. Das fiel dem Tower natürlich auf und es erfolgte Meldung an den Fliegerischen Vorgesetzten und wir sahen uns einer peinlichen Befragung durch Major Gerhard Limberg (später Generalleutnant und 1975-1978 Inspekteur der Luftwaffe) ausgesetzt.

Zu diesem Zeitpunkt hatten wir das Morsealphabet noch nicht gelernt und merkten uns die Kennung des Funkfeuers mit Eselsbrücken (Beispiel: Q = lang-lang-kurz-lang = Quaalm Quaalm es Breennt). Man musste die richtige Frequenz in dem vor dem Knüppel sitzenden Gerät auf einer kleinen Anzeige ganz genau eindrehen, und wenn man im schlechten Wetter unter Turbulenzen damit beschäftigt war, dann war das nicht nur schwierig, sondern zugleich auch gefährlich, weil die Gefahr einer räumlichen Desorientierung gegeben war. Was im Doppelsitzer mit Arbeitsteilung noch beherrschbar war, wenn einer flog und der andere das Navigationsgerät ADF im Cockpit (Navigationsstem NDB: Non Directional Beacon) bediente, konnte im Einsitzer zum Problem werden. Es war auch diese Ausstattung mit einem solchen Navigationsgerät, die nach meiner Einschätzung eine beitragende Unfallursache für die späteren F-84F-Abstürze bei schlechtem Wetter war. Man muss wissen, die Anzeigenadel des Geräts zeigte im Gewitter alternativ auch an, wo Blitze waren, und nicht unbedingt nur, wo der Sender stand.

Für die Waffenausbildung gingen wir in die USA nach Luke Air Force Base in Arizona, um mit der T-33 das Schießen und Bombenwerfen zu lernen, und um dort auf das Einsatzmuster Republic F-84F „Thunderstreak" umgeschult zu werden. Die Ausbildung war fordernd und wir lernten über das Fliegerische hinaus mit dem Flugzeug zu kämpfen. Wir wurden auch mit den Leistungsgrenzen der „Thunderstreak" vertraut gemacht und ein Flug sah zum Beispiel einen senkrechten Sturz über dem Grand Canyon vor, um für wenige Sekunden Überschallgeschwindigkeit zu erreichen. Damit war dieses Flugzeug natürlich noch kein Überschalljäger. Die Schallmauer war die natürliche Höchstgeschwindigkeitsgrenze.

Ab Frühjahr 1960 war ich dann Einsatzpilot im Jagdbombergeschwader 31 „Boelcke" auf dem Flugzeugmuster F-84F. Im Vergleich zur Vorläufervariante F-84G, die noch eine gerade Tragflächenform und ein Tragflächenprofil ähnlich der T-33 hatte, hatte die an die Luftwaffe gelieferte F-84F bereits Pfeilflügel. Das Flugzeug war schwer, robust und hatte ein vergleichsweise schwaches Triebwerk. Dies bedeutete eine lange Startstrecke bis man die Maschine vom Boden hochziehen konnte. An sehr heißen Tagen konnte der Fall eintreten, dass die vorhandene Startbahn bei voller Beladung für einen sicheren Start nicht ausreichte. Man musste also mit Flugzeuggewicht und Wetterdaten vorher ausrechnen, ob der Start möglich war. Schubschwäche und hohe Flächenbelastung bedeuteten, dass man in hart geflogenen Kurven rasant an Geschwindigkeit verlor, und dass das Triebwerk auch mit Vollgas den Energieverlust nicht schnell ausgleichen konnte.

Bei relativ schlechter Sicht versuchte ich einmal bei einem Übungseinsatz auf dem Schießplatz die Führermaschine im Blick zu halten und dabei die Orientierung am Platz zu behalten und flog dabei das „Pattern" zu eng. Ich befand mich plötzlich in niedriger Hohe im Sinkflug mit zu wenig Speed und das Flugzeug war kurz vor dem Strömungsabriss (Stall). Ich kam dabei dem Boden sehr nahe. Wir hätten bei schlechter Sicht den Flug abbrechen müssen, aber wir waren auch unendlich leistungsmotiviert und wollten unbedingt unseren Übungsauftrag erfüllen. Ich erinnere mich an den Reim in einem amerikanischen Fliegerlied: „The F–Eighty Four…, is a Ground Loving Whore…".

Der Jagdbomber hatte gelegentlich Triebwerksausfälle (Flame out) und ich hatte selbst einen davon zu handhaben. Der Flammabriss ereignete sich in großer Höhe und ich wusste zu genau, dass ein Neustart problematisch war, wenn das nasse Triebwerk voller Treibstoff wieder anspringen sollte. Schon in Fürstenfeldbruck war uns die richtige Reihenfolge eingebläut worden: 1. Airflow, 2. Ignition, 3. Fuel. Der Neustartversuch hatte mit einer Austrocknung der Turbine zu beginnen (Drain the Tailpipe), also erst einen Sturzflug, dann ein Hochziehen, damit der überflüssige Treibstoff hinten heraus laufen konnte, dann Zündung einschalten, dann wieder etwas Gas geben. Beim dritten Versuch sprang das Triebwerk wieder an – nach einem Höhenverlust von 35.000 Fuß. Ein technischer Fehler wurde nicht gefunden, das Triebwerk wurde jedoch vorsichtshalber ausgetauscht.

Dass man sich mit der F-84F bei schlechtem Wetter leicht verfliegen konnte, ist durch spektakuläre, unbeabsichtigte Einflüge in das Hoheitsgebiet des Warschauer Paktes belegt. Die Mängel der Funknavigationsanlage waren damals noch als „normal" anzusehen, in den Auswirkungen waren sie alles andere als harmlos. Die Maschine war bei gutem Wetter ein sehr leistungsfähiger Jagdbomber mit hoher Tragfähigkeit. Die Schubschwäche konnte man bei voller Zuladung für den Start mit Hilfsraketen (JATO: Jet Assisted Take Off) kompensieren. Wir schätzten die F-84F als ausgewachsenes Kampfflugzeug und der Typ hatte eine hervorragende Reichweite für Überlandflüge.

Als Führer einer Viererformation für einen Überlandflug nach Sardinien hatte mir unmittelbar nach dem Start meine Nummer Vier über das Radio mitgeteilt, er habe ein „Engine Overheat Warning Light". Ich weiß nicht, was mich in der Situation geritten hat, aber ich sagte zu ihm ohne Nachzudenken im barschen Befehlston: „Drop your tanks and land" und das Abwerfen der schweren Treibstofftanks wurde von ihm genau so spontan befolgt. Der Pilot flog eine niedrige „Closed Pattern" und kam mit dem stotternden Triebwerk gerade noch bis zum Aufsetzpunkt und alles sah soweit gut aus. Beim Ausrollen kam die Maschine von der Startbahn ab und knickte mit dem Fahrwerk in den weichen Boden. Eine Triebwerkschaufel war abgerissen und hatte mit großer Wucht die Seitenrudersteuerung beschädigt, danach hat das Triebwerk überhitzt und nach und nach die anderen Triebwerkschaufeln zum Schmelzen gebracht. Im Moment der noch erfolgreichen Landung war der Schub dann völlig weg und das Flugzeug konnte wegen des nicht mehr funktionsfähigen Seitenruders nicht mehr in der Richtung kontrolliert und auf der Startbahn gehalten werden. Der Pilot konnte das im Gras liegende Flugzeug unverletzt verlassen. Wir flogen mit drei Maschinen unbeirrt weiter nach Sardinien.

Das Geschwader hatte die Einsatzrolle „Conventional Attack". Wir hatten mit konventioneller Bewaffnung eine Alarmbereitschaft aufrecht zu erhalten und unsere Ziele waren Luftverteidigungsstellungen des Warschauer Paktes, die wir für den Fall cincs atomaren Gegenschlages der NATO ausschalten sollten, damit die Nuklearwaffenträger der Verbündeten ungehindert dort hätten eindringen können. Die Stimmung im Geschwader war gut, wir waren nach einer sehr fordernden Ausbildung in unserem Beruf angekommen. Wir hatten unsere Aufgabe und wir flogen gerne. Meine persönlichen Ziele und Erwartungen waren erfüllt, ich stellte als Zeitoffizier den Antrag auf Übernahme in den Status eines Berufssoldaten. Diese Situation der relativen Ausgewogenheit und der Berufszufriedenheit war jedoch von kurzer Dauer.

Umschulung auf den Lockheed F-104G Starfighter

Das Jagdbombergeschwader 31 „Boelcke" war als erster Verband ausersehen, die F-104G, den „Starfighter", zu bekommen. Die Waffenschule 10 hatte ebenfalls auf dem Flugplatz Nörvenich eine neu aufgestellte 4. Staffel stationiert. Der Fliegerische Teil der Umschulung sollte bei dieser Staffel auf dem doppelsitzigen, unbewaffneten Muster F-104F absolviert werden. Dieser Trainer war ohne die für den Einsitzer vorgesehene Zusatzausrüstung besonders leicht und daher besonders beschleunigungsstark. Die einsatzbezogene Komponenten- und Waffensystemausbildung sollte danach von einer Gruppe von ausgewählten Geschwader-Piloten übernommen werden, die einige Monate vorher zur Ausbildung in die USA geschickt worden waren, um dort das hierfür notwendige Spezialwissen zu erwerben. Zusätzlich geplant war eine massive Firmenunterstützung (Technical Representatives). Die Planung war nach meiner Einschätzung in Ordnung; was man wissen oder abschätzen konnte, das war auch vorbereitet. Das Nörvenicher Geschwader sollte nach Aufnahme des Flugbetriebes auch die Truppenerprobung, das sogenannte „Kategorie 3 Testprogramm", durchführen. Man hatte für die Einsatzstaffeln auch zusätzliches Personal vorgesehen, wie z. B. Elektronische Einsatzoffiziere, die sich um die richtige Programmierung des Trägheitsnavigationssystems kümmern sollten.

Die Luftwaffe befand sich 1962 noch im Aufbau und die Aufstellung neuer Verbände geschah mit einer Art von Zellteilung. Erfahrenes Personal wurde abgezogen und bildete die Kernmannschaft im neuen Verband und neues Personal wurde im alten und neuen Verband zugeführt. Ich habe noch in Erinnerung, dass wegen der Komplexität des Starfighters nur geeignete Offiziere umgeschult werden sollten. Unsere erfahrenen Flugzeugführer-Unteroffiziere gingen geschlossen nach Rheine-Hopsten in das neu aufgestellte Jagdbombergeschwader 36. Alle unsere F-84F-Flugzeuge gingen Anfang 1962 mit ihnen nach Hopsten. Wir waren in Nörvenich jetzt ohne Fluggerät in Erwartung der neuen Starfighter und die Umschulung auf den Typ begann. Die Industrie hielt jedoch die vertraglichen Liefertermine nicht ein und der Einsitzer F-104G ließ noch viele Monate auf sich warten. Ich verlor nach der frühen Umschulung auf die F-104F die Typenberechtigung wieder und musste im Laufe dieses Jahres noch zweimal nachgeschult werden, bis endlich der Einsitzer im Geschwader verfügbar war. Die Piloten waren bis dahin wie ein „Fisch ohne Fahrrad" und eine Stimmung voll von Missmut und Langeweile prägte die Tage, die mit Streitereien um die wenigen Flugstunden auf den Verbindungsflugzeugen Piaggio 149-D und T-33 überschattet waren. Ich ging damals freiwillig als Staffeldienstoffizier in die Wartungsstaffel, denn unser technisches Personal hing ebenfalls in der Luft und ich durfte den Sport und die Schießausbildung leiten, Besichtigungen organisieren und nebenbei die Abläufe der neu eingeführten Zentralisierten Technik studieren. In dieser Krisenzeit entstand für mich ein Motiv, mich zusätzlich für ein technisches Studium zu interessieren.

Herausforderungen, aber noch keine Krise

Als die ersten Starfighter in unserem Verband eintrafen, waren wir in der Theorie gut vorbereitet, wir hatten ja auch mehr als genug Zeit dafür gehabt. Wir fühlten uns von dem Starfighter herausgefordert und waren begeistert. Mit der Kraft, der Beschleunigung und Schnelligkeit waren wir in der Umschulung vertraut gemacht worden. Noch lange nach einer Landung waren wir hoch erregt über die fliegerische Überlegenheit des Geräts und machten nach dem offiziellen „Debriefing" noch stundenlang unsere individuelle Nachbereitung an der Bar im Nörvenicher Kasino. Ich habe einmal mit höchster Aufmerksamkeit der begeisterten Erzählung eines Kameraden gelauscht, der seine Erlebnisse vom Tiefflug unter Einsatz seiner beiden Händen geschildert hat (die Deckenlampe repräsentierte dabei die Sonne), bis ich entdeckte, dass ich selbst bei diesem Flug der Führer der Formation gewesen war. Auch unsere Familien waren angesteckt von unserer Begeisterung und kamen auf den Flugplatz, um den Nachtstart der Maschinen mit dem langen

Feuerstrahl des Nachbrenners zu sehen und die späteren Landeanflüge der Flugzeuge am Anflugradar zu beobachten.

Der Flugbetrieb in Nörvenich lief gut an. Die Firma Lockheed hatte nicht nur technische Berater, sondern auch ihren Cheftestpiloten (Experimental Test Pilot) Glen Reaves (Callsign „Snake") zu uns abgeordnet, der uns mit den Geheimnissen und den verborgenen Schwächen des Systems vertraut gemacht hat. Er bildete einige von uns, so auch mich, zum Werkstattflieger (Functional Test Pilot) aus. In dieser Zeit durfte ich der Prüfgruppe der Technischen Gruppe zugeordnet bleiben und viele von diesen ersten, nach einer Reparatur vorgeschriebenen Testflügen im Geschwader selbst durchführen. Nach sicherer Aufnahme des Routineflugbetriebes ging das Geschwader in die Aufgabe der Truppenerprobung, die besonders auf die Eignung für erfolgreiche Waffeneinsätze fokussiert war. Wir machten präzise Zielanflüge, schossen mit der Kanone, warfen Bomben und konnten am Ende nachweisen, dass das Flugzeug für sein operatives Aufgabenspektrum voll geeignet war.

Dabei stellte sich heraus, dass der Starfighter ein hervorragender Abfangjäger war mit für die damalige Zeit unglaublicher Beschleunigung, Steigleistung und doppelter Schallgeschwindigkeit. Die Schwäche der eingeschränkten Wendigkeit wegen der hohen Flächenbelastung mit den kurzen Stummelflügeln sollten wir, so die Anleitung von Mr. Glen Reaves, durch überlegene Steig- (und Sink-) Fähigkeit ausgleichen. Das „Hit and Run"-Prinzip war angesagt; das Triebwerk sollte nach Möglichkeit durch sehr hohe Geschwindigkeit in den sogenannten „T2-Reset" gefahren werden; der „T2-Reset" ist eine konstruktive Besonderheit der J-79 Turbine, die bei hohem Luftdurchsatz die Maximaldrehzahl der Turbine von 100 % auf 103 % erhöhte. Mit diesem ungeheuren Schub sollte man Herr jeder Lage sein; es galt die Schwächen des Flugzeugtyps zu vermeiden und seine Stärken zur Geltung zu bringen.

Ich will Beispiele nennen, warum wir uns in den Jahren 1963 und 1964 trotz aller Euphorie der Anfangszeit auf dünnem Eis bewegten. Das Geschwader hatte während des Erprobungsprogramms innerhalb von sechs Monaten den gesamten Ersatzteilvorrat der Luftwaffe aufgebraucht. Dieser Tatbestand legte die mangelnde Zuverlässigkeit vieler Elektroniksysteme brutal offen. Die Logistik der Luftwaffe war im Alarmzustand. Das Wartungs- und Instandhaltungskonzept des Flugzeugmusters war modern und man konnte große Module der Flugzeugelektronik schnell auswechseln, wenn man diese denn rechtzeitig beschafft und bevorratet hatte. Aber die Instandhaltungsprobleme am Boden und die Betriebskosten waren nur die eine Seite der Münze, denn es gab auch Ausfallerscheinungen im Flug, und da stellten sich unmittelbare Fragen nach der Betriebssicherheit.

Mit einem Vorfall will ich noch aufzeigen, dass wir das Flugzeug damals noch nicht voll verstanden hatten. Bei speziellen Waffenerprobungen hing gelegentlich nur eine Bombe an einer Unterflügelstation. Im normalen Flugbetrieb traten mit dieser asymmetrischen Beladung (Uneven Configuration) zunächst keine Probleme auf. Ich flog mit so einer unsymmetrischen F-104G einen normalen Nachtflug bis zu einem Landeanflug mit viel Seitenwind. Man fliegt dann mit der Nase in Windrichtung versetzt (Crab) den Gleitpfad hinunter, um kurz vor der Landung mit Seiten- und Querruder (Slip) die Maschine für die Landung und das Ausrollen gerade in die Landebahnrichtung zu drehen. In etwa zehn Meter Höhe kippte das Flugzeug plötzlich nach links in den Messerflug und ich sah die Landbahnlichter nicht mehr rechts und links sondern über mir. Ich trat das Seitenruder voll nach oben durch und knallte den Gashebel in den Nachbrennerbereich. Bange Sekundenbruchteile später war die Drehzahl der Turbine wieder hoch genug und zündete den Nachbrenner, der mich vom Boden weg nach oben riss. Ich war im Schock und konnte erst nach einigen Minuten dem Kontrollturm sagen, warum ich durchgestartet war. Eine darauffolgende Sichtinspektion an der Maschine zeigte, dass die äußere Flosse des linken Wingtip-Tanks Bodenberührung gehabt hatte und um fünf Zentimeter kürzer geschliffen worden war. Seitdem waren asymmetrische Konfigurationen nicht mehr hinnehmbar; offensichtlich hatten in meiner Anflugsituation einer der Stummelflügel Strömungsabriss und der andere noch vollen Auftrieb gehabt.

Auch für die vor uns liegende Einsatzrolle des Geschwaders „Nuklear Strike" war die F-104G hervorragend geeignet. Das Flugzeug war auch im Tiefflug sehr schnell, durch die hohe Flächenbelastung unempfindlich gegen Luft-Böen und mit dem Radargerät, einem Autopiloten und mit einer Ausstattungskombination aus mehreren Navigationssystemen in dieser Rolle allwetterfähig. Nach Abwurf einer nuklearen Waffe galt es für den Piloten noch aus dem hinter ihm entstehenden Feuerball zu entkommen. Die herausragende Beschleunigung sorgte auch dafür, dass der Bomberpilot wenigstens in diesem Augenblick selbst noch hätte überleben können. Ich will hier nicht über die Abschreckungsdoktrin der NATO philosophieren; wir hatten pragmatisch die Details der Umsetzung dieser Doktrin zu vollziehen. Wir waren qualifiziert als „Combat Ready Strike Pilot" und sehr jung in eine große Verantwortung gestellt worden.

Folgen der hohen Einsatzbereitschaft

Zur Vorbereitung auf die NATO-Assignierung des Geschwaders – d. h. der operativen Unterstellung unter die 2. Alliierten Luftflotte der NATO – war zunächst die Taktische Überprüfung des Verbandes zu bestehen. Hierzu waren zweifellos auch einige Alarmierungsübungen erforderlich und danach ein schnelles Herstellen der vollen Einsatzfähigkeit des Verbandes mit dem vorgeschriebenen, hohem Klarstand an beladenen Flugzeugen und allen weiteren Details, die zur Einsatzvorbereitung und Einsatzführung zu erledigen waren. Bereits in dieser Phase bekam das Vertrauen in unsere Vorgesetzten im Geschwader einen ersten Schaden. Drei Alarmübungen pro Woche waren unsinnig und schikanös, zumal die dazwischen liegende Zeit nie ausreichte für eine umfassende Fehleranalyse mit Maßnahmen zur Korrektur. Hektik und Misstrauen gewannen die Oberhand. Das Betriebsklima litt, aber das war wohl weiter oben nicht wichtig. Gerüchteweise wurde den Piloten unterstellt, dass sie wegen der einjährigen, aufgezwungenen Flugpause „der Arbeit entwöhnt" seien, und da sie verwöhnt seien, müsste man ihr Jammern nicht anhören. Die Piloten unterstellten ihren Vorgesetzten, dass diese aus persönlichem Ehrgeiz heraus ihre Leute nach Belieben verheizen würden. Irgendwie schafften wir die Taktische Überprüfung und der Verband ging in die Assignierung.

In der Folge waren hohe Bereitschaftszeiten auszuhalten, nicht nur in 15-Minuten-Bereitschaft mit einer sofort startklaren, nuklear beladenen Maschine (im abgeschlossenen Sicherheitsbereich / in der QRA = Quick Reaktion Area), sondern auch in gestaffeltem Stundenbereich, um bei Alarmauslösung schnell die volle Mannschaft vor Ort zu haben. Ich erinnere mich an Dienstzeiten von 120 Stunden pro Woche, von denen ich 30 Stunden hätte zu Hause verbringen können, wenn ich denn ein Telefon besessen hätte. Telefone waren Mangelware in dieser Zeit und ich fuhr nach Köln zur Oberpostdirektion, schilderte unsere Situation im Geschwader und bat um bevorzugte Ausstattung mit einem Telefon. Die Antwort der Postbeamtin war beleidigend negativ: „Ich wäre ja selbst schuld, dass ich zur Bundeswehr gegangen sei." Wir entwickelten eine explosive Mischung von negativen Gefühlen: Mangelnde Wertschätzung in der Öffentlichkeit, familienfeindliche und extreme Dienstzeiten, Misstrauen in unsere Vorgesetzten vor Ort, aber auch eine negative Haltung gegenüber für uns nicht erreichbare Vorgesetzte darüber bis hinauf zum Inspekteur und Verteidigungsminister.

Weitere Ärgernisse kamen hinzu, als beispielsweise die Jet-Flugzulage abgesenkt wurde, damit die Zulage für die Transportflugzeugführer aufgebessert werden konnte. Ich habe noch in Erinnerung, dass damals unser Stundenlohn niedriger als die Bezahlung des zivilen Hundeführers lag, der unsere Bereitschaftsräume bewachte und unangetastet seine 40 Stundenwoche hatte. Unsere ersten Erfahrungen mit der Bundeswehrverwaltung waren eben auch nicht positiv gewesen, aber für sich alleine kein Grund für generell schlechte Stimmung. Die sparsame Haushaltsführung des Finanzministers wurde von der Verwaltung gerne auf unserer Kosten übererfüllt. Eine mir zustehende, finanzielle Wegstreckenentschädigung hat die Truppenverwaltung nicht bekannt gemacht und ich konnte sie daher auch nicht beantragen. Noch gut in Erinnerung war der US-Lehrgangsaufenthalt von ganz knapp unter sechs Monaten, denn ab sechs Monaten wäre es möglich gewesen, die Ehefrau mitzunehmen. Unsere militärischen Vorgesetzten erklärten das mit dem Hinweis: „In Friedenszeiten ersetzt die Verwaltung den Feind". Die zivile Verwaltung sah sich in der Rolle, die Streitkräfte kontrollieren zu müssen, da sie nach ihrer Auslegung durch das Grundgesetz dazu verpflichtet war. Verärgert waren wir zum Beispiel auch darüber, dass für das Fliegende Personal die Beförderung zum Hauptmann nach einer Mindestzeit von fünf Jahren avisiert worden war und dann „verwaltungstechnisch" eine verzögernde Untergrenze von 27 Lebensjahren nachgeschoben wurde.

Unser Kommandeur Fliegende Gruppe hat uns dann noch sehr streng beurteilt. Natürlich waren wir nicht mehr pflegeleicht und aus seiner Sicht war die Note „Ausreichend" vielleicht noch zu hoch. In der Folge wurden die normal beurteilten Offiziere des Nachbargeschwaders in Büchel früher befördert, hatten eine bessere Laufbahnperspektive und wir hatten auch da das Nachsehen. Es war diese komplexe Mischung negativer Umstände, die ein Umkippen der Stimmung von Euphorie in Richtung Bitterkeit verursachte. Für diesen Staat, für diese Luftwaffe sollten wir weiterhin unser Leben riskieren? In der Folge kam es zu einer Abwanderungsbewegung in andere Verbände und zu zivilen Fluglinien – mit einem fatalen Aderlass an Wissen und Flugerfahrung.

Die eigentliche Ursache sehe ich in der politischen Entscheidung unserer Regierung der NATO zu einem bestimmten Zeitpunkt einen vertraglich festgelegten Umfang an Kräften zu assignieren. Die Bundesrepublik war von den Verbündeten im Sinn eines „Burden Sharing" in der Allianz in die Pflicht genommen worden. Wenn die Deutschen in Nuklearfragen mitentscheiden wollten, dann sollten sie auch eine entsprechende Zahl an Trägerflugzeugen einsatzbereit zur Verfügung stellen. Unsere Vorgesetzten waren unter hartem Erfüllungszwang und ihre Führungserfahrung hatten sie noch aus der Wehrmacht. Aber wir waren noch zu wenige für die Erfüllung der Auflagen.

Probleme mit dem Starfighter

Das erlebte Risiko des Flugbetriebes mit der F-104 war hoch. Der Starfighter zeigte noch seine Kinderkrankheiten. Die Fehlfunktion des „Kickers" war so ein Mangel. Ich glaube, ich war der erste, dem folgendes im Startvorgang passierte: Kurz nach dem Einfahren des Fahrwerks mit dem Verriegeln der Fahrwerkstore schlug der Steuerknüppel mit einer Kraft von 50 Pfund nach vorne. Um das Flugzeug knapp über dem Boden im Steigflug zu halten, musste ich sofort eine entsprechende Gegenkraft aufbauen. Ich zog mit beiden Händen nach hinten und stemmte dabei die Füße gegen das Instrumentenbrett. Der Schreck war groß. Diese Sicherheitsvorrichtung sollte den Starfighter davor bewahren, dass bei extrem hohem Anstellwinkel die Luftwirbel der Tragflächen auf das hohe T-Leitwerk trafen und den sogenannten „Pitch Up" auslösten. Ein so verursachtes Aufbäumen des Flugzeuges hätte danach den Übergang in einen unkontrollierten Flugzustand zur Folge gehabt. Damit das Vorwärtsschlagen des Steuerknüppels aber nicht beim Landen mit hohem Anstellwinkel passieren konnte, war der „Kicker" bei ausgefahrenem Fahrwerk über den „Air Gound Safety Switch" deaktiviert. Diese Sicherung reichte offensichtlich nicht. Man verlangte von unserer Technik sofortige Abhilfemaßnahme, denn die Eignung des Waffensystems, das im Tiefflug seine Einsätze fliegen sollte, stand auf dem Spiel. Die totale Deaktivierung des Kickers war die erste technische Abhilfemaßnahme, die aber für unsere Jagdflieger nicht akzeptabel war. Ein Jagdflugzeug, das nicht an seinen aerodynamischen Grenzen geflogen werden kann, ist im Luftkampf von vorneherein unterlegen. Später haben andere Maßnahmen, wie ein leicht zu bedienender „Disengage Flapper" am Steuerknüppel und das Eliminieren der Fehlfunktion durch technische Verbesserungen das Problem gelöst.

Auch das sehr komplizierte Triebwerk konnte gefährliche Fehlfunktionen haben. Der 17-stufige Verdichter hatte verstellbare Leitschaufeln (Inlet Guide Vanes – IGV). Wenn diese nicht richtig funktionierten (IGV-Failure), wurde ein „Pumpen des Kompressors" (Compressor Stall) ausgelöst – mit der Folge von Schubverlust und Überhitzung des Triebwerks. Die verstellbare Nachbrennerdüse war als Fehlerquelle noch mehr bekannt geworden. Ohne Nachbrenner war die Düse eng geschlossen, mit Nachbrenner öffnete sich die Schubdüse. Der Verstellmechanismus nutzte das Schmieröl des Triebwerks als Hydraulikmedium. Bei Ölverlust öffnete sich die Düse völlig und ohne Nachbrenner war der Schub so gut wie ganz weg und bei extrem geöffneter Schubdüse ließ sich der Nachbrenner auch nicht mehr zünden. Ich hatte so einen Fall bei einem Werkstattflug selbst zu überstehen. Im Steigflug gab es einen leichten Knall und die Schubdüse ging auf voll offen. Der Nachbrenner war zunächst noch funktionsfähig und ich ließ das Flugzeug steigen bis in großer Höhe die Nachbrennerflamme ausging. Und dann war der Schub weg und es ging abwärts. Ich ließ den Gashebel in voller Nachbrennerfunktion, weil die Nachbrennerpumpe weiterhin voll Treibstoff hinten hinauspumpte und damit das Flugzeug leichter wurde. Ich war noch direkt über dem Platz und das Wetter war gut. Ich entschloss mich zum spiralförmigen, steilen Anflug für eine Notlandung, was wegen der hohen Sinkrate des Fliegers eine heikle Sache war. Mit ausgefahrenem Fahrwerk wäre der Sinkflug so steil geworden, dass man das Flugzeug nicht mehr hätte abfangen können. Meine frühere Segelflugerfahrung und die gute Ausbildung von Glenn Reaves trugen wohl zu meinen Erfolgschancen bei. Ich brach die Sinkrate kurz vor dem Zaun des Flugplatzes, fuhr dann erst das Fahrwerk und setzte mit hoher Geschwindigkeit auf. Ich hatte das Wissen und die Nerven mit dem Auslösen des Bremsschirmes zu warten, bis die Maschine auf 190 Knoten herunterkam. Der Bremsschirm hielt und ich kam kurz vor Landebahnende normal zum Stehen. Ein guter Freund von mir kam bei einem ähnlichen, späteren Notlandeversuch an einem anderen Ort ums Leben. Auch hier wurde unsere Technik sofort aktiv und es gab später eine Nachrüstung mit einem Notschließsystem für die Düse.

Das gefühlte Missverhältnis von eigener Leistung zu vielfältig fehlender Anerkennung war auch für mich der Anlass zu „Fluchtüberlegungen". Ich hatte für mich entschieden, die als unerträglich empfundene Abhängigkeit vom Dienstherrn mit einer vollen Qualifikation für einen zivilen Beruf zu überwinden und ich begann die langen Bereitschaftsstunden für ein

Fernstudium in der Fachrichtung Wirtschaftsingenieur zu nutzen. Als im Jahre 1965 bekannt wurde, dass die Luftwaffe einige Piloten zusätzlich zum Ingenieur ausbilden wollte, um ihnen die Eintrittsvoraussetzung für die Ausbildung zum Experimental Test Pilot zu geben, habe ich diesen Weg beantragt und ab 1965 die Technische Akademie der Luftwaffe (TAKLw) besuchen dürfen.

Die Luftwaffe, der Starfighter und die Krise

Wir hatten auch vorher schon dramatische, erschütternde Flugunfälle, wenn ich nur an den Absturz des Kunstflugteams der Waffenschule 10 am 19. Juni 1962 denke. Wir sollten die Assignierung des Verbandes mit einem Festakt und einer Flugparade öffentlichkeitswirksam vorbereiten. Dabei sollte es am Vortage eine Probevorstellung geben. Nicht nur das Kunstflugteam sollte seine Flugschau vorfliegen, auch das Jagdbombergeschwader sollte mit einer Großformation von 16 Flugzeugen die neue Fähigkeit vor aller Augen vorführen.

Ich saß mit laufendem Treibwerk in einer von den sechzehn F-104G, die nach der Landung des Kunstflugteams starten sollten. Ich sah die Kunstflugformation in den Wolken verschwinden und kurz danach steil aus dem Himmel fallen, ohne jede Chance die Formation noch abzufangen. Das Bild von den Rauchpilzen der abgestürzten Maschinen hat sich bei mir eingebrannt. Wir stellten die Turbinen ab und gingen schockiert zurück in die Staffel. Das war kein Unfall, den man dem Flugzeugtyp zuschreiben konnte. Die Wetterbedingungen waren einfach nicht gut genug für das Flugprogramm. Man hätte „Nein" sagen müssen, aber man wollte die Luftwaffenführung nicht enttäuschen und hat sich hinsichtlich des Risikos verschätzt. Das hätte jedem von uns so gehen können; wir waren alle anfällig für diese Art von leichtfertiger Pflichterfüllung. Die Fluglehrer der Kunstflugformation kannte ich alle persönlich, ich war einige Male im hinteren Sitz beim Kunstflugtraining mitgeflogen. Der Festakt wurde zur Trauerfeier.

Der Aufbau der Luftwaffe hatte im Jahr 1965 eine Phase erreicht, in der jetzt nicht nur in Büchel beim Jagdbombergeschwader 33 und Nörvenich die F-104G flogen, sondern alle Jagdbomberverbände der Luftwaffe. Wer als Pilot früher einmal auf der F-84F gehalten wurde, weil nur die angeblich Besten den komplizierten Starfighter fliegen sollten, der flog ab diesem Jahr eben auch die F-104G. Durch die größere Zahl der Einsätze stieg auch nach der Statistik die anteilige Zahl der Unfälle. Der Gedanke liegt nahe, dass es jetzt nachträglich zu einer Art von „natürlicher Auslese" der Piloten gekommen sein mochte.

Inzwischen zur Technischen Akademie der Luftwaffe versetzt, verfolgte ich die erheblich gestiegenen Unfallverluste meines Verbandes mit großer Betroffenheit. Wir waren als Gruppe der Flugzeugführer eine verschworene Notgemeinschaft, die sich teilweise auch heute noch regelmäßig trifft. Ab dem Jahr 1965 kam es überdies zu einer Art von Aufstand einiger Ehefrauen, die über Presseveröffentlichungen glaubten, Missstände anprangern zu müssen. Besonders die Zeitschrift „Der Stern" hatte das Thema der hohen Flugzeugverluste in reißerischer Form aufgegriffen, was dem Ansehen der Luftwaffe geschadet hat und es für die betroffenen Ehemänner auch nicht leichter machte. Die Belastung der Familien war naturgemäß hoch. Ich danke meiner Frau heute noch für ihre Tapferkeit in dieser Zeit. Wenn Kameraden zu Tode kamen, die man kannte und mit denen man geflogen war, dann ließ das uns nicht unberührt. Besonders schlimm wurde es, wenn man auch unter Einbeziehung der Familie freundlich verbunden gewesen ist und man die Situation auf sich selbst projizierte. Die Flugzeugführer waren aufgefordert worden, alle persönlichen Angelegenheiten für ihren Todesfall vorausschauend zu regeln.

Misstrauen in die Luftwaffenführung

Mein Bild von der Führung der Luftwaffe war in Nörvenich aufgrund dieser komplexen Problemlage negativ vorgeprägt worden. Ich war zunächst sehr skeptisch, ob ein neuer Inspekteur da etwas ändern könne. Wir hatten in den Jahren 1965 und 1966 ja deutliche und sehr breite Erfahrungsdefizite beim Fliegenden Personal. Durch meine frühe Einbindung in das technische Personal wusste ich, dass dort verzweifelt daran gearbeitet wurde, das Flugzeug in Ordnung zu bringen und in Ordnung zu halten. Der Starfighter ist auch schließlich mit über tausend Verbesserungen zu einem sehr reifen und zuverlässigen Flugzeug entwickelt worden, welches der Luftwaffe über Jahrzehnte hinweg Leistungsfähigkeit und Ansehen bei den Verbündeten verlieh. Meine Hoffnung auf einen Ausweg aus der Krise sah ich zunächst in dem Engagement unserer Fliegertechnischen Offiziere und in einem schnelleren Lernvermögen der Piloten im Umgang mit diesem fordernden Flugzeugmuster. Beides wurde von General Steinhoff auch nachhaltig gefordert und nach und nach sehr wirksam in die richtigen Rahmenbedingungen gestellt. Ich habe lediglich über Gespräche mit Kameraden von „Steinhoffs Rettungsprogramm" für die krisengeschüttelte Luftwaffe erfahren, an welchem er schon als Divisionskommandeur in Aurich hat arbeiten lassen.

General Steinhoff hat unter anderem auch direkt entschieden, dass ich während des TAKLw-Studiums den Starfighter in Lechfeld als Inübunghalter weiter fliegen durfte. Ich war ihm dafür dankbar, auch wenn diese Fliegerei für die Ehefrau angesichts der medialen Debatte keine leichte Sache mehr war. Das Jagdbombergeschwader 32 in Lechfeld war in seiner Moral deutlich besser aufgestellt, als ich dies im Vergleich mit meinem bisherigen Verband gesehen hatte. Ich ging nach meinem Studium 1968 als Chef einer Technischen Staffel nach Lechfeld und bekam meine Zufriedenheit mit dem Beruf des Luftwaffenoffiziers zurück. Die Situation in der Luftwaffe hatte zur Normalität zurück gefunden.

Sebastian Reis

Das Krisenmanagement der Luftwaffe:
Die Bewältigung der Starfighter-Krise

Zum zwanzigsten Jahrestag der Außerdienststellung des Waffensystems Lockheed F-104G „Starfighter" titelte der Donaukurier am 21. Mai 2011: „Er verzieh einfach keine Fehler"[1]. Diese Schlagzeile drückt bezeichnend aus, was viele Menschen bis heute mit dem Starfighter und der Starfighter-Krise assoziieren: ein Fluggerät, das schwer handhabbar und labil gewesen sei und somit viele Abstürze bedingt habe.

Am 22. Mai 1991 wurde der Starfighter in einer feierlichen Zeremonie bei der Wehrtechnischen Dienststelle 61 in Manching mit dem letzten Flug einer besonders lackierten Maschine außer Dienst gestellt. Bis zu diesem Tag hatte die Bundeswehr durch Abstürze und Unfälle 292 Flugzeuge dieses Typs sowie 108 deutsche und acht U.S.-amerikanische Piloten verloren. Von insgesamt 916 beschafften Flugzeugen hatte sie somit beinahe ein Drittel verloren.[2] In der Rückerinnerung haben sich dementsprechend viele medial geprägte Ausdrücke wie „Fallfighter", „Witwenmacher", „Erdnagel" oder „Sargnagel" in den Köpfen der Menschen gehalten und sie prägen die öffentliche Meinung über das Flugzeug bis heute.[3]

Zum Verständnis von „Krise" und „Krisenmanagement"

Bevor man sich mit der Krise und dem Krisenmanagement auseinandersetzt, liegt es nahe, sich der Begrifflichkeiten anzunehmen. Gemäß Duden beschreibt das Wort „Krise" eine schwierige Lage oder eine schwierige Zeit,

---

[1] Donaukurier Nr. 117. Ingolstadt 21.05.2011, S. 32.

[2] Kropf, Klaus: German Starfighters – The F-104 German Air Force and Naval Air Service. Hinckley 2002. S. 164-173. Kropf führt im Anhang eine vollständige Liste der 292 Totalverluste mit Datum, Kennung des Flugzeuges, Namen der Piloten und Unfallursache.

[3] Schlaffer, Rudolf/Zimmermann, John: Wo bitte geht's zur Schlacht? Kurioses aus dem deutschen Militär. Von A - Z. Berlin/Brandenburg 2009. S. 53. Loy, Hannsdieter: Zeiten des Donners, Rosenheim 2012.

die den Höhe- oder Wendepunkt einer gefährlichen Entwicklung markiert.[4] Dementsprechend kann eine Krise nur im Nachhinein als solche erfasst werden, denn ob eine Wende eintritt oder der Höhepunkt schon erreicht ist, ist ‚in einer Krise' nicht abschbar.

Legt man nun allein die Zahlen der Totalverluste zugrunde, so wäre 1965 das Jahr des Krisenhöhepunktes. Tatsächlich aber spielten weitere Faktoren eine Rolle, die das Jahr 1966 als den eigentlichen Höhepunkt der Krise erscheinen lassen. Die fortlaufenden hohen Unfallzahlen, eine weiter zunehmende Berichterstattung durch die Presse, die dadurch ausgelöste Führungskrise der Luftwaffe und auch der Bundeswehr und schließlich der aufsehenerregende Unfall des Oberleutnants Siegfried Arndt[5] führten zu einem Höhepunkt des öffentlichen, politischen und militärischen Interesses an der Lösung der Starfighter-Probleme[6].

Der Begriff des Krisenmanagements wird auf einen politischen Ursprung zurückgeführt und soll vom damaligen US-Präsidenten John F. Kennedy in Zusammenhang mit der Kuba-Krise erdacht worden sein. Eine andere geläufige Definition bringt dies hinsichtlich der Starfighter-Krise auf den Punkt: „Krisenmanagement ist eine besondere Form der Führung von höchster Priorität, deren Aufgabe es ist, alle jene Prozesse in der Unternehmung zu vermeiden (Krisenvermeidung) oder zu bewältigen (Krisenbewältigung), die ansonsten in der Lage wären, den Fortbestand der Unternehmung substanziell zu gefährden oder sogar unmöglich zu machen."[7] Nach dieser Definition ist als die gefährdete Unternehmung der militärische Auftrag zu

---

[4] http://www.duden.de/rechtschreibung/Krise (19.07.2011).

[5] Der tragische Unfall des Oberleutnant Siegfried Arndt ist bezeichnend für die Vielfältigkeit der Probleme, mit denen sich die Luftwaffe in den ersten Jahren der Starfighter-Ära konfrontiert sah. Der Aufschrei in der Öffentlichkeit war so groß, dass die Politik im Zugzwang war und sich der Druck auf Generalleutnant Panitzki somit erhöhte. Vgl. dazu den Beitrag von Heiner Möllers in diesem Band. Erkenntnisse aus und über den Unfall sind zu finden in: Bundesarchiv, Abt. Militärarchiv (BArch): BL 1/54.502: Bericht des Verteidigungsausschusses über die Beratungen zum Waffensystem „Starfighter". Deutscher Bundestag, Drucksache V/450 sowie in: Weiss, Karl Heinz: Der Auslöser. In: Flugsicherheit 47 (2010), Heft 2, S. 8-14.

[6] Vgl. die Beiträge Möllers und Zimmermann in diesem Band.

[7] http://wirtschaftslexikon.gabler.de/Archiv/10532/krisenmanagement-v8.html (19.07.2011).

verstehen, der nicht mehr hätte erfüllt werden können, wenn die Flugunfälle mit Starfightern weiterhin in gleichem Maße stattgefunden hätten.

Warum war das öffentliche Interesse so groß?

Die Starfighter-Krise ist deshalb ein so markantes historisches Phänomen, weil sie ein Kind ihrer Zeit ist. Sie wurde durch ihre zeitliche Nähe zu verschiedenen gesellschaftlichen, militärstrategischen und politischen Phänomenen mit großer öffentlicher Aufmerksamkeit verfolgt, weshalb sich auch die Probleme mit dem Waffensystem F-104G so deutlich von den Problemen mit anderen Waffensystemen abgrenzen. Dies zeigen die Flugunfallraten besonders der Krisenjahre 1965 und 1966 im Vergleich zu Flugunfallraten anderer Strahlflugzeuge der Bundeswehr in diesem Zeitraum.[8] Es ist beachtenswert, dass die Flugunfallraten für die Vorgängermuster F-84F Thunderstreak und RF-84F Thunderflash deutlich höher lagen, als die des Starfighters selbst zu Hochzeiten der Krise.

Die Luftwaffenführung erklärte zu den Starfighter-Unfällen in den ersten Jahren nach seiner Einführung und nachdem die Presse ihn als „Fliegenden Sarg" bezeichnet hatte: Diese Bezeichnung sei „keineswegs anwendbar"[9] und eine Tabelle der Flugzeugunfälle mit tödlichen Verlusten seit 1958 widerlege ihn. Insgesamt hätten bei der Luftwaffe 228 Menschen bei Flugunfällen in diesen Jahren ihr Leben verloren, wobei der Anteil der mit Starfightern tödlich Verunglückten mit 24 Toten bei nur 10,5 % lag. Dies belege, dass dieses Waffensystem keine höheren Gefahren berge als andere. – Diese Erklärung erscheint trotz ihrer objektiven Richtigkeit makaber. Dennoch stellt(e) sich die Frage, wieso der öffentliche Aufschrei gerade bei den allenfalls durchschnittlichen Verlusten des Starfighter 1965 so groß war, wohingegen man in den ersten Jahren seit Bestehen der Luftwaffe die hohen Ver-

---

[8]   Die Flugunfallrate wird wie folgt definiert: „Die Flugunfallrate ist eine statistische Ziffer. Sie ist das Verhältnis der Zahl der eingetretenen Unfälle zur Flugzeit (100.000 Flugstunden). Die Flugunfallrate wird für ein Luftfahrzeugmuster, eine fliegende Einheit oder eine Teilstreitkraft bestimmt. Sie erhält erst durch Vergleich mit Raten anderer Zeiträume oder anderer Verbände eine Aussagekraft hinsichtlich Tendenzen und Ansatzpunkten für eine gezielte Unfallverhütung." Siehe: BArch: BL 1/10148, Jahresbericht Flugsicherheit in der Bundeswehr 1968, herausgegeben vom Luftwaffenamt, Inspizient für Flugsicherheit in der Bundeswehr.

[9]   BA-MA: BL 1/86, Bericht zur F-104G-Flugsicherheitslage der Luftwaffe.

lustzahlen anderer Fluggeräte eben kaum als skandalös empfunden und medial ausgeschlachtet hatte.

Ein weiterer Bericht zur Flugsicherheit von 1964 stellt fest, dass allein von Januar bis Ende August 1964 bei insgesamt 100 typübergreifenden Flugunfällen in der Luftwaffe 38 Totalverluste und 21 Tote zu beklagen waren. Die Verlustzahlen von Jets des Musters F/RF-84F lagen dabei mit 21 Unfällen und 12 Totalverlusten deutlich über denen des Starfighter mit 15 Unfällen und 6 Totalverlusten.[10] Dies wurde auch von der Presse bemerkt, wie ein Artikel im Münchner Merkur vom Februar 1968 mit dem Titel: „Zuviel Wind um den Starfighter" zeigt: „Als noch die alte F-84F das Standardflugzeug der Luftwaffe war, lag die Unfallquote weit höher, ohne daß von „Skandal" oder „Schlamperei" die Rede gewesen wäre."[11] Tatsächlich hatte man von den insgesamt 558 beschafften Flugzeugen des Typs F-84F und RF-84F bis Mitte des Jahres 1966 202 Maschinen, also mehr als ein Drittel, verloren.

Verschiedene Ereignisse und Entwicklungen trugen dazu bei, dass die Starfighter-Unfälle in den Fokus der Öffentlichkeit, der Presse und der Politik gerieten: Das Waffensystem war schon während seiner Beschaffung der Mittelpunkt eines Skandals, da Gerüchte aufgekommen waren, dass Korruption in mehreren Ländern bis in höchste Regierungskreise stattgefunden hätte. Selbst der seinerzeitige Verteidigungsminister Franz-Josef Strauß stand unter Korruptionsverdacht im Zusammenhang mit der Starfighter-Beschaffung – dennoch konnte sie ihm bis heute nicht nachgewiesen werden[12].

---

10 BArch: BL 1/4683, Bericht über die Flugsicherheitslage in der Luftwaffe 1964.

11 „Zuviel Wind um den ‚Starfighter'". In: Münchner Merkur vom 17.2.1966.

12 Wenngleich Bestechung nicht nachgewiesen werden konnte und die für die Beschaffung des Starfighters relevanten Akten des Bundesfinanzministeriums möglicherweise in der Amtszeit von Franz Josef Strauß als verantwortlichem Minister verschwanden, könnten doch Gelder geflossen sein. Möglicherweise war der Bankier Hermann Josef Abs darin verwickelt, wie offizielle Papiere der US-Regierung vermuten lassen: http://aad.archives.gov/aad/createpdf?rid=276437&dt=2082&dl=1345.

Erkenntnisse der Luftwaffe über Unfallursachen

Ungeachtet der weit verbreiteten Glorifizierung des Waffensystems Lockheed F-104G durch ehemalige Piloten[13] ist zu konstatieren, dass die Ursachen für Unfälle von Starfightern nicht dem Flugzeug an sich zugeschrieben werden können. Einige Besonderheiten an der deutschen Version haben indirekt jedoch zu Flugunfällen beigetragen. Das ursprüngliche Waffensystem wurde von Marine und Luftwaffe kurz nach der Einführung „zweckentfremdet": die Bundeswehr hatte einen Überschallabfangjäger erworben und ihn zu einem mehrrollenfähigen Kampfflugzeug umgewidmet. Demzufolge wurde er schwerer und als Gesamtsystem komplexer als die Ursprungsversion und erst recht als seine Vorgängerflugzeuge. Nach der Einführung musste sich der Starfighter als Jagdflugzeug, konventioneller Jagdbomber, taktischer Aufklärer und in seiner atomaren Rolle als Strike-Bomber bewähren. Im Einzelnen bedeutete dieses, dass in das leichte und vergleichsweise kleine Waffensystem verschiedene elektronische Geräte sowie ein Bombenrechner und eine autonome Navigationseinrichtung (Trägheitsnavigationssystem Litton LN-3 und ein TACAN-Empfänger zur Navigation bei schlechtem Wetter) eingebaut werden mussten, um dem – im Gegensatz zu den nordamerikanischen Gefilden – vergleichsweise schlechtem Wetter Europas Herr zu werden. Zu alledem musste die europäische Starfighter-Version konstruktiv verstärkt werden, um den zusätzlichen Belastungen Stand zu halten, die der Einbau neuer Systeme mit sich brachte. Für die Fähigkeit zum Atomwaffeneinsatz beispielsweise musste der Rumpf und das Fahrwerk verstärkt und Bombenaufhängungen angebracht werden. In der Folge war ein größerer Bremsschirm nötig, um das schwerere Flugzeug angemessen abbremsen zu können. Insgesamt wog die deutsche Starfighter-Version damit über eine Tonne mehr als die ursprüngliche Jäger-Version der US-Air Force.[14]

---

[13] Beispielhaft: Vogler, Peter: Offener Brief an den Starfighter. In: Jägerblatt – Offizielles Organ der Gemeinschaft der Jagdflieger 3/1986, abgedruckt in: Kropf, Klaus: Deutsche Starfighter. Die Geschichte der F-104 in Luftwaffe und Marine der Bundeswehr. Recherchiert und geschrieben von Klaus Kropf, Köln 1994, S. 8-9.

[14] Becker, Hans-Jürgen: Flugzeuge die Geschichte machten – Starfighter F-104. Stuttgart 1992. S. 33-35. Die technischen Besonderheiten und Unterschiede der einzelnen Versionen der F-104 werden in der Fachliteratur umfassend beantwortet. Zur Beschaffung des Starfighters grundlegend Siano, Claas: Der Starfighter. Rüstung in Wirtschaft und Politik in der Bundesrepublik Deutschland, Diss. Phil Bochum 2009.

Durch umfassende Unfalluntersuchungen kam die Luftwaffe zu der Erkenntnis, dass die seit 1963 ansteigende Unfallrate „nicht durch den einen oder anderen greifbaren alleinigen Hauptfehler verursacht worden" war, sondern „durch ein Zusammenwirken von Mängeln, Fehlern und Unzulänglichkeiten." Es gab „keine Anzeichen für typische, spezifische Starfighter-Unfälle." Weiterhin traten alle Hauptunfallursachen auch bei anderen Fluggeräten gleichermaßen auf und deswegen resümierten die Berichterstatter, dass „Unfälle […] auch in Zukunft nicht zu vermeiden" seien. Die Einordnung der Ursachen aller 26 Totalverluste des Jahres 1965 in Unterkategorien ergab einen ausgeglichenen Drittel-Mix: sechs Unfälle waren durch Fehler des Flugzeugführers verursacht, acht weitere durch technische Mängel und in sieben Fällen waren äußere Einwirkungen wie Flugplatzeinrichtungen, Wetter und ähnliches der Unfallauslöser. In fünf Fällen war die Untersuchung noch nicht abgeschlossen oder die Ursache unklar. Die genaue Unfallauswertung ergab ferner, dass nur bei drei Fehlern oder Mängeln eine Wiederholung vorlag und der Großteil der Unfälle auf unterschiedliche, jeweils nur einmal aufgetretene Probleme zurückzuführen sei.[15]

Da die Ursachen für die Unfälle von Starfightern so unterschiedlich waren, versuchte die Luftwaffe alle Einfluss nehmenden Faktoren zu bestimmen und sie konnte folglich in verschiedenen Bereichen Mängel feststellen, die es zur Verbesserung der Flugsicherheitslage zu beheben galt. Die ‚Baustellen', die die Luftwaffe nun hatte, lagen in den Bereichen Ausbildung, Organisation, Personal, Einsatzführung, Infrastruktur und Logistik sowie Technik.

Generalleutnant Werner Panitzki, der Inspekteur der Luftwaffe seit 1962, hatte zwar schon früh die Einführung eines System-Managements gefordert, um den vielfältigen und komplexen Aufgaben, die der Starfighter in der Luftwaffe mit sich brachte, angemessen begegnen zu können. Jedoch sah er kaum angemessenen Handlungsspielraum für ein solches Management, wenn es nicht gleichzeitig mit Sonderrechten ausgestattet würde, die ein sofortiges Durchgreifen über andere Behörden hinweg ermöglichten. Schon aus diesem Grund wurde auch der 1962 eingeführte Arbeitsstab

---

[15] Deutscher Bundestag, Stenographische Berichte, 5. Wahlperiode, Drucksache V/450: „Bericht des Verteidigungsausschusses (5. Ausschuss) über die Beratungen zum Waffensystem „Starfighter" vom 17.03.1966.

F-104 Ende März auf Weisung des amtierenden Inspekteurs, Generalleutnant Panitzki, wieder aufgelöst.[16]

Im Frühjahr 1966 hatte sich der öffentliche Druck wegen der anhaltenden Unfallserie jedoch so erhöht, dass von politischer Seite aus wiederum auf die Einführung eines System-Managements gepocht wurde. Generalleutnant Panitzki konnte im Januar 1966 den Sonderbeauftragten Waffensystem F-104, kurz SBWS-104, einsetzen. Brigadegeneral Dietrich Hrabak übernahm diesen verantwortungsvollen Posten. Seine Aufgaben waren die Einleitung aller Maßnahmen, die zur Hebung der Einsatzfähigkeit des Starfighter erforderlich waren, sowie die Koordinierung der Einzeltätigkeiten im Rahmen der eingeleiteten Maßnahmen innerhalb der im Verteidigungsministerium damit befassten Stellen, der Abgleich der Auffassungen und Zielsetzungen und die Beschleunigung des Ablaufs der Bearbeitung bei diesen Stellen. Weiterhin sollte Hrabak alle eingeleiteten Maßnahmen überwachen sowie den Minister, den Staatssekretär und den Inspekteur der Luftwaffe – und dies in dieser Reihenfolge – über alle Vorgänge, Erkenntnisse und Erfordernisse informieren.[17] Nach einer sorgfältigen Lagefeststellung bezüglich der Unfallursachen und der Erkenntnis, dass die Probleme der Luftwaffe in den oben genannten Bereichen lagen, stellte der SBWS-104 zeitnah einen Maßnahmenkatalog zusammen, der regelmäßig nach den neuesten Erkenntnissen aktualisiert wurde, wobei auch der Stand der eingeleiteten Maßnahmen wiederholt überprüft und angemessen nachgesteuert wurde[18].

---

[16] Deutscher Bundestag, Protokolle Verteidigungsausschuss, Stenographisches Protokoll der 20. Sitzung am 1. September 1966. Rall, Günter: Mein Flugbuch. Erinnerungen 1938-2004, Moosburg 2004, schweigt sich zu den Gründen der Auflösung des Arbeitsstabes aus.

[17] BArch, BL 1/54.502.

[18] BArch, BL 1/4753, Maßnahmenkatalog des SBWS-104 vom Juli 1966 sowie BL 1/89, Situations-Bericht der Bundesregierung über das Waffensystem F-104, Stand 30. 09. 1966. Bis 1967 waren die Starfighter-Piloten noch überwiegend Zeitsoldaten mit einer Verpflichtungszeit von acht Jahren, denen keine Perspektiven für die Zeit danach aufgezeigt werden konnten. Nicht umsonst strebte Generalleutnant Steinhoff später erfolgreich an, dass die Flugzeugführer längere „Stehzeiten" in den fliegenden Kampfverbänden erhielten.

Einzelmaßnahmen des Krisenmanagements bis zum Führungswechsel bei der Luftwaffe

Dieser Maßnahmenkatalog war das erste Dokument, das umfassend die Problemlage des Starfighters offen legte und aufzeigte, wie die Luftwaffe auf sie reagierte bzw. reagieren wollte.

Im personellen Bereich hatte die Luftwaffe mehrere Defizite aufzuweisen. Aufgrund der guten Wirtschaftslage in Deutschland war es schwer für sie, qualifiziertes Personal anzuziehen. Allein schon die Arbeitszeitbelastung und die Arbeitsbedingungen in den Geschwadern waren aufgrund des hohen Bereitschaftsgrades, der in dieser Phase des Kalten Krieges gefordert wurde, wenig attraktiv. Die Luftwaffe wollte dennoch die Motivation erhöhen und gleichzeitig durch eine Attraktivitätssteigerung mehr qualifiziertes Personal für den fliegerischen Dienst begeistern. Eine Stellenzulage für Flugzeugführer und eine Erhöhung der Flugunfallentschädigung sollten darüber hinaus die finanziellen Sorgen der Piloten und ihrer Angehörigen lindern. Weiterhin sollte die Urlaubsregelung für Flugzeugführer verbessert sowie bewegungstherapeutische Lehrgänge für Piloten eingerichtet werden, um ihre Leistungsfähigkeit zu erhöhen. Um die Wichtigkeit bestimmter Dienstposten zu unterstreichen und den Handlungsspielraum zu erweitern, beantragte der SBWS, dass die Dienstposten des Flugsicherheitspersonals sowie des Inspizienten der Flugsicherheit in der Bundeswehr und des Inspizienten des Versorgungsdienstes höher dotiert werden sollten. Im technischen Bereich sollte eine Leistungszulage für Techniker und Elektronikfachpersonal für eine höhere Leistung sorgen sowie die Anerkennung von militärischen Fachprüfungen als verwaltungseigene Prüfung den Berufseinstieg von Technikern nach ihrer Bundeswehrzeit erleichtern. Auch sollten diejenigen, die im regelmäßigen Wechseldienst ihre Arbeit leisteten, eine Dienstpostenzulage erhalten. Die Kreiswehrersatzämter waren dazu angehalten, ihre Prioritäten zur Deckung des Bedarfs an Spezialisten seitens der Luftwaffe festzulegen, um eine bessere Identifikation und Zuteilung von qualifizierten Technikern zu erreichen.[19]

Für den Bereich der Beschaffung wurde beantragt, dass der Güteprüfdienst des Bundesamtes für Wehrtechnik und Beschaffung (BWB) personell verstärkt sowie eine vertraglich geregelte Lizensierung der Güteprüfer

---

19 BArch, BL 1/4753, Maßnahmenkatalog des SBWS-104 vom Juli 1966.

in der deutschen Flugzeugindustrie eingeführt werden solle. Dies war notwendig, um qualitative Mängel an den Fluggeräten und anderem Wehrmaterial, das sicherheitsrelevant war, frühzeitig zu erkennen und zu beanstanden. Wegen des Mangels an entsprechend qualifiziertem Prüfpersonal und Ausbildern blieb keine andere Möglichkeit, als die Werkskontrollen durch eine Verschärfung der vertraglichen Regelungen zu erzwingen. Im Zuständigkeitsbereich des BWB wurden jedoch zeitnah Dienstposten geschaffen und somit die Abteilung der Güteprüfung der F-104 erweitert. Hinsichtlich der personellen Maßnahmen kann man durchaus festhalten, dass alles, was in Folge der Erkenntnisse nach dem ersten Krisenjahr 1965 an Verbesserungsmöglichkeiten bekannt war, bis Ende September 1966 umgesetzt worden war. Bezüglich ihrer Wirksamkeit lassen sich jedoch keine objektiven Aussagen treffen. Denn der Rückgang der Unfallzahlen 1967 hat keinen singulären Grund, sondern war auf die Wirkung aller Maßnahmen zurückzuführen. Nur im Bereich der Nachwuchsgewinnung für den fliegerischen Dienst konnten die eingeleiteten Maßnahmen bis Oktober 1966 keine Verbesserung hervorrufen.

Im Bereich der Ausbildung setzte die Luftwaffe auf intensiveres und besseres Pilotentraining. Der Aufbau und Einsatz von Simulatoren wurde forciert, um den jungen Piloten die Möglichkeit zu geben, sich auf die schwierigen europäischen Wetterverhältnisse vorzubereiten. Besonders Beschwerden aus der Bevölkerung hatten es notwendig gemacht, Tiefflug- und Überschallflüge über offener See zu üben. Die Erkenntnisse, die aus einigen Abstürzen gewonnen wurden, führten zu einer vermehrten und verbesserten Ausbildung in Notverfahren, wie „Überleben See" und „Überleben Land". Neben dieser Überlebensausbildung mussten auch die Karrieremöglichkeiten von Piloten bei der Bundeswehr erweitert werden. Im Zuge der Untersuchungen der psychologischen Verfassung der Piloten, die sich in der Starfighter-Krise offensichtlich verschlechtert hatte, war von verschiedenen Piloten die Meinung geäußert worden, dass sie aufgrund ihrer speziellen, sehr einseitigen Ausbildung und Verwendung gegenüber anderen Offizieren bei der Auswahl für den Generalstabsdienst benachteiligt seien. Deshalb mussten die Auswahlmodalitäten für die Generalstabsausbildung neu geregelt werden, was am 13. April 1966 auch geschah. Die Einführung eines Auswahllehrganges sollte die Unterschiede zwischen Offizieren des fliegerischen Dienstes und den Offizieren des Truppendienstes ausgleichen und somit für Chancengleichheit sorgen. Weitere Schritte im Bereich der Ausbildung waren die Verbesserung der Ausbildung des technischen Personals, die Einführung eines Vier-Semestrigen Studiums der Betriebswirtschaftslehre für Offiziere des Versorgungsdienstes, die Neuregelung der Bestimmungen für Inübunghalter, die Überprüfung der psychologischen Auswahltests für Pilotenanwärter sowie die Förderung des Flugsportes durch die Luftwaffe, um Nachwuchsgewinnung zu betreiben.

In all diesen Bereichen wurden die gewünschten Maßnahmen bis Oktober 1966 getroffen oder so eingeleitet, dass keine weitere Bearbeitung mehr nötig war – wie bei der Einführung des Studiums der Betriebswirtschaftslehre, das im Oktober 1966 die ersten Offiziere aufnahmen.[20]

Im organisatorischen Bereich waren diverse Maßnahmen notwendig, um die personelle Überbeanspruchung in den fliegenden Kampfverbänden zu verringern. Aufgrund der NATO-Vorgaben war die sogenannte STAN[21] für die Starfighter-Verbände festgelegt worden. Nach einer Überarbeitung dieser organisatorischen Vorgaben im Jahr 1965 stellte die Luftwaffe auch 1966 fest, dass das Personal weiterhin überbeansprucht war. Eine Vermehrung der Stellen in den Geschwadern musste erarbeitet und über aufwändige Verfahren in die Haushaltsforderungen aufgenommen werden. Insgesamt wurden durch die Überarbeitung der STAN für alle F-104-Verbände – das waren neben den zwei Aufklärungs- und zwei Jagdgeschwadern vor allem die fünf Jagdbombergeschwader – zusätzliche 760 Stellen, davon 706 Soldaten, gefordert. Während diese Forderungen erst in den Haushaltsplanungen im Jahr 1967 behandelt werden konnten, wurde in dringenden Fällen eine Nachforderung für das Haushaltsjahr 1966 gestellt und die Höherdotierung von Stellen im Bereich der Flugzeugführer (Piloten), des Flugsicherungspersonals sowie des technischen Personals genehmigt. In Folge dessen konnten Geschwader-Kommodores durch neu zugeteilte Stellvertreter und weitere Bataillons-Kommandeure, neue Kommandeure der Fliegenden bzw. Technischen Gruppen, entlastet werden sowie Personal in allen Bereichen beför-

---

20 BArch, BL 1/89, Situations-Bericht der Bundesregierung über das Waffensystem F-104, Stand 30.09.1966.

21 Stärke- und Ausstattungsnachweisung: Soll eines jeden Verbandes im Bereich Personal und Material zur Erfüllung seines militärischen Auftrages.

dert werden. Der Personalbestand an zivilen Facharbeitern im Wartungsdienst und bei der Instandsetzung konnte ebenfalls erhöht werden.[22]

Der Bereich der Einsatzführung bot multiplexe Angriffspunkte zur Verbesserung der Flugsicherheitslage. Um die fliegenden Einheiten zu entlasten und mehr technisches Personal für die Wartung der F-104G freizumachen, beantragte die Luftwaffe bei der NATO die vorzeitige Ablösung der F-84F aus dem Flugbetrieb, was bis Ende des Jahres 1966 vollzogen wurde. Ebenso bei der NATO beantragt wurden die Reduzierung von Bereitschaftsforderungen um 50% und langfristig die Senkung der Staffelstärke von 18 auf 15 Waffensysteme vom Typ Starfighter je Staffel. Um eine schnelle Seenotrettung im Falle eines Absturzes über See zu gewährleisten, folgte eine Verbesserung verschiedener Komponenten des „Search and Rescue" (SAR). Die Unterabteilung „See" des SAR-Bereichs Hannover wurde zu einem eigenständigen Bereich angehoben und im Einsatz direkt dem Flottenkommando der Marine unterstellt, um einen schnellen und reibungsfreien Rettungseinsatz zu gewährleisten. Die Starfighter-Besatzungen erhielten Notfunkgeräte und sogenannte Peilvorsatzgeräte für verschiedene Einheiten der Bundeswehr, die so an einer Such- und Rettungsaktion beteiligt werden konnten. Damit konnten Schiffe und Boote der Marine sowie verschiedene Flugzeuge Notsignale abgestürzter Piloten empfangen und deren Position bestimmen. Die Ausrüstung der Flugzeuge und Boote mit Empfangsgeräten verlief allerdings schleppend[23].

Zur Verbesserung und Standardisierung des logistischen Meldewesens wurde ab August 1966 ein neues Datenerfassungssystem zur Erprobung in einem Geschwader eingeführt. Auch im Bereich des Geophysikalischen Beratungsdienstes sollten technische Verbesserungen dazu führen, dass aktuelle Wetterinformationen 24 Stunden am Tag abrufbar sind. Dazu wurden Wetterradargeräte in die Erprobung aufgenommen und technisches Gerät beantragt, mit dessen Hilfe man Wetterdaten über Drahtnetzwerke direkt auf Karten in Geschwadern übertragen konnte. Aufgrund der Haushaltslage und weil die Geräte, die zur Auswahl standen, wenig ausgereift

---

[22] BArch, BL 1/89, Situations-Bericht der Bundesregierung über das Waffensystem F-104, Stand 30.09.1966.

[23] Zu den Problemen der Seenotrettung, wie auch insgesamt zur damaligen Stimmungslage: Der Spiegel, 37/1966 vom 05.09.1966, S. 22-30: „Bei uns ist alles in die Brüche gegangen. Spiegel-Gespräch mit Brigadegeneral Walter Krupinski".

waren, konnten die Maßnahmen in diesem Bereich 1966 noch nicht zu einem erfolgreichen Abschluss gebracht werden. Zwischen Beginn des Jahres 1958 und Ende des Jahres 1965 verloren durch unfreiwillige Berührungen von Überlandleitungen 21 Soldaten ihr Leben, sechs wurden verletzt, neun Luftfahrzeuge wurden zerstört und 17 beschädigt. Aufgrund dessen hatte der Inspizient für Flugsicherheit bereits im April 1961 beantragt, gefährliche Freileitungen mit gut sichtbaren Markern zu kennzeichnen. Im Dezember 1963 erhielten die Wehrbereichsverwaltungen die Weisung, diese Markierungen einzuleiten. Um die Bearbeitung zu beschleunigen, wurde auch diese Maßnahme in den Maßnahmenkatalog für die F-104 aufgenommen, obwohl Starfighter in erster Linie nicht von diesem Problem betroffen waren.[24]

Im logistischen und technischen Bereich sorgte eine Vielzahl an Maßnahmen für eine Entlastung der Luftwaffe, eine Beschleunigung von Verbesserungsprozessen und die Erhöhung der Zuverlässigkeit des Starfighter. Die Industrie sollte die aufwändigen planmäßigen Instandhaltungsstufen MEST 3 und 4 der Starfighter übernehmen, um das technische Personal bei der Luftwaffe zu entlasten. Bei der Instandhaltungsstufe MEST 2 sollte das Personal der Bundeswehr zusätzlich durch Industriepersonal unterstützt werden. Innerhalb des Jahres 1966 wurden diese Maßnahmen weitgehend erfolgreich umgesetzt. Problematisch blieb die Ersatzteilversorgung aus den USA, die aufgrund von Fehlplanungen seitens der Firma Lockheed zu massiven Verzögerungen bei der Instandsetzung führten. Wegen der negativen Erfahrungen, die man bei Abstürzen über See gemacht hatte, wurde die persönliche Ausrüstung der Piloten in mehrfacher Hinsicht verbessert. Seit Juni 1966 wurden bereits orangefarbene Fliegerkombinationen an die Geschwader geliefert, die eine bessere Sichtbarkeit von Piloten im Wasser gewährleisten sollten – aber nicht jeder Pilot erhielt sofort eine. Oberleutnant Arndt besaß keine[25]. Ebenso erhielten die Verbände seit Februar 1966 gleichfarbige Kälteschutzanzüge für den Flugbetrieb über See, die allerdings eine Zwischenlösung waren, weil das BWB noch fünf verschiedene Modelle erprobte! Weiterhin gab es neue Fliegerstiefel, mit denen alle Verbände schon Mitte 1966 voll ausgestattet waren. Probleme traten bei der Beschaffung geeigneter Kappmesser für Piloten auf, da man kein geeignetes Modell ausfindig ma-

---

24 BArch, BL 1/89, Situations-Bericht der Bundesregierung über das Waffensystem F-104, Stand 30.09.1966.
25 Der Spiegel 34/1966 vom 15.08.1966, S. 17-18: „Starfighter. Bunt wie ein Papagei".

chen konnte. Die Beschaffung moderner Rettungsfallschirme für den Starfighter war bereits im April 1962 eingeleitet worden und nun endlich begann im Januar 1965 die Auslieferung. Bis September 1966 waren 722 Stück ausgeliefert, jedoch hatte es in der Zwischenzeit mehrere Beanstandungen gegeben, weshalb sich 200 Stück im Sommer 1966 wieder zur Änderung bei der Firma Autoflug befanden. Nach dem Flugunglück des Oberleutnants Arndt waren 400 Schwimmwesten vom Typ Secumar 10 F zur Änderung an den Hersteller zurückgegeben worden und sollten bis Ende September 1966 wieder zur Verfügung stehen.

Anknüpfend leitete die Luftwaffe eine Vielzahl an Maßnahmen zur Behebung technischer Probleme am Starfighter ein. Aufgrund mehrerer Unfälle, die wegen Fehlfunktionen des Schleudersitzes vom Typ C 2 tödlich ausgegangen waren, erfuhr der Schleudersitz eine Überarbeitung. Bis September 1966 erhielten 503 der bisher 570 beschafften Starfighter stärkere Raketentreibsätze. Weitere Verbesserungsvorschläge diesbezüglich waren seit Juli 1966 in Bearbeitung und wurden in Versuchsreihen untersucht. Auch die Notfanganlagen auf den deutschen Flugplätzen hatten sich als ungeeignet entpuppt, woran sich die Erprobung neuer Anlagen anschloss. Die Starfighter sollten weiter mit Flugdatenregistriergeräten ausgestattet werden, die ein rechtzeitiges Erkennen von Fehlern ermöglichen sollten, oder, im Falle eines Absturzes, die Fehler nachvollziehbar machen sollten, um somit indirekt die Flugsicherheit zu erhöhen. Bis Mitte 1966 war jedoch kein Gerät gefunden, das die militärischen Kriterien erfüllte.

Eine große Anzahl der Unfälle, die technische Ursachen hatten, war auf das Problem der offenen Schubdüsen zurückzuführen. Wenn im Hydraulik- oder Schmierstoffsystem des Starfighter eine Undichtigkeit auftrat, konnte dies zu einem ungewollten Öffnen der Schubdüse und somit zu einem plötzlichen rapiden Leistungsabfall der Triebwerke führen. Das Problem war bereits 1963 erkannt worden und daraufhin wurde entschieden, eine Schubdüsen-Notschließanlage und eine Ölstand-Anzeige einzubauen. Die Maßnahmen waren jedoch sehr aufwändig, weshalb diese Änderungen erst im Zuge der turnusmäßigen Grundüberholung der Flugzeuge durchgeführt wurden. Da sich die Unfälle infolge offener Schubdüsen jedoch häuften, wurden beschleunigende Maßnahmen eingeleitet, die eine schnelle Beschaffung der notwendigen Änderungsteile und eine schnelle Umrüstung durch Industriekolonnen gewährleisteten. So erfolgte bis Ende Juni 1966 die Ausrüstung aller Flugzeuge mit der Anlage. Durch die Einführung einer spektrometrischen Ölanalyse, einer Sauerstoff-Gütekontrolle[26] und neuer Verfahren zur Verbesserung der Betriebsstoffqualität konnte die Zahl der Unfälle, die auf mangelhafte Qualität von Betriebsmitteln zurückzuführen waren, verringert werden.[27]

Für den Betrieb der Starfighter mussten darüber hinaus die unzureichenden infrastrukturellen Bedingungen auf den Flugplätzen verbessert werden. Bis zum 1. Oktober 1966 konnten alle Flugplätze mit Abstellhallen für einige Starfighter ausgestattet werden. Auch die Ausrüstung der Flugplätze mit Anti-Skid-Belag, der ein Rutschen des Flugzeuges auf regennasser Bahn verhindern sollte, sowie der Bau von Abstellflächen waren fast abgeschlossen. Weit vorangeschritten war die Schaffung von Abstellflächen und Schulterbefestigungen[28]. Noch im Bau oder in Planung befanden sich allerdings auf den meisten Flugplätzen Elektronik-Werkstattgebäude, Triebwerkprüfstände und Kasernenquartiere.

Insgesamt konnte die Luftwaffe schnell in vielen unterschiedlichen Bereichen Probleme für Absturzursachen identifizieren. Ebenso unverzüglich leitete der Führungsstab der Luftwaffe Maßnahmen ein, die zu einer Erhöhung der Flugsicherheit beitragen konnten. Ein Großteil davon wurde bis zum Oktober des Jahres 1966 auch umgesetzt und konnte somit als abgeschlossen gewertet werden. Doch gerade in der Zusammenarbeit zwischen dem Führungsstab der Luftwaffe, der Abteilung Technik und dem BWB kam es zu zeitlichen Verzögerungen, wodurch einige Maßnahmen nicht zeitnah umgesetzt werden konnten. Da 1963 keine Unfälle mit dem Starfighter erfolgt waren und insbesondere 1965 die Verluste schnell angestiegen waren, erkannte man – sowohl in der Bundeswehr als auch in den Medien – eben die Krise als solche erst im Verlauf des Jahres 1965. Dessen ungeachtet, waren einige der Maßnahmen jedoch schon vor 1965 eingeleitet worden

---

[26] Bei einem Zwischenfall war ein Pilot in großer Flughöhe während des Fluges bewusstlos geworden. Seine Maschine flog bis Norwegen weiter, bis sie, nachdem der Treibstoff aufgebraucht war, zerschellte. Die Unfalluntersuchung ergab, dass der Pilot vermutlich wegen Verunreinigungen im Bordsauerstoff bewusstlos geworden war.

[27] BArch, BL 1/89, Situations-Bericht der Bundesregierung über das Waffensystem F-104, Stand 30.09.1966.

[28] Schulterbefestigungen sind Befestigungen an bzw. Verdichtungen der Oberflächen entlang einer Rollbahn, um für Luftfahrzeuge möglichst viel Stabilität zu gewährleisten, die von der Bahn abkommen.

und alle übrigen Maßnahmen nicht nach Ablauf des verlustreichen Jahres, sondern noch während die Absturzzahlen anstiegen. Man kann also konstatieren, dass das Krisenmanagement ohne Verzug begann, jedoch die Umsetzung der einzelnen Maßnahmen aufgrund bürokratischer Notwendigkeiten nicht immer zeitnah erfolgte.

Ein Wandel des Krisenmanagements unter Steinhoff?

Nach dem Zerwürfnis zwischen dem Inspekteur der Luftwaffe Generalleutnant Panitzki und Verteidigungsminister von Hassel war es zu einem Führungswechsel bei der Luftwaffe gekommen, durch den Generalleutnant Johannes Steinhoff die Führung der Luftwaffe anvertraut wurde.[29] Im Gegensatz zu Werner Panitzki war Johannes Steinhoff in der Bundeswehr noch aktiver Pilot und flog im Rahmen der Inübunghaltung auch regelmäßig Starfighter[30].

Im Gegensatz zu Panitzki hatte Steinhoff bei der Übernahme des Amtes des Inspekteurs der Luftwaffe die Möglichkeit, Forderungen zu stellen, da Minister von Hassel so sehr unter Druck stand, dass er Steinhoff besondere Kompetenzen zugestehen musste. Ähnliche Kompetenzen hatte Panitzki zuvor erfolglos gefordert, um die Probleme der Luftwaffe in den Griff zu bekommen.

Was diejenigen Maßnahmen betrifft, die Steinhoff nach seiner Amtsübernahme einleitete, bleibt festzustellen, dass sie sich nur in wenigen Punkten von denen unterschieden, die bereits getroffen worden waren. Wie General Hrabak in seinem Bericht zur Flugsicherheitslage des Starfighter am 1. Oktober 1966 feststellte, war das Ziel der weiteren Bemühungen zu dem Zeitpunkt der Amtsübernahme von Steinhoff „das Erreichte noch weiter zu verbessern" und die „weitere Verfolgung der Maßnahmen, die bisher noch nicht abgeschlossen oder wirksam werden konnten."[31] In einer Rede auf der

---

[29] Siehe dazu den Beitrag Möllers in diesem Band.

[30] Schmidt, Wolfgang: Briefing statt Befehlsausgabe. Die Amerikanisierung der Luftwaffe 1955 bis 1975. In: Lemke Bernd, Krüger Dieter, Rebhan Heinz, Schmidt Wolfgang (Hrsg): Die Luftwaffe 1950 bis 1970 – Konzeption, Aufbau, Integration. München 2006 (= Sicherheitspolitik und Streitkräfte der Bundesrepublik Deutschland, Bd. 2), S. 649-691.

[31] BArch, BL 1/89, Situations-Bericht der Bundesregierung über das Waffensystem F-104 vom 1. Oktober 1966.

Generalstagung zum Jahreswechsel 1968/1969 über die Luftwaffe zu dieser Zeit erklärte Steinhoff, dass das 1966 von ihm eingeleitete Aktionsprogramm (sic!) zur Hebung der Flugsicherheit und Verbesserung der Einsatzfähigkeit 1968 im Wesentlichen abgeschlossen werden konnte. Er gab einen Überblick über die Leistungen im Jahr 1968. Zunächst erklärte er, dass alle Flugplätze, auf denen Starfighter im Flugbetrieb waren, mit ausreichend Hallenraum ausgestattet worden sind, sodass alle Starfighter in überdecktem Raum abgestellt werden konnten. Weiterhin haben neue Flugzeugnotfanganlagen und eine Anflugblitzbefeuerung sowie eine optische Gleitwinkelanzeige (VASI) dazu beigetragen, dass die F-104-Verbände mittlerweile über sehr modern ausgerüstete Flugplätze verfügten, was „entscheidend zur Verbesserung der flugbetrieblichen Bedingungen und der Flugsicherheit beitragen"[32] würde. Fest steht jedoch, dass alle hier genannten vollendeten Maßnahmen, bis auf die der Anflugblitzbefeuerung, schon unter Panitzki als Probleme identifiziert worden waren und, wie schon beschrieben, bereits mit Nachdruck bearbeitet worden sind, bevor Steinhoff das Amt des Inspekteurs übernommen hatte.[33]

Mit einigen wenigen Maßnahmen, die sowohl von der Presse, als auch von den Soldaten der Luftwaffe als besonders wirksam empfunden wurden, konnte Steinhoff jedoch den Eindruck erwecken, als sei das Krisenmanagement grundlegend geändert worden. Allen voran stand die Ausstattung der Starfighter mit neuen Schleudersitzen. Steinhoff erließ von einem Tag auf den anderen ein Startverbot für das Waffensystem Starfighter, was in der Presse als „Sensationeller Befehl"[34] betitelt wurde. Steinhoff erklärte, die „Sicherheit der Piloten [habe] Vorrang"[35] und das Verteidigungsministerium begründete das Grounding[36] zunächst damit, dass nach dem Absturz eines Starfighter am 28. November immer noch Unklarheit über die

---

[32] BArch, BL 1/4027, Entwurf zur Rede des Inspekteurs der Luftwaffe auf der Generalstagung 1968/69.
[33] Dies lässt sich auch anhand des „Maßnahmenberichts des SBWS-104 vom 1. Juli 1966" nachvollziehen: BArch, BL 1/4754.
[34] Hamburger Morgenpost vom 07.12.1966.
[35] Mittag Zeitung für Rhein und Ruhr vom 07.12.1966.
[36] „Grounding" ist der in der Fliegerei übliche Fachbegriff für ein allgemeines Startverbot von Flugzeugen eines bestimmten Musters bzw. einer bestimmten Version.

Ursachen herrsche.[37] Steinhoffs Äußerungen ließen jedoch durchblicken, dass man wohl Probleme am Schleudersitz vermutete und er versprach den Piloten der Luftwaffe, nach Pressemeldungen zu schließen, dass es bald zu einschneidenden Änderungen kommen würde.[38] Einzelne Piloten wiederum äußerten sich in den Medien sehr glücklich über diese Nachricht und bezeichneten sie als „die beste Nachricht seit langem"[39]. Dass der Schleudersitz vom Typ C 2, der im Starfighter verwendet wurde, nicht zufriedenstellend funktionierte, war schon unter Panitzkis Führung bekannt gewesen. Der bereits 1965 auf dem Markt befindliche Schleudersitz des Typs MK-DQ 7 der Firma Martin-Baker war zwar im Vergleich zu dem C2-Schleudersitz zuverlässiger und leistungsfähiger, jedoch waren sich die Konsortiumsländer einig, dass eine nachträgliche Ausstattung mit diesem Sitz aus finanziellen Aspekten nicht sinnvoll sei und eine Verbesserung des bestehenden Systems die naheliegende Lösung wäre.[40] Erst am 22. Februar 1967 empfahl die Abteilung Wehrtechnik schließlich den Einbau des Martin-Baker-Sitzes vom Typ G Q-7, woraufhin Steinhoff die Umrüstung auf diesen Sitz in möglichst kurzer Zeit forderte und die Zustimmung des Verteidigungsministers erbat. Die Gesamtkosten für 1100 Sitze inklusive dem Einbau beliefen sich auf etwa 40 Millionen DM.[41] Der Gesamtprozess sollte etwa 20 Monate in Anspruch nehmen, sodass alle Starfighter bis zum Jahreswechsel 1968/1969 umgerüstet sein sollten. Der Flugbetrieb sollte bis zur vollständigen Umrüstung auf den Martin-Baker-Sitz mit den modifizierten C 2-Sitzen aufrechterhalten werden.[42] Abgesehen davon, dass sich nach dem Amtsantritt von Generalleutnant Steinhoff neue Erkenntnisse bezüglich der Probleme am C2-Schleudersitz auftaten und somit unterschiedliche Bedingungen bestanden, kann man für Generalleutnant Panitzki festhalten, dass unter seiner Führung eben nicht alles Notwendige geleistet werden konnte, um die Sicherheit der Piloten bei einem Ausschuss mit dem Schleudersitz zu erhöhen. Spätestens

---

[37] Frankfurter Rundschau vom 08.12.1966.

[38] Mittag Zeitung für Rhein und Ruhr vom 07.2.1966.

[39] Bild-Zeitung vom 08.12.1966.

[40] BArch, BL 1/2071, Summary of the F-104 Ejection Seat Meeting in Wahn, AB, 23.10.1964.

[41] BArch, BL 1/14.666, Briefverkehr zwischen Fü L und Staatssekretär, 01.03.1967.

[42] BArch, BL 1/4536, Mitteilungen an die Presse, herausgegeben durch das Presse- und Informationszentrum des Bundesministeriums der Verteidigung vom 08.03.1967.

nachdem 1964 festgestellt worden war, dass der Martin-Baker-Sitz vom Typ MK-DQ 7 mit seinen Eigenschaften der beste marktverfügbare Schleudersitz war und dass der Einbau in den Starfighter mittlerweile möglich war, hätte Panitzki die Umrüstung auf diesen Sitz zumindest vorschlagen müssen.

Wenn in den politischen Gremien wie Verteidigungsausschuss oder Bundestag ein solcher Vorschlag abgelehnt worden wäre, hätte die Verantwortung nicht mehr im Wirkungsbereich des Inspekteurs gelegen und vermutlich Wellen geschlagen. Stattdessen verfolgte Panitzki eine Defensiv-Strategie und rechtfertigte die getroffenen Entscheidungen vor der Luftwaffe in einem „blauen Brief". Die Vorwürfe der Presse wies er ebenso zurück.

Steinhoff dagegen verfolgte eine offensivere Strategie. Das Startverbot für die Starfighter im November 1966 inszenierte er so unvermittelt und medienwirksam, dass die darauf folgende radikale und kostspielige Maßnahme, einen neuen Schleudersitz einzubauen, von allen Seiten begrüßt wurde. Beide Maßnahmen waren sowohl in der Öffentlichkeit, als auch unter den Piloten sehr populär und Steinhoff wurde schnell als derjenige wahrgenommen, der durch sein bestimmtes Eingreifen einen radikalen Wandel in der Starfighter-Krise herbeiführen würde. Dessen ungeachtet muss man bemerken, dass Steinhoff im Gegensatz zu Panitzki aufgrund der politischen Lage auch mehr Handlungsspielraum hatte und über bessere Kontakte zu einzelnen meinungsbildenden Journalisten verfügte.

War die Krise abgewendet?
General Steinhoff sah Anfang 1968 alle seine Forderungen bezüglich besonderer Befugnisse und weitreichender Kompetenzen erfüllt. Der „Sonderbeauftragte für das Waffensystem F-104", der mit Einführung des System-Managements in „Systembeauftragter für das Waffensystem F-104" umbenannt worden war, war seit Oktober 1966 nicht mehr dem Minister und seinem Staatssekretär, sondern unmittelbar dem Inspekteur der Luftwaffe unterstellt, sein Arbeitsstab war erweitert und zudem etatisiert worden. „Auftrag, Aufgaben, Befugnisse und Arbeitsweise des SBWS […] sind mit Staatssekretärsweisung Ende 1967 geregelt worden"[43] und die Systemplanung und Systemsteuerung fanden künftig auch bei anderen Waffensyste-

---

43 BArch, BL 1/4050a, Vortrag FüL vor dem Verteidigungsausschuss des Bundestages am 24./25. 01.1968.

men Anwendung. Im Januar 1968 stellte die Luftwaffenführung bei einem Einführungsvortrag über die Luftwaffe für den neuen Staatssekretär Carl-Günther von Hase fest, dass sich das System-Management des Starfighters bereits voll bewährt habe. Besonders auf die Flugsicherheit, bei der es auf schnelle Beseitigung erkannter Risiken durch schnelle und koordinierte Abläufe ankäme, habe sich das System-Management ausgewirkt. „Die erzielten Zeitgewinne gegenüber der bisherigen Verfahrensweise sind beträchtlich und haben nicht nur die Risiken vermindert, sondern auch zu wirtschaftlichen Lösungen geführt."[44] Deshalb wolle die Luftwaffe ein solches System-Management bei neuen Waffensystemen zukünftig unmittelbar nach der Entscheidung für das Gerät einführen. Nachdem die Zahl der Totalverluste 1967 auf 13 gefallen war, war Steinhoff der Ansicht, dass es keine Krise mehr gebe. Doch als 1968 die Verlustzahl wieder auf 19 anstieg, wurde offenkundig, dass die zusätzlichen Befugnisse des Inspekteurs der Luftwaffe nicht ausreichend Wirkung zeigten. Steinhoff kritisierte 1968 erneut das Beschaffungswesen und die Abläufe beim Entstehungsgang des Wehrmaterials im Allgemeinen. Aufgrund der sorgfältigen Überprüfung von Zweckmäßigkeit, Wirtschaftlichkeit, Qualität und Sicherheit entstünde eine Summierung von Zeitabläufen, die insgesamt eine Verzögerung von mehreren Monaten bedeute, währenddessen oftmals jegliche Einflussnahme seitens der Luftwaffenführung entzogen sei.[45]

Es bleibt abschließend festzuhalten, dass der Kompetenzzuwachs, den Generalleutnant Johannes Steinhoff als Inspekteur der Luftwaffe für sich erkämpft hatte, augenscheinlich nur kurzfristig zu einer Verbesserung der Schwierigkeiten mit dem Starfighter geführt hat. Ein Großteil der dringend notwendigen Maßnahmen zur Beendigung der Krise und der damit zusammenhängenden tief greifenden Probleme bei der Nutzung des Lockheed F-104G Starfighters waren bereits vor seiner Amtsübernahme initiiert oder zumindest identifiziert. Ihre Wirkung zog sich jedoch bis nach dem Führungswechsel hin, wodurch in der Öffentlichkeit der Eindruck entstand, dass allein Generalleutnant Steinhoff durch seine radikalen Maßnahmen eine Verbesserung der Lage herbeigeführt hätte. Seine – im Vergleich zu Panitzki

---

[44] BArch, BL 1/4050, Einführungsvortrag der Luftwaffe vor Staatssekretär von Hase am 19. Januar 1968. Thema: Die heutige Luftwaffe.

[45] BArch, BL 1/4968, Einführungsvortrag des Inspekteurs der Luftwaffe, Generalleutnant Steinhoff.

– offensive Pressepolitik, die die eingeleiteten Maßnahmen offen legte sowie die populäre und psychologisch wirkungsvolle Einführung eines neuen Schleudersitzes ließen Steinhoff als starke Führungsperson erscheinen, durch dessen beherztes Eingreifen die Lage in den Griff bekommen zu sei. Aber Erfolg hat eben viele Väter.

John Zimmermann

Führungskrise in der Bundeswehr oder „Aufstand der Generale"? Die Rücktritte der Generale Trettner und Panitzki 1966

Im August 1966 baten drei Generale der Bundeswehr nahezu zeitgleich um ihre Versetzung in den Ruhestand: Neben Generalmajor Günther Pape, Befehlshaber im Wehrbereich III, waren das niemand geringeres als der Inspekteur der Luftwaffe, Generalleutnant Werner Panitzki, und sein Generalinspekteur, General Heinz Trettner. Verteidigungsminister Kai-Uwe von Hassel nahm alle drei Gesuche an. Seine Entscheidung vertrat er in einer Erklärung der Bundesregierung vor dem Deutschen Bundestages am 21. September 1966 öffentlich:[1]

Dass drei Generale ihren Rücktritt angeboten hatten, habe eine öffentliche Reaktion mit Schlagzeilen wie „Aufstand der Generale[2]" und „Führungskrise in der Bundeswehr" ausgelöst. Allerdings stünden die Entlassungsgesuche des Generalinspekteurs und des Inspekteurs der Luftwaffe in keinem Sachzusammenhang. Zudem sei zu keinem Augenblick „von irgendjemandem am Primat der Politik gerüttelt" worden. Von einem „Machtstreben der Generale" könnte also keine Rede sein. Derartige Behauptungen seien vielmehr Beispiele für eine „aus unserem nationalen Schicksal verständliche, aber überholte Skepsis". Die Bundeswehr aber habe Anspruch darauf, „dass nach elf Jahren endlich die Hypothek gelöscht wird". Zu den andauernden Dissonanzen zwischen militärischer und ziviler Säule der Bundeswehr erklärte er, die Kontrolle über sie bliebe neben dem Parlament allein dem Minister vorbehalten. Dieser habe sie gegenüber Beamten in gleichem Maße auszuüben wie gegenüber Soldaten. Die Bundeswehrverwaltung hätte nicht nur „keinen Selbstzweck", sondern müsste „sich ihrer dienenden Funktion bewusst sein". Für seinen Verantwortungsbereich stellte der Minister abschließend fest: „Grundsatz ist: Mit geringstem finanziellen Aufwand

---

[1] Redemanuskript und -entwurf finden sich in ACDP, I-142-007/1, sowie Der Bundesminister der Verteidigung: Erklärung der Bundesregierung in der Sitzung des Deutschen Bundestages am 21.09.1966; BArch, N 673/97 (Nachlass Kai-Uwe von Hassel).

[2] So der Titel in Der Spiegel 36/1966 vom 29.08.1966.

den optimalen Effekt zu erzielen. Ziel ist: Bis 1970 den Gesamtaufbau der Bundeswehr zu vollenden."[3]

Änderte man die Jahreszahlen, tauschte die Namen der Beteiligten aus und ließe die Rücktritte außer Acht, könnte man die hier umrissenen Problemlagen der Bundeswehr zu einem beliebigen Zeitpunkt ihrer Geschichte ebenso treffend einordnen wie es Minister von Hassel vor nunmehr fast einem halben Jahrhundert getan hat. Rechtfertigte diese Feststellung nicht schon alleine ein wissenschaftliches Interesse; der historisch einmalige Vorgang, dass ein Inspekteur und der Generalinspekteur beinahe zeitgleich ihren Hut nahmen, fordert es geradezu.

Die bisherigen Ergebnisse der ohnehin erst in den Anfängen steckenden Forschungen zur Geschichte der Bundeswehr verorten die Rücktritte zutreffend in den Rahmen der Konsolidierungsphase der Bundeswehr im gesellschaftlichen Kontext der so genannten langen 1960er Jahre; einer Umbruchphase, die als wahrscheinlich entscheidende Scharnierstelle der Geschichte der Bundesrepublik bis zum Ende der deutschen Teilung angesehen werden muss.

Sie zeitigte mittel- und langfristige Konsequenzen, die heute mitunter als „Umgründung der Bundesrepublik"[4] bewertet werden. Althergebrachtes wurde infrage gestellt und rang mit neuen Ideen, was am Ende zu grundlegenden Reformen führte. Die zeitgleich beginnende Entwicklung hin zu einer Durchsetzung der Inneren Führung innerhalb der Bundeswehr erst in diesem Zusammenhang ist daher kein Zufall.[5] Da dieser Prozess eingebettet in die Ausformung einer westdeutschen Zivilgesellschaft aus der totalitären Sozialisierung heraus verlaufen ist, kommt der Frage nach den Akteuren

---

[3] Der Bundesminister der Verteidigung: Erklärung der Bundesregierung in der Sitzung des Deutschen Bundestages am 21.09.1966; BArch, N 673/97.

[4] Görtemaker, Manfred: Geschichte der Bundesrepublik Deutschland. Von der Gründung bis zur Gegenwart, München 2002, S. 475.

[5] Zimmermann, John: Vom Umgang mit der Vergangenheit – Zur historischen Bildung und Traditionspflege in der Bundeswehr. In: Die Bundeswehr 1955 bis 2005. Rückblenden – Einsichten – Perspektiven. Im Auftrag des Militärgeschichtlichen Forschungsamtes hrsg. von Frank Nägler, München 2007 (= Sicherheitspolitik und Streitkräfte der Bundesrepublik Deutschland, Bd. 7), S. 115-129.

entscheidende Bedeutung zu.[6] Dies spiegelt sich auch in den Vorgängen um die hier zu untersuchenden Rücktritte.

Im Kern ging es nämlich um die Abgrenzung zwischen der zivilen und der militärischen Verantwortung in den westdeutschen Streitkräften, also durchaus um die Machtfrage. Im Falle Panitzkis entzündete sich die Diskussion an Einführung und Umgang mit dem Waffensystem F-104 „Starfighter", bei Trettner handelte es sich um die Position des Generalinspekteurs innerhalb des Ministeriums. Der Streit war indes älter als die Bundeswehr selbst und verhinderte jahrelang ein Organisationsgesetz, mit dem auch die Spitzengliederung eindeutig fixiert worden wäre[7]. Dabei sahen sich vor allen Dingen die führenden Militärs stets im Hintertreffen. Wiederholt unternahmen sie Vorstöße, um wenigstens in Einzelfragen Änderungen herbeizuführen. Bereits unter Strauß als Minister hatte man dazu die Frage instrumentalisiert, wer den Minister während seiner Abwesenheit verantwortlich zu vertreten habe. Im Herbst 1960 machte dieser damit jedoch kurzen Prozess: Für ihn bestünde kein Zweifel, dass der Staatssekretär in der Leitung der Dienstgeschäfte der Vertreter des Ministers sei. Der Generalinspekteur habe »eine Stellung sui generis« inne, sei der höchste Soldat der Bundeswehr und Leiter ihres Führungsstabes.[8] In Presse und Rundfunk wurde diese Erklärung überwiegend zustimmend kommentiert und im politischen Raum herrschte über die Fraktionsgrenzen hinweg Einigkeit, dass der Staatssekretär »über dem Generalinspekteur der Bundeswehr stehe«, wie der Hauptabteilungsleiter III im Verteidigungsministerium, Ernst Wirmer, mein-

---

[6] Militärische Aufbaugenerationen der Bundeswehr. Ausgewählte Biografien. Im Auftrag des Militärgeschichtlichen Forschungsamtes hrsg. von Helmut R. Hammerich und Rudolf J. Schlaffer, München 2011 (= Sicherheitspolitik und Streitkräfte der Bundesrepublik Deutschland, Bd. 10).

[7] Siehe dazu Rautenberg, Hans-Jürgen: Streitkräfte und Spitzengliederung. Zum Verhältnis von ziviler und bewaffneter Macht bis 1990. In: Entschieden für Frieden. 50 Jahre Bundeswehr 1955 bis 2005. Im Auftrag des Militärgeschichtlichen Forschungsamtes hrsg. von Klaus-Jürgen Bremm, Hans-Hubertus Mack, Martin Rink, Freiburg 2005, S. 107-120 sowie das aktuelle Forschungsprojekt von Rudolf J. Schlaffer am MGFA.

[8] Pressekonferenz am Donnerstag, 3.11.1960, im Bundeshaus CDU-Fraktions-Saal, Thema: Klarstellung zur Frage Minister – Ministerstellvertretung im BMVtdg (unkorr. Manuskript), ACDP, I-142-006/1. Außer Strauß waren noch GenInsp Heusinger sowie Staatssekretär Hopf »und die Herren des BMVtdg« zugegen.

te.⁹ Wirmer war Jurist und 1948 jüngstes Mitglied im Parlamentarischen Rat gewesen. Zwei Jahre später hatte ihn Bundeskanzler Konrad Adenauer zu seinem Persönlichen Referenten bestellt und ihn mit dem Aufbau der Dienststelle Blank, dem Vorgänger des Verteidigungsministeriums, betraut. Ab 1955 leitete er dann die Abteilung Verwaltung und Recht im BMVg, dem er bis 1975 angehören sollte.¹⁰ Vor allem während der Anfangszeit der Dienststelle Blank wurde er von einigen als „Aufpasser des Bundeskanzlers" empfunden,¹¹ und er selbst fühlte sich tatsächlich „dafür verantwortlich, dass die Generale nicht, wie schon so oft in der deutschen Geschichte, über die Hecken fressen".¹²

Die Konfrontation setzte sich fort: Als 1964 der bisherige Leiter der Personalabteilung, Ministerialdirigent Karl Gumbel, durch von Hassel zum beamteten Staatssekretär berufen worden war, forderte Generalinspekteur Trettner beispielsweise dessen vorherige Stelle nun für einen Soldaten und fand beim Minister dafür ein offenes Ohr.¹³ Nach langem Für und Wider stimmte Bundeskanzler Ludwig Erhard am 12. August 1965 entgegen aller Bedenken der Berufung von Generalmajor Werner Haag unter der Bedingung zu, dass diese Position durch einen Soldaten besetzt werden könne, aber nicht müsse¹⁴. Obwohl von Hassel die Entscheidung gegen heftigen Widerstand auch aus seiner eigenen Partei hatte durchsetzen müssen, setzte Generalinspekteur Trettner sofort nach und forderte erneut, den Generalinspekteur auf die Ebene des Staatssekretärs zu heben. Spätestens jetzt begann zwischen ihm und seinem Minister eine deutliche »Entfremdung«, wie der damalige Inspekteur des Heeres, Generalleutnant Ulrich de Maizière, seiner-

---

9   ACDP I-142-005/4: BMVg - HAL III, Wirmer, an Minister über Staatssekretär, Betr.: Die Vertretung des Bundesministers der Verteidigung unter Darstellung der Diskussion vom Oktober/ November 1960, 14.9.1966.

10   Siehe zu Ernst Wirmer dessen Nachlass in ACDP, 01-292 sowie BArch, N 560.

11   So jedenfalls Schopen, Carl: Ernst Wirmer – pflichtbewusst und loyal. Zum Tode eines der Väter des Grundgesetzes. In: Das Parlament Nr. 37 vom 12.09.1981; ACDP, 01-292-001/3.

12   Krüger, Dieter: Das Amt Blank. Die schwierige Gründung des Bundesministeriums für Verteidigung, Freiburg i. Br. 1993, passim, bes. S. 84f., Zitat S. 85.

13   So die Aussage von Hassels gegenüber Erhard in Bundesminister der Verteidigung an Bundeskanzler Ludwig Erhard, 23.8.1966, BArch, 136/6835.

14   Siehe Tagebuch BMVg Kai-Uwe von Hassel, Bd. 3 (20.4.-19.9.1965) für BW-Innenpolitik, Eintrag vom 12.8.1965, BArch, N 609/3.

zeit seinem Tagebuch anvertraute; er schloss deswegen sogar Rücktrittsabsichten des Ministers nach der anstehenden Bundestagswahl nicht aus.[15] De Maizière, der selbst seit 1957 dezidiert »für einen starken Generalinspekteur in einer starken Wehrmachtlösung«, also für die Einziehung einer Stabsebene oberhalb der Teilstreitkräfte, eingetreten war[16], hielt Trettners rabiates Vorgehen für einen taktischen Fehler und dankte seinerseits dem Minister ausdrücklich.[17]

Bereits am 23. November 1964 hatte der Militärische Führungsrat (MFR) nämlich beschlossen, »da SPD mit soldatenfreundlichen Vorschlägen um Wahlstimmen bei der BW wirbt«, die so bewertete Gunst der Stunde für eigene Vorschläge zur neuen Spitzengliederung zu nutzen.[18] General Johann-Adolf Graf Kielmansegg, NATO-Oberbefehlshaber der Alliierten Landstreitkräfte Europa Mitte, informierte Helmut Schmidt, im Falle eines Wahlsieges als erster sozialdemokratischer Verteidigungsminister vorgesehen,

---

15 Ebd., Eintrag vom 22.8.1965. Jaeger und Kliesing waren auch nach Meinung von Hassels seine Hauptgegner in dieser Angelegenheit innerhalb der CDU/CSU-Fraktion. Siehe Tagebuch BMVg Kai-Uwe von Hassel, Bd. 3 (20.4.-19.9.1965) für BW-Innenpolitik, Eintrag vom 9.7.1965, BArch, N 609/3.

16 Siehe dazu Schlaffer, Rudolf J.: Der Aufbau der Bundeswehr, S. 334 f.

17 Mündlich bereits am 16. Juli 1965, schriftlich dann Ende August 1965: Es liege ihm »besonders am Herzen«, ihm für diesen Entschluss den Dank des Heeres zu übermitteln, schrieb de Maizière, zumal er wisse, »mit welchen großen politischen Schwierigkeiten, zum Teil innerhalb Ihrer eigenen Partei, Sie kämpfen mussten, um an Ihrem einmal gefassten Entschluss festhalten zu können«. Abschließend versicherte er ihm, mit dieser Entscheidung sei ein Anliegen vieler Soldaten erfüllt worden. Siehe Ulrich de Maizière, Dienstliche Tagebuchaufzeichnungen 18.1.1965-1.9.1965, Eintrag vom 16.7.1965, BArch, N 673/33, sowie De Maizière an Bundesminister der Verteidigung, Kai-Uwe von Hassel, 26.8.1965, BArch, N 673/43a.

18 Ziele waren dabei die Ausgliederung der Kommandos der Teilstreitkräfte aus dem Ministerium unter Zugehörigkeit der Inspekteure zum MFR sowie die Einrichtung eines »Spezialstab Heer« bei FüB, der seine Weisungen jedoch vom Inspekteur erhalten müsste. Sollte das nicht durchsetzbar sein, wollte man auf eine schrittweise Verbesserung des bestehenden Zustandes setzen. Damit meinte man vor allem »die Lösung der militärischen Teile des Ministeriums von der GGO [Gemeinsame Geschäftsordnung] und Disziplinarbefugnisse für die Inspekteure«. Siehe Ulrich de Maizière, Dienstliche Tagebuchaufzeichnungen 8.6.1964-16.1.1965, Eintrag vom 23.11.1964, BArch, N 673/32. Demgegenüber präferierten die beamteten Teile des Ministeriums die volle Ausgliederung der Inspekteure »als echte Befehlshaber« zwischen Ministerium und Korps. Darin wiederum erkannte nicht nur de Maizière die Gefahr, dass der militärische Einfluss im Ministerium geschmälert würde. Siehe ebd., Eintrag vom 8.12.1964.

Ende März 1965 darüber: Demnach müsste der Generalinspekteur »auf derselben Ebene mit dem oder den höchsten Beamten des Ministeriums stehen«, Generalinspekteur und Inspekteure sollten darüber hinaus Disziplinargewalt erhalten[19]. Damit nahm man direkten Einfluss auf das verteidigungspolitische Konzept der SPD, das Schmidt am 13. September 1965, sechs Tage vor der Bundestagswahl, auf einer Pressekonferenz verkündete. In seinen »Erste(n) Maßnahmen des Verteidigungsministers einer sozialdemokratischen Bundesregierung« identifizierte er »die heute erkennbaren Schwächen unserer Streitkräfte« vornehmlich »in der Organisation an der Spitze, im inneren Gefüge der Bundeswehr [sowie] in der Auswahl und Beschaffung der Waffensysteme«.[20] Intern hatten sich die Sozialdemokraten zudem bereits auf die Besetzung der militärischen Spitzenstellen geeinigt: Während man die Inspekteure der Teilstreitkräfte behalten wollte, möchte man Trettner dagegen höchstens als »Notlösung« noch für ein Jahr akzeptieren. Sein Stellvertreter, Generalleutnant Gustav-Adolf Kuntzen, sollte allerdings durch den gerade zum Chef des Stabes der Alliierten Luftstreitkräfte Europa Mitte ernannten Generalleutnant Johannes Steinhoff ersetzt werden[21].

Trettners Stellung war also bereits zu diesem Zeitpunkt derart schwach, dass er selbst sich mit Rücktrittsgedanken trug. Als seine Nachfolger handelte die Presse vor allem de Maizière und Panitzki.[22] Gerade diese beiden versuchten jedoch Trettner von einem Rücktritt abzuhalten. Ihrer Meinung nach verfügte er gegenüber der Öffentlichkeit über keine überzeu-

---

19 General Graf Kielmansegg, Überlegungen zur Spitzengliederung, 30.3.1965, AdsD, 1HSA A008010. Die »Überlegungen« enthalten insgesamt neun Punkte nebst einer grafischen Darstellung der »Gedanken zur Spitzengliederung/Bundeswehr« vom 21.2.1965 und »Erläuterungen zur Organisationsskizze Spitzengliederung/Bundeswehr«.

20 SPD/Pressemitteilungen und Informationen, Mitteilung für die Presse: Schriftliche Unterlage für die Pressekonferenz des Mitglieds der Sozialdemokratischen Regierungsmannschaft Senator Helmut Schmidt am 13.9.1965 in Bonn zum Thema: »Erste Maßnahmen des Verteidigungsministers einer sozialdemokratischen Bundesregierung«, AdsD, 1/HSA A007989.

21 Kurzprotokoll Besprechung zwischen Helmut Schmidt, Karl Wienand, Willi Berkhan, Hellmuth Roth und Hartmut Soell am 10.6.1965 im Haus Hamburg, AdsD, 1/HSA A001/HSA A007989.

22 Ulrich de Maizière, Dienstliche Tagebuchaufzeichnungen 18.1.1965-1.9.1965, Eintrag vom 1.3.1965, BArch, N 673/33. Im Mai 1965 notierte er, Trettner trage sich offenbar tatsächlich »mit Rücktrittsgedanken«. Siehe ebd., Einträge vom 20.5. und 30.8.1965.

genden Gründe und würde damit letzten Endes die Institution des Generalinspekteurs schwächen[23].

Allerdings geriet der eine Nachfolgekandidat, Panitzki, just in dieser Zeit selbst zunehmend in die mediale Schusslinie, als sich die Probleme um den „Starfighter" in der zweiten Jahreshälfte 1965 zu einer veritablen Krise auswuchsen[24]. Die von Anfang an umstrittene Einführung dieser Maschine hatte nicht nur die Organisation der Luftwaffe überfordert, sondern auch deren Führungspersonal. Vor allem Panitzki als Inspekteur machte dabei keine glückliche Figur. Aus verschiedenen – hier nicht näher zu erörternden, aber nicht ausschließlich von ihm zu verantwortenden – Gründen bekam er die Probleme nicht in den Griff.[25] Im Februar 1966 meinte deswegen der andere Nachfolgekandidat, also de Maizière, die Situation gefährde allmählich die Stellung des Ministers[26]. Von Hassel wiederum sprach nach einer Unterredung mit Panitzki am 12. Februar 1966 seinem Luftwaffen-Inspekteur demonstrativ sein volles Vertrauen aus[27].

Gleichzeitig eskalierten die Spannungen zwischen dem Generalinspekteur und seinem Minister. Trettner kritisierte von Hassels Führungsver-

---

[23] Ulrich de Maizière, Dienstliche Tagebuchaufzeichnungen 1.9.1965-11.4.1966, Eintrag vom 8.9.1965, BArch, N 673/34.

[24] Zur Starfighter-Krise insgesamt siehe Lemke, Bernd: Konzeption und Aufbau der Luftwaffe. In: Ders. u. a., Die Luftwaffe 1950 bis1970. Konzeption, Aufbau, Integration. München 2006 (= Sicherheitspolitik und Streitkräfte der Bundesrepublik Deutschland, Bd. 2), S. 71-484, hier S. 284.

[25] Lemke, Konzeption, S. 366-372 (wie Anm. 24). Auch Franz Josef Strauß, unter dem als Minister der Starfighter beschafft worden war, bestätigte zwischen den Zeilen Panitzkis Überforderung. Siehe Fernschreiben Strauß an Bundesminister der Verteidigung von Hassel, nachrichtlich Gen. Panitzki, 23.8.1966, BArch, Bw 1/181190.

[26] Ulrich de Maizière, Dienstliche Tagebuchaufzeichnungen 1.9.1965-11.4.1966, Einträge vom 2. und 12.2.1966, BArch, N 673/34. Wie recht er damit hatte, belegen die laufenden Einträge im Tagebuch BMVg Kai-Uwe von Hassel, Bd. 4 (20.9.-31.12.1965), Bd. 5 (1.1.-31.3.1966), und Bd. 6 (1.4.-31.5.1966) für BW-Innenpolitik, BArch, N 609/4, /5, /6.

[27] Bei diesem Gespräch hatte Panitzki allerdings auf den Minister »einen sehr bedrückten Eindruck« gemacht: »[P]hysisch scheint er unter Überarbeitung und dem Zustand seiner Schulter sehr zu leiden.« Panitzki hatte wohl dem Minister auch sein Leid geklagt, vor allem hinsichtlich seines Stellvertreters, Generalmajor Schlichting: »Er sei menschlich ein ganz ausgezeichneter Offizier, aber er träfe keine Entscheidung, diese überließe er immer ihm.« Siehe Vermerk Minister, Gespräch mit GL Panitzki (am 12.2.1966), 14.2.1966, BArch, Bw 1/181190.

halten Mitte März 1966 massiv und forderte ebenso erneut wie erfolglos, der Generalinspekteur müsse der dritte Mann innerhalb der Hierarchie sein und auf die Staatssekretärsebene gebracht werden. Überhaupt sei schon »der Beginn der Bundeswehr« deshalb »miserabel« gewesen, weil »Männer vom Bundeskanzleramt [...] in das Amt Blank gesetzt worden [seien], um die Soldaten klein zu halten«[28]. Das mochte Trettners Stimmung widergespiegelt haben, kam aber einem politischen Selbstmord gleich, zumal er damit eine kaum verhohlene Rücktrittsdrohung verband.[29] Für von Hassel waren spätestens jetzt die Würfel gefallen. Schon am 28. März 1966 schickte er den Leiter der Personalabteilung, Generalleutnant Werner Haag, zu de Maizière, um ihn ganz offen zu fragen, ob er als Nachfolger bereitstünde. Panitzki sei zwar der Kandidat des Ministers, aber durch die Starfighter-Debatte schwer angeschlagen und außerdem »gesundheitlich nicht intakt«. De Maizière sagte unter der Maßgabe zu, dass Trettners Rücktritt in einer Form geschehe, die einem Nachfolger die Übernahme nicht unmöglich machte, und der Generalinspekteur die »3. Stelle im Ministerium nach StaatsSekr« erhalte.[30] Von Hassel informierte daraufhin am 20. April 1966 den sozialdemokratischen Fraktionsvorsitzenden Fritz Erler über die geplante Ablösung Trettners zum 1. Oktober 1966. Als Gründe nannte er die Auseinandersetzung »um die Struktur der Spitze des Verteidigungsministeriums und Trettners mangelnde

---

28   BArch, Bw 1/181190, Vermerk Minister, Besprechung mit GenInsp am 10.3.1966, 14.3.1966. Demnach machte Trettner den Minister für die miserable Stimmung innerhalb der Bundeswehr verantwortlich, warf ihm vor, er dringe als Generalinspekteur mit seinen Auffassungen und Vorstellungen innerhalb des Ministeriums nicht durch und die Einstufungen der Offiziere bis hin zur Anzahl der »4-Sterne-Generäle« seien nirgendwo so schlecht – »ausgenommen Griechenland« – wie in der Bundeswehr; in dieser Hinsicht sei man »sogar schlechter als die Portugiesen und die Türken«.

29   Ebd.: Demnach bedauerte von Hassel, dass Trettner erneut »mit den alten Geschichten« anfinge, empfand es als »eine traurige Situation«, dass »der eine immer die Schuld auf die anderen schiebt«. Trettner entgegnete, da es ihm um eine prinzipielle Entscheidung gehe, würde er sich seine Haltung noch einmal durch den Kopf gehen lassen. Stattdessen suchte er direkt im Anschluss den Persönlichen Referenten des Ministers, Ministerialrat Dr. Siebe, auf, um dort durchblicken zu lassen, dass er über seinen Abschied nachdenke. Dass dies gezielt in der Absicht geschah, den Gesprächsinhalt umgehend an den Minister weiterzuleiten, gab Trettner im Nachhinein zu. Ihm sei es damals nicht gelungen, dem Minister den Ernst der Lage zu verdeutlichen, deswegen habe er Siebe darum gebeten. Siehe dazu: Gen. a. D. Trettner an Vorsitzenden des Verteidigungsausschusses, Dr. Zimmermann, 12.10.1966, BArch, Bw 1/181190.

30   Ebd., Eintrag vom 28.3.1966.

115

Kooperationswilligkeit mit dem zivilen Personal«; als Nachfolger sei de Maizière in Aussicht genommen.[31] Erler hielt diese Lösung »für ausgezeichnet«.[32]

Die Ablösung Trettners war also bereits beschlossene Sache, als sich der MFR am 2. Juni 1966 zu einer Sitzung traf, auf der die Inspekteure von Luftwaffe und Marine dem Generalinspekteur rieten im Amt zu bleiben.[33] Von Hassel lehnte im folgenden Gespräch mit Trettner den Vorschlag, einen militärischen Staatssekretär einzuführen, zwar endgültig ab und hielt auch an der vollständigen Vertretung des Ministers durch den Staatssekretär fest, sagte aber ein Gutachten über die Frage der Vertretung in der Befehls- und Kommandogewalt zu. Damit erklärte sich Trettner seinerseits nun einverstanden.[34] Tatsächlich kehrte anschließend zwar Ruhe ein, doch keine vier Wochen später informierte Staatssekretär Gumbel de Maizière, der Minister »mache keine Versprechungen«, sehe ihn aber »über kurz oder lang auf [dem] Stuhl [des] Gen[eral]Insp[ekteurs]«. Beide diskutieren sogar bereits die daraus resultierenden personellen Folgen.[35]

Nach dem spektakulären Tod des Starfighter-Piloten Oberleutnant Siegfried Arndt am 18. Juli 1966 überschlugen sich dann die Ereignisse. Am

---

[31] Notiz Erler, Besprechung mit von Hassel am 20.4.1966, AdsD, NL Erler, Box 136.
[32] Siehe Tagebuch BMVg Kai-Uwe von Hassel, Bd. 6 (1.4.-31.5.1966) für BW-Innenpolitik, Eintrag vom 21.4.1966, BArch, N 609/6.
[33] Ulrich de Maizière, Dienstliche Tagebuchaufzeichnungen 12.4.1966-26.8.1966, Eintrag vom 2.6.1966, BArch, N 673/35.
[34] Siehe Tagebuch BMVg Kai-Uwe von Hassel, Bd. 7 (1.6.-31.7.1964) für BW-Innenpolitik, Eintrag vom 2.6.1966, BArch, N 609/7, sowie Vermerk Minister vom 7.6.1966, BArch, Bw 1/181190. Tags darauf stellte der Minister auf der Routinepressekonferenz des Staatssekretärs unmissverständlich klar, dass es keinen militärischen Staatssekretär geben werde und der Staatssekretär in allen Fragen der Vertreter des Ministers sei. Auch habe er »keinen Anlass anzunehmen, dass der Generalinspekteur mit dieser Lösung nicht einverstanden sei«. Siehe Vermerk Minister, 7.6.1966, BArch, Bw 1/181190. Wie von Hassel erfuhr, hat sich Trettner den Wortlaut der Pressekonferenz geben lassen, genau studiert und sei mit den Ausführungen des Ministers »zufrieden« gewesen; siehe Tagebuch BMVg Kai-Uwe von Hassel, Bd. 7 (1.6.-31.7.1964) für BW-Innenpolitik, Eintrag vom 3.6.1966, BArch, N 609/7.
[35] Ebd., Eintrag vom 5.7.1966. Büchs sollte Stellvertreter des Generalinspekteurs werden, Bennecke oder Schnez Inspekteur des Heeres. De Maizière wollte auf jeden Fall Karst nicht mehr haben; dieser leiste »keine solide Stabsarbeit«, sei »in Fragen Menschenführung zu nahe an Winfried Martini und würde den »nationalistischen Trend der jg. Offz. verstärken«. Für de Maizière war es ein »[s]ehr offenes u. gutes Gespräch«.

12. August stellte Panitzki ein Rücktrittsgesuch an den Minister[36]. Aus seiner Sicht wurde die Verantwortung vom Minister einmal mehr auf die Luftwaffe und deren Inspekteur abgewälzt. Schon zu Jahresbeginn 1966 sei er seitens von Hassels und seines Staatssekretärs gegenüber dem Verteidigungsausschuss zum Verschweigen der technischen Mängel verpflichtet worden, die im Gegenzug versprochenen Verbesserungen seien aber nie erfolgt.[37] Weil der Minister gerade vor dem Abflug zu einer Reise nach Kanada stand, bat er Panitzki, seine Rückkehr abzuwarten und bis dahin »seinen Dienst vorläufig nicht auszuüben«[38]. Kurz darauf traf jedoch ein Schreiben des Kommandierenden Generals der Luftwaffengruppe Süd, Generalleutnant Johannes Trautloft, ein. In seiner Eigenschaft als dienstältester KG bat er »in tiefer Sorge um die derzeitige Situation der Luftwaffe« den Minister »um eine grundlegende Aussprache« mit ihm, den anderen Kommandierenden Generalen, deren Stellvertretern, dem Amtschef des Luftwaffenamtes und den sieben Divisionskommandeuren, zu der noch der Inspekteur des Heeres stoßen sollte[39]. Ehe von Hassel reagieren konnte, veröffentlichte die »Rhein-Ruhr-Zeitung« am 20. August ein ihm nicht bekanntes Interview mit Panitzki. Darin beklagte dieser die seiner Meinung nach mangelnde Unterstützung der politischen Leitung bei der Überwindung der „Starfighter-Krise" und erhob schwere Vorwürfe gegen seinen Amtsvorgänger General Josef Kammhuber sowie den ehemaligen Verteidigungsminister Strauß. Kammhuber habe bei der Aufstellung der Luftwaffe Nachschub, Technik, Ausbildung, Vorschriften, Dokumentation und vieles mehr vernachlässigt, Strauß mit der Beschaffung des „Starfighter" »eine politische Entscheidung« getroffen[40].

---

36 BArch, Bw 1/181190, InspL, GL Panitzki, an Bundesminister der Verteidigung, Kai-Uwe von Hassel, 12.8.1966.

37 Lemke Konzeption und Aufbau (wie Anm. 24), S. 284.

38 Bundesminister der Verteidigung an Bundeskanzler Erhard, 23.8.1966, BArch, 136/6835. Eine Abschrift findet sich auch in BArch, Bw 1/181190, sowie in ACDP, NL Gumbel, I-142-007/1. Siehe auch Tagebuch BMVg Kai-Uwe von Hassel, Bd 8 (1.8.-30.9.1966) für BW-Innenpolitik, Eintrag vom 12.8.1966, BArch, N 609/8.

39 BArch, Bw 1/181190, Generalleutnant Johannes Trautloft, Kommandierender General Luftwaffengruppe Süd, an Bundesminister der Verteidigung, 19.8.1966.

40 BArch, 136/6835, Bundesminister der Verteidigung an Bundeskanzler Erhard, 23.8.1966.

Nach diesen »Entgleisungen« war Panitzki für den Minister endgültig nicht mehr tragbar[41]. Sogar die Opposition empfand »die sensationelle Kritik des Chefs der Luftwaffe« als »ungewöhnlich und gegenüber dem Bundesminister der Verteidigung undiszipliniert«. Der stellvertretende Vorsitzende der SPD-Bundestagsfraktion, Helmut Schmidt, schloss daraus, Panitzkis Interview habe »deutlich werden lassen, was scharfe Beobachter seit Langem wissen: Der Starfighter-Krise liegt letztlich eine Krise der gesamten politischen, zivilen und militärischen Spitze des Bundesverteidigungsministeriums zugrunde«[42].

Wie zum Beweis erklärte am 23. August auch Generalinspekteur Trettner, dem sich dann aus Solidarität dessen alter Schulkamerad Günther Pape anschloss, seinen Rücktritt im Zusammenhang mit dem sogenannten ÖTV-Erlass[43]. Trettner sandte dem Minister am 24. August ein Telegramm, in dem er das vorzeitige Bekanntwerden seines Rücktrittsgesuchs bedauerte, jedoch um eine Klarstellung bat, »dass nicht so sehr der Inhalt des Erlasses Ö.T.V., sondern vor allem die Ausschaltung der militärischen Führung bei dieser Grundsatzfrage mein Rücktrittsgesuch veranlasst hat«[44]. Dies muss wenigstens vom Zeitpunkt her überraschen, denn der Minister hatte den »Erlass über die gewerkschaftliche Betätigung«[45] schon am 1. August 1966 in

---

[41] Ebd. Hassel war jedoch bereits vor seiner Abreise nach Kanada zu Konsequenzen entschlossen gewesen. Sein »früher ganz ausgezeichnet[es]« Verhältnis zu Panitzki habe, so schrieb von Hassel an Bundeskanzler Erhard, im Zuge der „Starfighter-Krise" erheblich gelitten. Über einen längeren Zeitraum hinweg wollte er zu der Ansicht gelangt sein, »dass in der Person des Inspekteurs der Luftwaffe Mängel vorliegen, die eine einwandfreie Führung und Beaufsichtigung der Luftwaffenverbände nicht zulassen«. Zwei Tage später beurlaubte er Panitzki. Erst in diesem Kontext wurde bekannt, dass Panitzki schon am 12. August sein Rücktrittsgesuch eingereicht hatte; siehe Ulrich de Maizière, Dienstliche Tagebuchaufzeichnungen 12.4.1966-26.8.1966, Eintrag vom 23.8.1966, BArch, N 673/35.

[42] SPD-Fraktion, Erklärung stellvertretender Vorsitzender Sozialdemokratische Bundestagsfraktion Helmut Schmidt, Betr.: Interview des Generalleutnants Panitzki, 22.8.1966, AdsD, 1/HSA A008063.

[43] Ulrich de Maizière, Dienstliche Tagebuchaufzeichnungen 12.4.1966-26.8.1966, Eintrag vom 23.8.1966, BArch, N 673/35.

[44] Telegramm Trettner an von Hassel, 24.8.1966, ACDP, I-142-007/1.

[45] Bundesminister der Verteidigung/VR IV, Az. 01-52-02, Betr.: Koalitionsrecht der Soldaten, hier: Gewerkschaftliche Betätigung, 1.8.1966, BArch, N 673/97. Im selben Bestand finden sich auch die folgenden Ausführungsbestimmungen dazu.

Kraft gesetzt und tags darauf verteilen lassen[46]. Den Hintergrund bildete das seit dem Sommer 1965 verstärkte Begehren der Gewerkschaft Öffentliche Dienste, Transport und Verkehr (ÖTV), wie zuvor der Deutsche Bundeswehrverband, freien Zugang zu den Kasernen zu erlangen. Von Hassel hatte zwar zunächst ablehnend reagiert,[47] nach einem entsprechenden Rechtsgutachten aber anders entschieden.[48]

---

[46] VR IV, Az. 01-52-02, an Abteilungsleiter S und P sowie die Inspekteure, 2.8.1966, ebd.

[47] Von Hassel hatte auf der Tagung der Bataillonskommandeure im Juli 1965 öffentlich erklärt, das »verfassungsverbriefte Recht des Soldaten auf Koalitionsfreiheit« sei unbestritten, jeder Soldat könne daher Mitglied einer Gewerkschaft sein. Allerdings bestehe für ihn »ein fundamentaler Unterschied« darin, »ob ein Verband für den Soldaten von Soldaten geführt wird, oder ob eine Gewerkschaft in der Kaserne wirbt und in der Kaserne ihre Veranstaltungen durchführt«. Siehe Rede Bundesminister der Verteidigung Kai-Uwe von Hassel auf der 1. Tagung der Bataillonskommandeure in Bad Godesberg am 6.7.1965, ACDP, I-142-006/2 (Hervorhebungen im Original).

[48] Siehe zum Gesamtvorgang um den Erlass die Überlieferung in ACDP, NL Gumbel, I-142-006/2. Weil daran angeblich kein Soldat beteiligt, der Entwurf stattdessen von Staatssekretär Gumbel direkt dem Minister zur Entscheidung vorgelegt worden sei, hatte der Generalinspekteur von Hassel seine Versetzung in den Ruhestand angeboten. Er bewerte den Vorgang als eine öffentliche Brüskierung, die das ohnehin seit Langem gestörte Vertrauensverhältnis zwischen ihm und seinem Minister endgültig zerstört habe. Siehe Ulrich de Maizière, Dienstliche Tagebuchaufzeichnungen 12.4.1966 - 26.8.1966, Eintrag vom 24.8.1966, BArch, N 673/35, sowie Gen. Trettner an Bundesminister von Hassel, 13.8.1966, BArch, Bw 1/181190. Dass Trettner seinerseits keinen Versuch machte, eine Aussprache mit dem Minister herbeizuführen und stattdessen sein Abschiedsgesuch einreiche, empfand dieser wiederum »als eine Herausforderung«, wie er in einem ausführlichen Schreiben Bundeskanzler Erhard erklärte. Siehe Bundesminister der Verteidigung an den Bundeskanzler, 23.8.1966, BArch, 136/6835. Wie von Hassel darin mitteilte, sei Trettner bereits vor seiner Amtsübernahme designierter Generalinspekteur gewesen, mit dem er sich habe »nie richtig befreunden können« und dem keiner »auch nur eine nennenswerte Wertschätzung entgegenbringt«. Nach von Hassel liege dies vor allem daran, dass er sich als Generalinspekteur zum Exponenten »militärische[r] Kreise für eine Ausdehnung des militärischen Einflusses innerhalb des Ministeriums und vor allem für eine Stärkung und Verbesserung der Stellung des Generalinspekteurs« gemacht habe. In diesem Zusammenhang sei Trettner nicht nur zum Affront bereit gewesen, indem er die Vertretungsbefugnisse des Staatssekretärs in Fragen der Befehls- und Kommandogewalt nicht anerkennen wollte. Er habe auch des Ministers unmittelbaren Einfluss auf die Truppe zu unterbinden versucht; mündlich und schriftlich habe er ihm erklärt, er halte seine »häufigen Besuche bei der Truppe für unerwünscht«.

Noch am selben Tag holte der Minister de Maizière aus dem Urlaub und zum Gespräch. Dieser ließ sich zuvor von seinem Stellvertreter, Generalmajor Josef Moll, über die Vorfälle aus erster Hand informieren[49]. Demnach hätten junge Luftwaffen-Generale von Panitzki dessen Rücktritt und eine »klare Sprache gefordert«. Der »Fall Panitzki« sei allerdings vom »Fall Trettner« deutlich zu unterscheiden.[50] De Maizière sagte von Hassel anschließend unter folgenden »Voraussetzungen« zu: Er wollte »jederzeit« die Möglichkeit zum offenen Vortrag beim Minister haben und es dürften keine die Soldaten betreffenden wichtigen Entscheidungen künftig ohne Beteiligung des Generalinspekteurs erfolgen. Zudem müsste die Verabschiedung Trettners in einer Form geschehen, die es seinem Nachfolger gegenüber den Streitkräften und der Öffentlichkeit ermöglichen würde, das Amt überhaupt zu übernehmen. Er akzeptiere die „organisatorisch/pol[itische] Einordnung des Generalinspekteurs nach dem Minister und dessen politischem Vertreter". Die Stellung des Generalinspekteurs wollte de Maizière allerdings als eine »sui generis« gesehen wissen, nämlich »als ranghöchster Soldat der Bundeswehr und (…) in den entsprechenden militärischen Gremien im Rahmen des Bundesministeriums der Verteidigung«.[51]

Am Abend des folgenden Tages erhielten Trettner und Panitzki ihre Entlassungsurkunden, de Maizière und Moll, der ihm als Inspekteur des Heeres nachfolgte, wurden eine Stunde später vor laufenden Fernsehkameras ernannt und befördert.[52] Panitzki wurde auf dem Fliegerhorst Wahn mit

---

[49] De Maizière an Hans Pleyl, 22.5.1967, BArch, N 673/49a.

[50] Ulrich de Maizière, Dienstliche Tagebuchaufzeichnungen 12.4.1966-26.8.1966, Eintrag vom 24.8.1966, BArch, N 673/35.

[51] Generalleutnant de Maizière, InspH, an Bundesminister der Verteidigung von Hassel, 25.8.1966, BArch, Bw 1/181190, und in ACDP, I-142-005/3, sowie Ulrich de Maizière, Dienstliche Tagebuchaufzeichnungen 12.4.1966-26.8.1966, Eintrag vom 24.8.1966, BArch, N 673/35. Dort trug er allerdings ein, die Entlassung Trettners müsste so geregelt werden, dass seinem Nachfolger die Übernahme »nicht unnötig erschwert wird«.

[52] Die höheren Kommandeure der Bundeswehr und die Abteilungsleiter des Ministeriums wurden vom Minister in einer eigens einberufenen Versammlung am Nachmittag des 29. August 1966 persönlich über die Rücktritte Trettners und Panitzkis sowie über deren Hintergründe informiert. Siehe Ulrich de Maizière, Dienstliche Tagebuchaufzeichnungen 12.4.1966-26.8.1966, Eintrag vom 25.8.1966, BArch, N 673/35. Lediglich Meyer-Detring hätte außerdem gerne den Brigadekommandeur statt des Einheitsführers als Entscheidenden gesehen, »ob eine Gewerkschaftszeitung ausgelegt werde«. Siehe Persönlicher Referent des Ministers, Dr. Siebe, Vermerk über die Unterrichtung der höhe-

einem Großen Zapfenstreich und einem vorhergehenden Essen der Luftwaffengenerale verabschiedet. Indem sich de Maizière durch von Hassel ermächtigen ließ, dabei in dessen Namen richtigzustellen, dass die früheren Äußerungen des Ministers »keine allgemeine Kritik an der Luftwaffenführung« gewesen seien, gelang es ihm geschickt, die Luftwaffenführung für sich einzunehmen.[53]

Zu diesem Zeitpunkt gab es allerdings noch keinen neuen Inspekteur. Generalleutnant Johannes Steinhoff hatte sich am 23. August Bedenkzeit ausgebeten. Er wollte zunächst Vorschläge erarbeiten, »die mir unabdingbar dafür scheinen, die Lage der Luftwaffe in absehbarer Zeit zu verbessern«. In der Zwischenzeit erklärte sich Panitzki vor dem Verteidigungsausschuss.[54] Obwohl ihn der ehemalige Verteidigungsminister Strauß schon am 23. August daran erinnert hatte, die seinerzeitige Wahl des Starfighters sei »keine politische Entscheidung«, sondern »der nach 2-jähriger Prüfung von der Luftwaffe und der Technik gefasste Entschluss« gewesen[55], blieb Panitzki bei seiner Darstellung. Aus Sicht des Ministeriums stilisierte er sich dabei zum »Opfer einer falschen Lagebeurteilung«.[56]

---

ren Kommandeure der Bundeswehr in Gegenwart der Abteilungsleiter des Ministeriums am 29.8.1966 durch den Minister, 29.8.1966, BArch, Bw 1/181190. Dabei befindet sich auch eine Teilnehmerliste. Generalmajor Baer sowie die Generalleutnante Meyer-Detring und Graf Kielmansegg übten gleichwohl Kritik daran, »dass der Gewerkschaftserlass nicht über die Hierarchie an die Truppe geleitet worden war«, nicht jedoch an dessen Inhalt. Dem Minister fiel es also leicht, deren Darlegungen »uneingeschränkt« beizupflichten.

53 Brigadegeneral Gentsch an de Maizière, 26.8.1966, sowie Siebe, Vermerk über die Besprechung des Ministers mit Kommandierenden Generalen, Amtschef Luftwaffenamt und Divisionskommandeuren der Luftwaffe, 29.8.1966, BArch, Bw 1/181190. Dabei befindet sich auch eine Teilnehmerliste.

54 Panitzki hatte am 25. August 1966 vom Minister verlangt, vor dem Verteidigungsausschuss seine Sicht der Dinge vortragen zu dürfen. Von Hassel hatte dem zugestimmt, obwohl Panitzki ihm nicht mitteilen wollte, worum es ihm dabei ging. Siehe Vermerk Dr. Siebe, 25.8.1966, ebd. Demnach habe Panitzki erklärt, er werde, was er zu sagen habe, »dem Minister nicht sagen […], sondern nur einem neutralen Gremium«. Als neutrales Gremium betrachte er den Verteidigungsausschuss.

55 Fernschreiben Strauß an Bundesminister der Verteidigung von Hassel, nachrichtlich Gen. Panitzki, 23.8.1966, ebd.

56 BMVg/Referat III A/6, Dem Bundeskanzler vorzulegender Bericht betr. Generale Trettner und Panitzki vor dem Verteidigungsausschuss, 3.9.1966, BArch, 136/6835. Ob Panitzki dies zu Unrecht so bewertete, muss fraglich bleiben. Auch Helmut

Auch Trettner trat am 3. September 1966 vor den Verteidigungsausschuss. Obwohl der Dissens zwischen ihm und von Hassel im Zuge des sogenannten ÖTV-Erlasses bestenfalls der berühmte letzte Tropfen gewesen war, gab ihn der vormalige Generalinspekteur weiterhin als Grund für seine Demission an.[57] Die Untersuchung des Verteidigungsausschusses widerlegte dies ebenso wie einige andere Behauptungen Trettners.[58] Dennoch teilte dieser dem Ausschussvorsitzenden, Dr. Friedrich Zimmermann (CSU), nach

---

Schmidt hatte seinerzeit in einer öffentlichen Erklärung für die SPD-Fraktion zunächst Strauß beigepflichtet. Siehe SPD-Fraktion, Erklärung stellvertretender Vorsitzender Sozialdemokratische Bundestagsfraktion Helmut Schmidt, Betr.: Interview des Generalleutnants Panitzki, 22.8.1966, AdsD, 1/HSA A008063: »Die Bemerkung des Generals, die Anschaffung des Starfighters sei seinerzeit eine ›politische Entscheidung‹ gewesen, ist ihrem Zweck nach fragwürdig. Panitzki's [sic!] Vorgänger, General Kammhuber, ist es gewesen, der vor acht Jahren mit rein militärischen Argumenten dem zögernden Verteidigungsausschuss die Zustimmung zur Starfighter-Beschaffung abgerungen hat [...] Diejenigen Abgeordneten, die damals gleichwohl der Beschaffung zugestimmt haben, taten dies jedoch nur aufgrund der militärischen Vorträge der Luftwaffenführung. Die Luftwaffenführung kann sich von der Mitverantwortung nicht freizeichnen.« Erst nach der Veröffentlichung des Berichtes des Bundesrechnungshofes im Jahre 1969 beschlichen ihn Zweifel; siehe Bundesrechnungshof IV 6 an Bundesminister der Verteidigung und Bundesamt für Wehrtechnik und Beschaffung, 26.6.1969, AdsD, 1/HSA A008142. Siehe dazu den Schriftwechsel zwischen Helmut Schmidt und dem Verteidigungsminister vom 4. bzw. 22.9.1969 im selben Bestand. Als Verteidigungsminister erfuhr er dann von einem Vermerk des Referates W I 6 vom 2. September 1961, nach dem Strauß »gegen Bedenken der Generale persönlich F 104 ausgesucht« habe. Er ordnete umgehend an, diesen beim Staatssekretär aufzubewahren und mochte »[z]unächst nichts veröffentlichen«; vorher wollte er sich »vertraulich weitere Unterlagen dazu« vorlegen lassen. Siehe Kollegium im BMVg, Eintrag 20.10.1971, PAHS, Privat PZ, Kollegium im BMVg, Bd 3. Staatssekretär Mommsen teilte ihm vier Wochen später seine Erkenntnisse mit:»Korruption F 104: Abs soll Gelder der Bestechung angenommen haben. Sehr vage Behauptung. St W steht bei Anfrage zu jeder Auskunft zur Verfügung. Wir decken aber nicht von uns aus auf." Siehe Ebd., Eintrag 20.11.1971.

57 BMVg/Referat III A/6, Dem Bundeskanzler vorzulegender Bericht betr. Generale Trettner und Panitzki vor dem Verteidigungsausschuss, 3.9.1966, BArch, 136/6835.

58 Bundeswehr und Gewerkschaft. Der »ÖTV-Erlass«, Stenografische Protokolle des Verteidigungsausschusses vom 1.9.1966, S. 1-14, 45-46, 5.9.1966; S. 32-39, 103-167, 7.9.1966, BArch, Bw 1/181190, sowie in ACDP, I-142-006/3. Insbesondere musste er seine Aussage revidieren, er habe »niemals den militärischen Staatssekretär gefordert«; siehe Tagebuch BMVg Kai-Uwe von Hassel, Bd 8 (1.8.-30.9.1966) für BW-Innenpolitik, Eintrag vom 5.9.1966, BArch, N 609/8.

dem endgültigen Abschluss der Untersuchung am 6. Oktober 1966 unbeeindruckt mit, er bestreite die Angaben des Ministers »nach wie vor«, und verweigerte seine Zustimmung zum entsprechenden Protokoll[59]. Die Erklärung, die von Hassel Bundeskanzler Erhard am 6. September 1966 abgab, traf die Sachlage eher: »In Wirklichkeit«, so der Minister, sei es Trettner »um eine reine Frage der Verstärkung seines Einflusses« gegangen. Zwar wolle er nicht so weit gehen, bei ihm von einem »Machtkomplex« zu sprechen. Aber seiner Ansicht nach würde es von der militärischen Seite »geradezu als ein Trauma empfunden, dass die Verwaltung außerhalb des militärischen Kommandostranges steht«.[60]

Damit stilisierte sich von Hassel selbst zum Sieger einer Auseinandersetzung, die von der veröffentlichten Meinung zum „Aufstand der Generale" erklärt worden war. Die tatsächlichen Missstände wurden dadurch überdeckt und harrten weiter einer Lösung – was auch vom Großteil der Presse so bewertet worden ist. Um einen „Aufstand der Generale" handelte es sich jedenfalls nicht – und in einer Führungskrise befand sich die Bundeswehr bereits seit ihrer Aufstellung.

---

59   General a.D. Heinz Trettner an Vorsitzenden des Verteidigungsausschusses, MdB Dr. Zimmermann, 12.10.1966, BArch, Bw 1/181190. Zum Ablauf der Ereignisse zwischen dem 1. und 11.8.1966 siehe die Nachforschungen innerhalb des Ministeriums durch Oberstleutnant Theodor Schulz, BMVg/S VII 1, Betr.: Neuer Erlass über gewerkschaftliche Betätigung vom 1.8.1966, 20.9.1966 und 10.11.1966, sowie OTL Hülsmann, BMVg/S VII 1, Betr.: Neuer Erlass über gewerkschaftliche Betätigung vom 1.8.1966, 30.8.1966, alle BArch, Bw 2/3012. Noch 1988, von de Maizière anlässlich der Abfassung seiner Memoiren vorab um eine Stellungnahme zu den Passagen gebeten, die ihn betrafen, schrieb Trettner zurück: »Die Gründe für meinen Rücktritt sähe ich gern etwas schärfer gefasst.« Dann wiederholte er seine bekannte Argumentation und bat darum: »Vielleicht können Sie da die Akzente etwas anders setzen.« Er bedankte sich aber »für die freundliche Behandlung, die Sie mir zuteilwerden lassen«. De Maizière notierte handschr. am Rand des Briefes: »ist korrigiert 14.6.88«. Siehe Trettner an de Maizière, 9.6.1988, sowie die Anfrage de Maizières, 6.6.1988, beide BArch, N 673/177.

60   Allerdings habe er den Eindruck, bei der Truppe sei die Zusammenarbeit zwischen beiden »hervorragend«. Tatsächliche Rivalitäten existierten im Wesentlichen auf der ministeriellen Ebene. Siehe Bundesminister der Verteidigung von Hassel an Bundeskanzler Erhard, 6.9.1966, BArch, B 136/6834.

Heiner Möllers

Auswege aus der „Starfighter-Krise".
General Steinhoffs Ringen um Befugnisse

Am 23. August 1966 bat Verteidigungsminister Kai Uwe von Hassel den Chief of Staff Allied Air Forces Central Europe (CoS AIRCENT), den deutschen Generalleutnant Johannes Steinhoff, die Führung der Luftwaffe zu übernehmen. Zwei Tage zuvor, am 21. August, hatte der Minister den in Paris, nahe dem NATO-Hauptquartier arbeitenden sicherheitspolitischen Korrespondenten der Tageszeitung ‚Die Welt', Lothar Rühl[1], anlässlich eines Interviews gebeten, Generalleutnant Steinhoff zu fragen, ob dieser dazu zur Verfügung stehen würde!

Am 22. August erörterten General Johann Adolf Graf von Kielmansegg, der Oberbefehlshaber der Landstreitkräfte Europa-Mitte (COMLANDCENT), Steinhoff und Rühl die Situation[2]. Dabei soll General Graf Kielmansegg Steinhoff erklärt haben, er habe nunmehr drei Möglichkeiten, wie er auf die Bitte des Ministers reagieren könne: die Übernahme der Luftwaffe abzulehnen ginge angesichts der Probleme, die diese besaß, gar nicht; die Führung über die Luftwaffe verzugslos und ohne Einschränkungen zu übernehmen, sei angesichts der Probleme unklug; sie unter *Bedingungen* zu übernehmen, gab er Steinhoff als Rat auf den Weg. Einem neuen Inspekteur der Luftwaffe müssten besondere Möglichkeiten und Befugnisse zugebilligt werden, damit er diese überhaupt erst aus der Krise herausführen könne, die seit Jahresbeginn die mediale Berichterstattung über die Bundeswehr beherrschte.

---

[1] Lothar Rühl lernte Steinhoff als Mitglied der Landsmannschaft Suevia Jena als Student in den frühen 1950er Jahren während seines Studiums in Bonn kennen. Rühl war dort der „Leibfux" von Steinhoff. Nach dem Studium war Rühl erst beim Nachrichtenmagazin DER SPIEGEL und danach sicherheitspolitischer Korrespondent der Tageszeitung DIE WELT. Ab 1981 war er Stellvertretender Chef des Bundespresseamtes und 1982 bis 1989 beamteter Staatssekretär im Bundesverteidigungsministerium. Er wurde von Steinhoff gezielt als Reserveoffizier protegiert und ist auch heute noch einer der profiliertesten Experten zur Sicherheitspolitik.

[2] Gespräch des Verfassers mit Lothar Rühl am 26.04.2011 und 04.06.2012.

Am Abend des gleichen Tages trafen sich die beiden Generale und der Journalist mit Minister von Hassel abseits des Protokolls im Hotel Kasselshöhe in Bonn, weil auch der Minister wissen wollte, wie Steinhoff die Lage der Luftwaffe einschätzte. Damit war die offizielle Bitte des Ministers vom 23. August auf den ersten Blick wohl vorbereitet. Letztlich übernahm Generalleutnant Steinhoff nach zehn Tagen Bedenkzeit erst am 2. September das Amt des Inspekteurs der Luftwaffe.

Im Folgenden geht es darum, die Übernahme der Luftwaffe als einen politik- und organisationsgeschichtlichen Prozess darzustellen, der scheinbar durch den latenten Konflikt um den „Primat der Politik" zwischen militärischer Führung und politischer Leitung überlagert war[3]. Auf der Grundlage bislang nicht ausgewerteter Presseberichterstattung sowie amtlicher Akten wird damit ein weiterer Mosaikstein aus der Geschichte der Luftwaffe erkundet[4], der bislang eher durch Mutmaßungen denn durch gesicherte Quellen gestützt wird.

Die Luftwaffe in der Krise – ein Rückblick

Mit dem Lockheed F-104G Starfighter, einem Kampfflugzeug der 2. Jetgeneration, begann für die Luftwaffe der Bundeswehr das Zeitalter des Überschalls im Rahmen der Nuklearen Teilhabe[5]. Doch schon die Einführung dieses komplexen Waffensystems als Mehrzweckkampfflugzeug, das vier bisherige Unterschall-Kampfflugzeugtypen in der Bundeswehr ablöste, geriet zum Problem: Einen Tag vor der offiziellen Indienststellung des Jagdbombergeschwaders 31 „Boelcke" in Nörvenich als erstem umgerüsteten Ver-

---

[3]   Vgl. den Beitrag Zimmermann in diesem Band.

[4]   Lemke, Bernd: Konzeption und Aufbau der Luftwaffe. In: Lemke, Bernd/ Krüger, Dieter/Rebhan, Heinz/Schmidt, Wolfgang: Die Luftwaffe 1950 bis 1970. Konzeption, Aufbau, Integration, München 2006 (Sicherheitspolitik und Streitkräfte der Bundesrepublik Deutschland, Bd. 2), S. 71-483, hier: S. 222-237, S. 363-366.

[5]   Siano, Claas: Die Beschaffung des Waffensystems F-104G Starfighter im Spannungsfeld von Militär, Politik und Wirtschaft. In: Luftwaffe in der Moderne. In: Birk, Eberhard/Möllers, Heiner/Schmidt, Wolfgang (Hrsg.): Die Luftwaffe in der Moderne, Essen 2011 (= Schriften zur Geschichte der Deutschen Luftwaffe, Bd. 1), S. 177-203.

band, stürzten am 19. Juni 1962 infolge eines Pilotenfehlers vier erfahrene Fluglehrer mit einer Starfighter-Kunstflugformation in den Tod[6].

Zahlreiche Piloten und Techniker aus verschiedenen Verbänden von Luftwaffe und Marinefliegern mussten in der Folgezeit am neuen Waffensystem ausgebildet werden. Die „Flugunfälle", die in der Öffentlichkeit pauschal als „Abstürze" gesehen wurden, bewegten sich anfangs im „Normalbereich" und 1963 gab es gar keinen Unfall mit einem Starfighter[7]. Doch schon ab 1964 entwickelte sich eine fulminante Krise. Allein 1965/66 verlor die Bundeswehr 44 Jets – fast zwei komplette Geschwader.

Die Ursachen dafür waren vielschichtig[8] und können an dieser Stelle wie folgt zusammengefasst werden: Nicht wenige Soldaten in Wartung und Instandhaltung bei den Geschwadern waren Wehrpflichtige, die anstelle fachlich ausgebildeter Unteroffiziere dort Dienst leisteten. Fehlende Wartungshallen und Unterstellplätze sorgten für eine geringe „Klarstandsrate". Dies führte letztlich zu geringen Flugstunden, was zu mangelnder Erfahrung bei den Flugzeugführern im Umgang mit dem Lockheed F-104G Starfighter resultierte. Hinzu kam, dass zahlreiche Piloten, von älteren Flugzeugtypen kommend, nicht umfassend genug in Deutschland auf der F-104 geschult wurden. Erst mit der Implementierung der F-104G-Ausbildung in den USA gelang es, eine umfassende und in jeder Hinsicht ausreichende Ausbildung für die Piloten zu gewährleisten.

---

[6] Lemke, Konzeption (wie Anm. 4), S. 222-237, S. 363-366.

[7] Eine Auflistung mit Pilotennamen und Unfallursachen findet sich in: Kropf, Klaus: Deutsche Starfighter. Die Geschichte der F-104 in Luftwaffe und Marine der Bundeswehr. Recherchiert und aufgeschrieben von Klaus Kropf, Köln 1995, S. 139-143. Ebenso als Jahresstatistik bei Lemke, Konzeption (wie Anm. 4), S. 374. Die Flugunfallstatistik der Streitkräfte berechnet Unfälle auf 100.000 Flugstunden, während Öffentlichkeit und Medien vorwiegend absolute „Abstürze" zur Kenntnis nahmen. Aufgrund des ab 1963/64 stark ansteigenden Flugstundenaufkommens waren die Unfallzahlen des Starfighters nicht höher als bei anderen Flugzeugen.

[8] Zur Starfighter-Thematik insgesamt: Lemke, Konzeption (wie Anm. 4), S. 321-379. Ebenso: Schlieper, Andries: Die Wechselwirkung Taktik – Technik – Mensch. Die Einführung des Flugzeuges F-104G in die deutsche Luftwaffe und die Starfighter-Krise von 1965/66. In: Vom Kalten Krieg zur deutschen Einheit. Analysen und Zeitzeugenberichte zur deutschen Militärgeschichte 1945-1995. Im Auftrag des Militärgeschichtlichen Forschungsamtes herausgegeben von Bruno Thoß, unter Mitwirkung von Wolfgang Schmidt, München 1995, S. 551-581.

Die Luftwaffe bekam das Waffensystem Starfighter auch aufgrund der unterschiedlichen Zuständigkeiten für das Flugzeug innerhalb des Bundesverteidigungsministeriums nur schwer in den Griff. Dies änderte sich selbst nach der Einsetzung eines „Sonderbeauftragten Waffensystem F-104G" im Januar 1966 nicht, der einen umfassenden Maßnahmenkatalog entwickelte[9]. Er war jedoch dem Minister unmittelbar zugeordnet und konnte sich deswegen gegen den Widerstand der zivilen Ministerialbürokratie kaum durchsetzen. Ebenso wenig konnte der Inspekteur der Luftwaffe, Generalleutnant Werner Panitzki, die komplexen Probleme des Waffensystems Starfighter *allein* innerhalb der Luftwaffe oder *ohne* die zivilen Abteilungen des Ministeriums lösen. Der Bundestag befasste sich daher zwangsläufig 1965 und 1966 mehrfach mit der „Krise", die immer mehr als Desorganisationschaos erschien[10].

Zum völligen Desaster wurde die Starfighterkrise letztlich, als am 18. Juli 1966 Oberleutnant Siegfried Arndt vom Jagdgeschwader 71 „Richthofen" infolge eines Pilotenfehlers abstürzte. Zwar konnte er sich mit dem Schleudersitzausschuss retten, im Wasser gelang es ihm jedoch nicht, sich vom Fallschirm zu trennen, weshalb er ertrank. Da die Bergung des schon toten Arndt durch ein Minensuchboot der Marine misslang, spülte das Meer den Toten vierzehn Tage später an der Hallig Langeneß an[11].

---

[9] Bundesarchiv-Militärarchiv (BArch), BL 1/14.707: Tagebuch Inspekteur der Luftwaffe (InspL) vom 01.01.1966-31.12.1967. Die dort dokumentierte Diskussion über die „Flugsicherheitslage" beim Einsatz der Starfighter setzte Anfang Januar 1966 ein und durchzog das ganze Tagebuch bis zur Entlassung des zweiten Inspekteurs der Luftwaffe, Generalleutnant Werner Panitzki, am 24.08.1966. Einmalig wurde ein Vortrag des InspL beim Bundeskanzler am 31.01.1966 ohne genauen Inhalt festgehalten. Das Tagebuch bestätigt lediglich, dass der Sonderbeauftragte Waffensystem F-104, Brigadegeneral Dietrich Hrabak, tätig war, aber nicht wie. Ebd., Bl. 37, Eintrag vom 17.02.1966: Der Staatssekretär im BMVg, Karl Gumbel, lehnte die Einrichtung von „Leitreferaten" in denjenigen Abteilungen des BMVg, die Fragen zum Starfighter bearbeiteten, ab. Er wollte dies auch „von der politischen Seite im Parlament vertreten."

[10] Vgl. u. a. Verhandlungen des Deutscher Bundestag, 5. Wahlperiode, 33. Sitzung vom 24.03.1966, S. 1510-1606.

[11] Vgl. Weiß, Karl Heinz: Der Auslöser. In: Flugsicherheit 47 (2010), Heft 2, S. 8-14. Vgl. auch Lemke, Konzeption (wie Anm. 4), S. 284. Im Tagebuch des InspL, BArch, BL 1/14707, Bl. 114, Eintrag vom 01.08.1966, fand der Absturz erst 13 Tage später seinen Niederschlag. Dann war er jedoch Dauerthema in mehreren Gesprächen zwischen Mi-

General Panitzki konnte weder dem Parlament noch der Öffentlichkeit erklären, warum der Pilot im trüben Nordseewasser erst nicht gefunden und dann nicht gerettet werden konnte. Seine verschiedenen Starfighter-Berichte an den Minister bzw. den Verteidigungsausschuss des Bundestages hatte Karl Gumbel, Staatssekretär beim Bundesminister für Verteidigung, wiederholt drastisch gekürzt, erheblich redigiert oder einfach nur zurückgehalten[12]. Auch deswegen stellte Panitzki seinem Minister auf dem Höhepunkt der Krise am 5. August 1966 die Vertrauensfrage. Dieser sagte, dass der Inspekteur in zehn Tagen eine Antwort bekäme, weil eine Dienstreise nach Kanada anstand[13] und Panitzki reichte seinen Abschied ein[14].

General Panitzki kritisierte während der Auslandsreise seines Ministers in einem gezielt veröffentlichten Interview der Essener Neuen Ruhr Zeitung (NRZ)[15], das ohne Zustimmung des Informations- und Pressezentrums am 22. August 1966 erschien, die Beschaffung des Starfighters als eine „politische Entscheidung", für die er keine Verantwortung trage. Weiterhin warf er dem Minister vor, dass das Verteidigungsministerium desorganisiert sei, weshalb er als Inspekteur nicht entsprechend wirken könne.

Das Interview wertete Helmut Schmidt, der sicherheitspolitische Sprecher und stellvertretende Vorsitzende der SPD-Bundestagsfraktion, als

---

nister und Panitzki, vor allem am 02. und 05.08.1966, was schließlich Panitzkis Entlassung mit forcierte. Die mediale Debatte vollzog sich auch an der Auslieferung von signalroten Fliegeroveralls, die ein schnelles Auffinden im Unglücksfall über See gewährleisten sollte. Vgl. u. a. Der Spiegel 32/1966, v. 01.08.1966, S. 28: Starfighter Abstürze: Künftig Orange.

[12] Deutscher Bundestag, 5. Wahlperiode, Verteidigungsausschuss (5. Ausschuss) (im Folgenden: V-Ausschussprotokoll), Protokoll der 20. Sitzung vom 01.09.1966, Bl. 25-26, Beitrag StS Gumbel.

[13] BArch, N 609/8, NL Kai-Uwe von Hassel, Tagebuch des Bundesverteidigungsministers Kai-.Uwe von Hassel (Tagebuch von Hassel), Bl. 19: Eintrag vom 05.08.1966. Bereits am 08.08.1966 hatte von Hassel General Graf von Kielmansegg nach „weiteren Verwendungsmöglichkeiten für General Steinhoff" befragt, ebd., Bl. 22.

[14] V-Ausschussprotokoll (wie Anm. 12), vom 01.09.1966, 20. Sitzung, Bl. 19-20. BArch, Bw 1/181.190, Generalleutnant Panitzki an Minister von Hassel v. 12.08.1966.

[15] Neue Ruhr Zeitung vom 20.08.1966: „NRZ-Gespräch mit dem Luftwaffeninspekteur. General Panitzki fordert (sic!) Umbau von Hassels Amt. Zentralstelle für Starfighter gewünscht." Vgl. zur historischen Einordnung den Beitrag Zimmermann in diesem Band.

„Undiszipliniertheit". Er räumte nichtsdestotrotz ein, dass diese „sensationelle Kritik des Chefs der Luftwaffe [...] deutlich werden lasse(n), was scharfe Beobachter seit langem wissen: der Starfighter-Krise liegt letztlich eine Krise der gesamten politischen, zivilen und militärischen Spitze des Bundesverteidigungsministeriums zugrunde[16]." Teile der Presse schlossen sich dieser Bewertung an[17].

Unklar bleibt, warum Panitzki seine teilweise berechtigten Vorwürfe gegen die unangemessene Organisation des Ministeriums nicht früher auch vor dem Verteidigungsausschuss zur Kenntnis brachte. Offensichtlich fühlte er sich menschlich zu übermäßiger Loyalität gegenüber seinem Minister verpflichtet. Der Minister aber wollte sich ohnehin vom Inspekteur der Luftwaffe trennen. Er traute ihm kaum zu, die Probleme zu lösen und sicherlich bevorzugte er auch aus politischen Gründen den Wechsel im Amt. Gleichwohl wollte von Hassel Generalleutnant Panitzki zuvor für mehrere Monate die Möglichkeit einräumen, „den Starfighter in Ordnung zu bringen", um ihm danach einen ehrenvollen Abschied zu gewähren[18].

Rahmenbedingungen

Generalleutnant Johannes Steinhoff nahm als potenzieller Kandidat für die Nachfolge Panitzkis eine besondere Stellung ein: Unter den Generalen der Luftwaffe gab es keinen einzigen, der als Voraussetzung für die Stellung des Inspekteurs über ebensolche Erfahrungen in NATO-Stäben, Anerkennung im Bündnis, Reputation bei der Truppe und vor allem Kenntnisse moderner

---

[16] SPD-Fraktion, Erklärung des stv. Fraktionsvorsitzenden, Helmut Schmidt betr. des Interviews des Generalleutnant Panitzki v. 22.08.-1966; in: Archiv der sozialen Demokratie (AdsD), 1/HSA A 008063.

[17] Deutscher Bundestag, 5. Wahlperiode (BT, 5. WP), 57. Sitzung am 21.09.1966, S. 2820, Beitrag Helmut Schmidt (SPD). Adelbert Weinstein in FAZ vom 23.08.1966: So geht es nicht, Herr Panitzki.

[18] BArch, N 609/8, Tagebuch von Hassel (wie Anm. 13), Bl. 33-34. Der Kommandierende General der Luftwaffengruppe Süd, Generalleutnant Johannes Trautloft, wandte sich brieflich am 19.08.1966 an den Minister und bat „in tiefer Sorge um die derzeitige Situation der Luftwaffe ... um eine grundlegende Aussprache" im größeren Kreise, aber ohne den Inspekteur der Luftwaffe. Vgl. Zimmermann, John: Ulrich de Maizière. General der Bonner Republik, München 2012, S. 314.

Waffensysteme verfügte, wie Steinhoff[19]. Überdies war er aktiver F-104-Pilot.

Die Medienberichterstattung begünstigte Steinhoffs Ernennung. Gerade führende Bundeswehrexperten unter den Journalisten wie Lothar Rühl oder Adelbert Weinstein von der „Frankfurter Allgemeinen Zeitung" schrieben ebenfalls, dass ein neuer Inspekteur modernen Methoden gegenüber aufgeschlossen, bei der NATO anerkannt sein und sich vor allem mit modernen Waffensystemen auskennen müsse[20]. Steinhoff erbat bei seinem ersten Treffen mit dem Minister am 23. August 1966 einen Tag Bedenkzeit, die letztlich auf zehn Tage ausgeweitet wurde, weil er sich erst ein Bild von der Luftwaffe machen musste, bevor er eine Antwort gab[21].

Während dieser „Bedenkzeit" besprach Steinhoff sich mit führenden Offizieren im Führungsstab der Luftwaffe und in der Truppe – dazu zählten unter anderem Günter Josten, damals Kommodore des Jagdgeschwaders 71 in Wittmund, und Oberst Erich Hohagen, Kommandeur der Waffenschule 10 in Jever. Beide Verbände flogen den Starfighter. Seine Folgerungen daraus formulierte er in einem Schreiben an den Minister am 1. September[22]. Er nannte darin „Voraussetzungen […], von deren Erfüllung die Überwindung der Krise" abhingen und erklärte dem Minister den Reformbedarf der Luftwaffe, aus dem er für ihn notwendige Vollmachten für seine Amtsführung

---

[19] Die in der Personalakte Steinhoffs, BArch, Pers 1/28944, enthaltenen Beurteilungen unterstreichen seine Eignung für diese und andere Spitzenverwendungen in der Bundeswehr und im Bündnis. Unbekannt ist derzeit noch, ob nicht auch andere Luftwaffengenerale ähnlich „breit" aufgestellt und für die Tätigkeit als Inspekteur der Luftwaffe vergleichbar aufgebaut worden waren. Zu Steinhoff einführend Möllers, Heiner: „Ein unbequemer Mann!" General Johannes Steinhoff. In: Birk, Möllers, Schmidt, Luftwaffe (wie Anm. 5), S. 141-175.

[20] Rühl, Lothar: Die Luftwaffe in der Krise. In: Die Welt vom 17.08.1966. Adelbert Weinstein, So geht es nicht, Herr Panitzki. In: FAZ vom 23.08.1966. Ders., General Panitzki tritt zurück. Wird auch von Hassel abgelöst? In: Die Welt vom 23.08.1966. Becker, Kurt: Nach Hassels Scheitern. Nur neue Männer können die alten Probleme bewältigen. In: Die Zeit vom 26.08.1966. Ähnlich lautete der Tenor in anderen Beiträgen der damaligen Tagespresse.

[21] BArch, N 609/8, Tagebuch von Hassel, Bl. 50: Eintrag vom 23.08.1966.

[22] BArch, Bw 1/118.190, Steinhoff an Minister von Hassel vom 01.09.1966. Auch für die folgenden Zitate. In Auszügen abgedruckt in: Steinhoff, Johannes: In letzter Stunde. Verschwörung der Jagdflieger, München 1974, S. 282-284.

ableitete. Dieses seien seine „conditio sine qua non[23]" für die Amtsübernahme, denn: „Nur wenn diese Vorstellungen und Vorschläge [...] verwirklicht werden, sehe ich eine Möglichkeit, die Lage in der Luftwaffe zu verbessern und das Amt des Inspekteurs der Luftwaffe zu übernehmen[24]."

Im Einzelnen sah Steinhoff die „wesentlichen Ursachen der Schwierigkeiten" im „Missverhältnis zwischen den angewandten Führungs- und Verwaltungsmethoden einerseits und den Erfordernissen moderner Waffensysteme andererseits". Um dieses Dilemma zu lösen, seien umfassende Änderungen auf vielen Gebieten vorzunehmen. Schnelle Entscheidungen wären aber unmöglich, wenn die Luftwaffenführung weiterhin den Bestimmungen der Gemeinsamen Geschäftsordnung (GGO)[25] unterworfen sei[26]. Dem Inspekteur der Luftwaffe müssten daher die Befugnisse an die Hand gegeben werden, die er für die „Herstellung der vollen Einsatzbereitschaft auf personellen, materiellen und anderen Gebieten" für unumgänglich halte.

Der Eigenart moderner Waffensysteme könne darüber hinaus nur ein „System-Management" entsprechen – wie es in anderen NATO-Staaten bereits existierte –, das in allen Fragen dieses Waffensystems (hier der F-104G) „Entscheidungsbefugnisse auch gegenüber anderen Abteilungen des Hauses" – also auch gegenüber den zivil geführten Abteilungen Haushalt, Wirtschaft, Unterkunft, Technik im BMVg und dem Bundesamt für Wehrtechnik und Beschaffung – besäße[27]. Der Mangel der Luftwaffe an qualifi-

---

[23] Rühl, Lothar: Neuer Konflikt droht. Mehr Entscheidungsfreiheit auf Kosten der Beamten? In: Die Welt vom 12.09.1966 sowie Gillesen, Günther: Der allzu schwere Apparat. Falsches und Richtiges an den Vorwürfen gegen die Bürokratie in der Bundeswehrführung. In: FAZ vom 13.09.1966.

[24] BArch, Bw 1/118.190, Steinhoff an Minister von Hassel vom 01.09.1966.

[25] Die von den Bundesregierungen jeweils vor Beginn ihrer Amtszeit zu vereinbarende GGO gibt den Rahmen für die inter- und intraministerielle Verwaltungsarbeit vor. Sie ist damit ein Maßstab für ministerielle Verwaltung und weniger für militärische Führung.

[26] Vgl. Wette, Wolfram: Die Krise im Bundesministerium der Verteidigung im Spiegel der öffentlichen Meinung – Analyse und Dokumentation (ungedr. Manuskript), Freiburg 1966, S. 62-64, zum nicht entstandenen, aber seit 1965 diskutierten Organisationsgesetz für das BMVg, mit dem von Hassel auf die Probleme in der Binnenorganisation des Ministeriums reagieren wollte.

[27] Steinhoff, In letzter Stunde (wie Anm. 22), verweist auch auf einen Bericht des Leiters der Abteilung Verwaltung und Recht, Ernst Wirmer, aus dem Jahr 1964, der damals das

ziertem Personal gerade in den Unteroffiziersrängen erzwänge Umstellungen in der Ausbildung und einen höheren Anteil an länger dienenden Zeitsoldaten. Schließlich forderte Steinhoff ein „Personal-Board" des Inspekteurs, mit dem er die Auswahl von Offizieren für Spitzenverwendungen (mit-)entscheiden würde[28]. Im Ganzen sollten die Befugnisse des Inspekteurs der Luftwaffe nach Steinhoffs Auffassung so erweitert werden, dass dieser „in jeder Hinsicht auch die Verantwortung für seine Teilstreitkraft übernehmen kann" – und dabei nicht von anderen Abteilungen abhängig wäre.

Steinhoffs Vorstellungen, die er insbesondere über den Korrespondenten der WELT, Lothar Rühl, kommunizierte[29], glichen faktisch einem Diktat für seinen Minister, der infolge der Starfighterkrise ums politische Überleben kämpfte[30]. Weitere Zeitungen unterstützten angesichts der andauernden Krise die Reformvorstellungen des designierten Inspekteurs[31].

BMVg als „unhandlich, schlecht zu führen" charakterisierte und die Nichtanpassung der Beschaffungs- und Nutzungsverfahren im BMVg an moderne Waffensysteme und ihren Erfordernissen bemängelte.

[28] Damit wandte er sich gegen die herausgehobene Stellung des mittlerweile militärischen Abteilungsleiters Personal im BMVg (Generalleutnant Werner Haag), der Generalsstellen bislang auch gegen die Inspekteure der Teilstreitkräfte besetzen konnte, da er dem Staatssekretär nachgeordnet und nicht in die militärische Hierarchie des BMVg eingebunden war.

[29] Rühl, Lothar: General Steinhoff – Nothelfer der deutschen Luftwaffe? In: Die Welt vom 26.08.1966. Ders., General Steinhoff präzisierte seine Forderungen an Hassel. In: Die Welt vom 12.09.1966. Ders., Steinhoffs Forderungen können zu einem neuen Konflikt führen. In: Ebd. sowie Gespräch des Verfassers mit Lothar Rühl am 26.04.2011.

[30] Bereits seit Januar 1966 forderten sachkundige Journalisten wie auch die Opposition im Bundestag Hassels Rücktritt, weil er nicht in der Lage schien, die Starfighter-Krise zu beenden und einige in ihm und seiner Art der Führung des BMVg den eigentlich Verantwortlichen sahen. Vgl. dazu z .B. neben vielen anderen: Becker, Kurt: Verantwortlich auch für die Starfighter: Kai-Uwe von Hassel: Generaldirektor über das Militär. In: Die Zeit vom 25.03.1966.

[31] Dazu u. a.: BArch, BL 1/14.666, Adelbert Weinstein (aus Honkong) an Steinhoff vom 05.10.1966: „… den Zeitungen entnahm ich, dass Sie bereits mit aller Energie tätig sind. Ich glaube für die Luftwaffe war Ihre Berufung die letzte Rettung. […] Journalistisch haben Sie meine volle Unterstützung, die Luftwaffe auch." Gillesen, Günther: General Steinhoff nimmt sich der Starfighter an. In: FAZ vom 03.09.1966. Weinstein, Adelbert: Der Inspekteur. In: FAZ vom 03.09.1966. Rühl, Lothar: General Steinhoff braucht klare Weisungsbefugnisse. In: Die Welt vom 12.09.1966. Gillesen, Günther: Steinhoff nimmt die Geschäfte im Verteidigungsministerium auf. In: FAZ

Die nicht unverzüglich erfolgende Amtsübernahme infolge der 10-tägigen Bedenkzeit interpretierten einzelne Zeitungen als „Zögern". Auch dies erhöhte den Druck auf den Minister[32]. Steinhoff sahen einige Journalisten nicht nur als Nachfolger Panitzkis, sondern als „Wegbereiter für eine neue Art Führung[33]", auch wenn von ihm „Wunder nicht zu erwarten[34]" wären.

Steinhoff vermittelte mit seinem Schreiben an den Minister den Eindruck, dass sein Vorgänger auch an der ‚Gemeinsamen Geschäftsordnung (GGO)' und der Ministerialbürokratie gescheitert war. Eine von Generalleutnant Panitzki erarbeitete Zusammenstellung zur Ablauforganisation zur Einführung und Nutzung des Waffensystems Lockheed F-104G Starfighter vom Führungsstab der Luftwaffe belegte auf 19 Seiten detailliert[35], welche Versuche in der Luftwaffe bis ins Jahr 1965 bereits unternommen worden waren, um alle Beteiligten ‚an einen Tisch zu bringen'. Immer wieder scheiterte sie jedoch daran, dass die zivilen Abteilungen im Ministerium Änderungen der Verfahren und der Zuständigkeiten ablehnten. Aus diesem Grunde hatte die Luftwaffe bereits 1964 den Arbeitsstab F-104 aufgelöst[36]. Trotz dieser komplexen Ansprüche an den Verteidigungsminister ernannte

---

vom 13.09.1966. Viele weitere weisen auf die Notwendigkeit von Steinhoffs weitreichenden Vollmachten zur Lösung der Krise hin, erkannten aber auch, dass diese den Widerspruch der zivilen Anteile im BMVg provozieren würden: Rühl, Lothar: Das Ziel ist: Hoher Bündniswert durch Kampfkraft. In: Die Welt vom 21.09.1966, monierte das Organisationsproblem des BMVg: „Die Bundeswehr ist heute sicherlich eine der am schlechtesten verwalteten Armeen der Welt. Es regiert die Unverantwortlichkeit einer anonymen Bürokratie, die sich hinter dem ‚Primat der Zivilgewalt' verschanzt hat und dabei Macht ausübt, die sich auf die Armee erstreckt, für die sie aber keine Rechenschaft ablegen braucht."

[32] Adler, Wolfgang: Warum zögert Steinhoff? In: Die Zeit vom 02.09.1966.
[33] Kühn, Friedrich: Wenn er dem Rufe folgt. General Steinhoff – kein Nachfolger, sondern ein Wegbereiter für eine neue Art der Führung. In: Die Zeit vom 02.09.1966.
[34] Herda, Georg: Wunder nicht zu erwarten. In: Frankfurter Rundschau vom 05.09.1966.
[35] Depositum Panitzki (Kopien im Besitz des Verfassers), Undatierte und unbetitelte Zeittafel zur Einführung des Lockheed F-104G Starfighters und die Zusammenarbeit der Luftwaffe mit anderen Stellen im BMVg bis zur Entlassung des Inspekteurs der Luftwaffe am 22.08.1966, nebst Anlagen (künftig: Zeittafel Panitzki). Diese Zusammenstellung konnte im Bundesarchiv bislang nicht ermittelt werden.
[36] Rall, Günter: Mein Flugbuch. Erinnerungen 1937-2004, Moosburg 2004, sagt als dessen letzter Leiter nichts zur Auflösung!

von Hassel Generalleutnant Steinhoff am 2. September 1966 zum Inspekteur der Luftwaffe.

Generalleutnant Panitzki und Minister von Hassel

Ob und wie Steinhoffs Vorgänger, Generalleutnant Panitzki, den Minister von der Notwendigkeit eines Systemmanagements zu überzeugen versucht hatte, lässt sich an den überlieferten Akten des Führungsstabes der Luftwaffe kaum nachvollziehen. Doch als Panitzki im Oktober 1965 seinen Minister über das „Kompetenzwirrwarr[37]" informierte und eine Ergänzung der GGO vorschlug, die den Erfordernissen gerechter würde, drehte der Minister den Spieß um: er forderte den Inspekteur auf, einen Bericht vorzulegen. Dazu solle er die Einwände der zivilen Abteilungen zur Sichtweise der Luftwaffe berücksichtigen. Staatssekretär Karl Gumbel zögerte während krankheitsbedingter Abwesenheit des Ministers das Papier mehrfach hinaus und übersteuerte es so, dass es wesentliche Aussagen der Luftwaffe nicht mehr enthielt und nur noch ein Viertel des ursprünglichen Umfanges besaß[38]. Wichtig sei jetzt, so Gumbel im Januar 1966 zu Panitzki, „politisch über die Runden zu kommen." Und: „Er [Gumbel] habe mehr Erfahrung [als Panitzki] im Umgang mit Abgeordneten[39]."

Obwohl am 24. Januar 1966 ein „Sonderbeauftragter Waffensystem F-104" eingesetzt worden war, erhielt dieser keine besonderen Befugnisse. Er sollte Sachstände berichten und Maßnahmen entwickeln. Umsetzen sollte er diese offensichtlich nicht. Ebensowenig erhielt der Sonderbeauftragte Personal. Der Führungsstab der Luftwaffe musste die Mitarbeiter dafür an anderer Stelle kompensieren. Zudem blieb er dem Minister unmittelbar unterstellt und damit nicht nur dem steuernden (Mit-)Wirken der Luftwaffenführung entzogen, sondern gleichzeitig den unmittelbaren Einflüssen des Staatssekretärs und der zivilen Abteilungsleiter ausgesetzt.

Das Dilemma Panitzkis, als Inspekteur der Luftwaffe für die Nutzung eines Waffensystems verantwortlich zu sein, ohne über alles dafür

---

[37] Deutscher Bundestag, Stenographische Berichte, 5. Wahlperiode (BT, 5. WP), 57. Sitzung v. 21.09.1966, S. 2825, Helmut Schmidt (SPD).

[38] Depositum Panitzki, Zeittafel Panitzki, S. 6-7, Notiz zum 19.11.1965; der Bericht wurde letztlich erst im Januar 1966 fertig gestellt.

[39] Depositum Panitzki, Zeittafel Panitzki, S. 10, Notiz zum 06.01.1966.

Notwendige verfügen und entscheiden zu können, führte somit zwangsläufig zum Konflikt mit dem Minister, der am 5. August 1966 in der Vertrauensfrage gipfelte und die von Hassel in zehn Tagen beantworten wollte[40]! Da er darüber hinaus forderte, Panitzki solle ihm fünf bis sechs Generale zur Entlassung vorschlagen, weil doch so vieles in der Luftwaffe nicht stimmte[41], war das Rücktrittsgesuch Panitzkis vom 12. August[42] sein Versuch, den Schwebezustand zu beenden. Die Entlassung des Inspekteurs am 24. August war für von Hassel gar nicht mehr zu umgehen. Der entlassene General versuchte sich vor dem Verteidigungsausschuss am 5. September 1966 noch einmal zu rechtfertigen[43].

In dieser Sitzung des Verteidigungsausschusses war ein Bericht Steinhoffs bedeutsam, den dieser als Kommandeur der 4. Luftwaffendivision im Dezember 1964 über die katastrophale Lage bei der Seenotrettung von Flugzeugführern verfasst hatte. Angesichts des Todes von Oberleutnant Arndt fand er nun schnell den Weg in die Presse. Wenngleich Panitzki später nachweisen konnte, dass der Führungsstab der Luftwaffe schon vor Steinhoffs Bericht umfangreiche Maßnahmen zur Verbesserung der Seenotrettung identifiziert hatte[44], musste er zuvor schon dem Minister gegenüber einräumen, dass er selbst den Bericht bis wenige Tage vor seinem Abschied

---

40 BArch, N 609/8, Tagebuch von Hassel (wie Anm. 13), Bl. 19, Eintrag vom 05.08.1966.

41 Das Interview von Oberst Walter Krupinski, „Zu viele ‚Opas' in der Luftwaffe. Ehemaliger Starfighter-Pilot klagt an" In: BILD vom 12.08.1966 befeuerte diese Facette der Debatte, weil er als zuständiger Referent im Führungsstab der Luftwaffe die Probleme pointiert beschrieb. Der Spiegel, der das Interview geführt hatte, entschloss sich aufgrund der politischen Wirren, es nicht zu veröffentlichen, wie auch das BMVg seine Zustimmung zum Abdruck verweigerte. Wieso es zuerst in der BILD erschien und später zudem vom Spiegel veröffentlicht wurde, ist unklar. Vgl.: Braatz, Kurt: Walter Krupinski. Jagdflieger, Geheimagent, General, Moosburg 2011, S. 256-262.

42 BArch, Bw 1/181.190, Generalleutnant Panitzki an Minister von Hassel v. 12.08.1966.

43 V-Ausschussprotokoll vom 01. und 05.09.1966 (20. und 21. Sitzung): In diesen beiden Sitzungen standen sich die Aussagen Panitzkis und des Ministers, assistiert durch seinen Staatssekretär, diametral gegenüber, was für die Abgeordneten zu keiner wirklichen Aufklärung der Sachverhalte führen konnte.

44 Depositum Panitzki, Aktenvermerk BMVg - Fü L III vom 31.08.1966 zur „Studie Kommandeur 4. Lw-Division vom 22.12.1964 über Möglichkeiten und Grenzen der Seenotrettung in der Deutschen Bucht", inkl. Forderungen der 4. Lw-Division und der von BMVg - Fü L eingeleiteten Maßnahmen.

nicht gekannt hatte[45] – umsetzen konnte er als Inspekteur diese Maßnahmen ohnehin nicht alleine!

Ungeachtet der Tatsache, dass viele spätere Maßnahmen Steinhoffs durch den Sonderbeauftragten F-104 schon definiert worden waren, ist aus den Abläufen im Jahr 1966 anzunehmen, dass die Starfighter-Vorgänge seitens des Führungsstabes der Luftwaffe für den Minister nicht immer hinreichend schriftlich fixiert worden waren[46]. Selbst der Minister hatte diesen Eindruck und deswegen im April 1966 den Generalinspekteur angewiesen: „Meine Untersuchungen im Zusammenhang mit den Unfällen der F-104G haben ergeben, dass weder die Abteilung [BMVg - Fü] S noch die Führungsstäbe hinreichend über Meldungen der Truppe unterrichtet sind, mit denen auf Mängel hingewiesen wird; somit ist die Leitung des Hauses nicht unterrichtet worden. Ich bitte Sie [den GenInspBw] zu untersuchen, worauf dieser Zustand zurückzuführen ist. Ich bitte Sie um Vorschlag, wie dieser Zustand unverzüglich abgestellt werden kann."

Steinhoff musste also nicht nur darum kämpfen, diese Maßnahmen überhaupt durchsetzen zu können und ein Informationsdefizit im Ministerium beheben. Er musste vielmehr ein Organisationsproblem im Ministerium lösen, das damit verbundene Kompetenzgerangel zwischen militärischen und zivilen Abteilungen überwinden und das dazu erforderliche qualifizierte Personal als Ersatz auch für offensichtlich teilweise nicht geeignete Generale finden.

Generalleutnant Steinhoff und Minister von Hassel

Johannes Steinhoff war mit den Problemen bei der Nutzung des Starfighters seit langem vertraut, nicht zuletzt durch seine Zeit als Kommandeur der 4. Luftwaffendivision in Aurich 1963/64. Er hatte bereits 1960 gewarnt, dass sich die Luftwaffe mit dem Starfighter übernehmen würde. Seit 1965, als er in Paris Chief of Staff AIRCENT war, gewann er vergleichende Einblicke in

---

[45] BArch, N 609/6, Tagebuch von Hassel, Bl. 5, Eintrag v. 02.04.1966. Ebd., Bl. 30, Eintrag vom 13.04.1966: General Panitzki „habe ihm [dem Minister] ausdrücklich berichtet, dass er [...] nicht wisse, was bei der Truppe anliegt, weil Berichte nicht weitergegeben werden".

[46] V-Ausschussprotokoll vom 06.10.1966 (25. Sitzung), S. 45. Damit war Panitzkis Nichteignung für das Amt des Inspekteurs der Luftwaffe wenigstens für Situationen, in denen Krisenmanagement betrieben werden muss, auch nachträglich belegt.

die Luftwaffen der Bündnispartner. Diese Erkenntnisse waren auch im Bundestag bekannt[47].

Ausgehend von seinen Erfahrungen mit dem Starfighter und insbesondere des damit zu verkraftenden Technologiesprungs, seinen Kenntnissen des Bundesministeriums für Verteidigung und seiner Binnenorganisation sowie der eingeschränkten Befugnisse und Möglichkeiten seines Amtsvorgängers war es zwangsläufig, dass Steinhoff gegenüber Bundesverteidigungsminister von Hassel klare Vorstellungen äußerte[48]. Er musste überdies frühzeitig erkennen, dass die zivilen Abteilungen im Ministerium seine Wünsche nach Entscheidungsbefugnissen primär als Eingriff in ihre Zuständigkeiten verstehen und folglich ablehnen würden[49].

Verteidigungsminister von Hassel hingegen befand sich angesichts der Situation der Luftwaffe in einer Zwangslage: Er musste einen Inspekteur der Luftwaffe ernennen, der auch Erfolg haben musste, damit er nicht selbst das politische Opfer der Krise würde. Die Bundesregierung unter Kanzler Erhard erlebte zu dieser Zeit infolge der wirtschaftlichen Rezession einen dramatischen Ansehensverlust. Die damals aufgenommenen Koalitionssondierungen der CDU/CSU mit der SPD mündeten wenige

---

47 BArch, N 609/5, Bl. 12-21, Tagebuch von Hassel, Eintrag vom 14.01.1966: Steinhoff nahm auf Bitte der SPD-Mitglieder an der kommenden Sitzung des Verteidigungsausschusses teil, weil sie sich durch den Inspekteur und den Staatssekretär nicht richtig informiert fühlten. Dabei erweckte Steinhoff offensichtlich den Eindruck, einen guten Überblick über die Starfighter-Nutzung und -Probleme auch in anderen Staaten der NATO zu haben.

48 BArch, Bw 1/181.190; Steinhoff an Minister von Hassel.

49 BArch, Bw 1/181.190, Abteilungsleiter W(Wirtschaft), Ministerialdirektor Dr. Bode, an Minister vom 14.09.1966: Bode lavierte nach einem Gespräch mit Steinhoff, er könne nur für seine Person und nicht für die anderen Abteilungen sprechen und versuchte dessen Befugnisse zeitlich zu begrenzen. Schließlich sprach Bode der Leitung des Hauses die Kompetenz ab (sic!), solche Regelungen zu treffen: „Im Übrigen habe ich die Auffassung, vertreten, dass es sich um einen Erlass handelt, der unbeschadet der Tatsache, dass er von der Leitung des Hauses herausgegeben wird, nach der Geschäftsverteilung des Hauses in die Zuständigkeit der Gruppe Org fällt".

BArch, Bw 1/181.190: Steinhoff erkannte den Widerstand und teilte seine Bedenken dem Minister mit: Notiz zum „Telefonat InspLw mit Minister v. Hassel: Gespräch mit Dr. Bode am 13. September 1966 hat lediglich dessen Einverständnis zum Projektstab F-104 nach langwierigen Kämpfen, die allein die Kompetenz betreffen, gebracht (dieses mit Einschränkungen). Dr. Bode hat jedoch schärfsten Widerstand gegen ein System Management angemeldet".

Wochen nach der Ernennung Steinhoffs in einer Große Koalition. Von Hassel musste daher klar sein, dass er künftig politisch weniger bedeutsame Ämter haben würde – oder keines, wenn er das Starfighterproblem nicht in den Griff bekommen würde.

Anscheinend verliefen die ersten Gespräche zwischen Steinhoff und dem Minister grundsätzlich positiv[50]. Von Hassel bejahte Steinhoffs Vorschläge vom 1. September zur Änderung der Kommandostruktur der Luftwaffe ebenso wie sein Verlangen, bei Ernennungen von Generalen das letzte Wort zu haben. Dem „Systembeauftragten F-104G" stimmte der Minister „grundsätzlich" zu. Zwar konnte Steinhoff hier bereits festlegen, dass er als Inspekteur der Luftwaffe und damit als Nutzer bei „Widerspruch durch andere Abteilungen" die Entscheidung des Ministers herbeiführen werde. Doch war noch offen, woher die Mitarbeiter des Systembeauftragten kommen sollten, welche Aufgaben und Möglichkeiten dieser genau besäße und vor allem, welche zivilen Abteilungen damit Kompetenzen verlieren würden.

Um diese Verfahrensfragen zu klären, legte Steinhoff am 14. September dem Minister einen Entwurf über die Aufgaben des Systembeauftragten vor. Demnach sollte der Inspekteur der Luftwaffe „aufgrund der gemeinsam [mit den zivilen Abteilungen im BMVg] erarbeiteten Vorschläge" entscheiden[51]. Es schien, als sei Steinhoff mit seiner Amtsübernahme ein Durchbruch im Zuständigkeitschaos gelungen[52].

Die von der Opposition im Deutschen Bundestag am 21. September 1966 erzwungene Debatte zu den „Vorgängen im Verteidigungsministerium"[53] bewies jedoch das Gegenteil: Minister von Hassel sagte im Bundestagsplenum vielmehr, dass „der Inspekteur der Luftwaffe ebenso wie der

---

50 BArch, Bw 1/181.190: "Protokoll über Besprechung in Privatwohnung Minister von Hassel am 11.09.1966 von 17.00 - 19.00 Uhr." Anwesend waren neben von Hassel und Steinhoff dessen Stellvertreter, Generalmajor Dr. Hempel, sowie Ministerialrat Dr. Hans Siebe, der persönliche Referent des Ministers.

51 BArch, BL 1/14.666, BMVG/Minister - Org 1 vom 14.09.1966. Vgl. auch: Rühl, Lothar: Ein Stab mit Kollegialprinzip. Aufgaben und Rechte des „System-Beauftragten" für Starfighter. In: Die Welt vom 17.09.1966.

52 Die Welt vom 03.09.1996: Neuer Luftwaffen-Chef Steinhoff erhält größere Vollmachten. Regierung: Streitkräfte wieder funktionsfähig. FAZ vom 03.09.1966: General Steinhoff nimmt sich der Starfighter an.

53 BT, 5. WP, 57. Sitzung vom 21.09.1966, S. 2810-2863.

beteiligte Abteilungsleiter die Entscheidung der Leitung des Hauses [des Ministers] herbeiführen" „kann". Er führte weiter aus, dass der Inspekteur der Luftwaffe zuvor den betreffenden Abteilungsleiter „ausdrücklich konsultiert hat"[54]. Steinhoff wäre also weiter Bittsteller für seine Sachentscheidungen gewesen[55] und schrieb prompt dem Minister[56]: „Ihre heutigen Ausführungen vor dem [...] Bundestag zeigen mir eindeutig, dass zwischen Ihren Auffassungen und meinen Vorstellungen offensichtlich schwere Unterschiede bestehen." Mehrfach habe er darauf gedrungen, das Missverhältnis zwischen Führungsverantwortung und ministerieller Verwaltung zu beheben, weshalb der Erlass vom 14. September eindeutig sein müsste und der Minister dem ja doch zugestimmt habe. Der Inspekteur müsse also nunmehr „*die* [expressis verbis: nicht *alle*!] Befugnisse erhalten, die seiner Verantwortung gemäß sind". Mit dem Bedauern, dass Hassel ihn missverstanden haben könnte, beendete Steinhoff den Brief.

Die notwendige, jedoch wegen einer Auslandsreise von Hassels verzögerte Erörterung folgte am 28. September[57]. Im Kern ging es Steinhoff dabei um folgendes: „Wenn die [vom Minister] im Parlament gebrauchte Interpretation gültig sei, wäre die Lage gegenüber früher unverändert." Von Hassel bekannte sich nun zwar zum Erlass vom 14. September und den darin ausgesprochenen Entscheidungsbefugnissen des Inspekteurs der Luftwaffe. Eine wirkliche Annäherung des Ministers an die Auffassung Steinhoffs schien es jedoch nicht gegeben zu haben.

Offensichtlich hatte Steinhoff den „allmächtigen Hauptgeschäftsführer der Bundeswehr[58]", Staatssekretär Gumbel, unterschätzt. Er trat als Statthalter des Primat des Zivilen gegenüber dem Militärischen auf und erklärte noch am 5. Oktober im Verteidigungsausschuss, was sich an Steinhoffs Position gegenüber seinem Vorgänger geändert habe, nachdem er nun einen Systembeauftragten bekäme, folgendes: „Es ist also eine Prozedurfra-

---

54 BT, 5. WP, 57. Sitzung vom 21.09.1966, S. 2810-2863, Redebeitrag von Hassel, hier: S. 2816 C/D.

55 Vgl. Rühl, Lothar: Neuer Konflikt droht. Mehr Entscheidungsfreiheit auf Kosten der Beamten? In: Die Welt vom 12.09.1966.

56 ACDP, NL Karl Gumbel, I-142-005/3: InspL an Minister vom 21.09.1966.

57 BArch, Bw 1/181.190: Vermerk des Persönlichen Referenten des Ministers zur Besprechung beim Minister am 28.09.66.

58 Schmidt, Helmut: Neue Generäle – alte Gebrechen, in: Die Zeit vom 02.09.1966.

ge, die unter Umständen auch noch zu einer Beschleunigung führen könnte"[59]. Und selbst der Minister erklärte zum gleichen Zeitpunkt entgegen seiner Vereinbarungen mit Generalleutnant Steinhoff: „Der General Steinhoff hat heute auch *keine* Entscheidungsbefugnis. Er hat das Gesamte zu *koordinieren*"[60]. – „Einer solchen Aussage widerspreche ich scharf", schrieb Steinhoff dem Minister umgehend[61]. Er verlangte eine Klärung und öffentliche Richtigstellung. Der dreiseitige Brief schließt mit einer nicht zu übersehenden Drohung: „Falls Sie mir diese Richtigstellung nicht zugestehen sollten, bitte ich, mich von meinem Amt als Inspekteur der Luftwaffe zu entbinden." Jahrzehnte später klebte er – wie in seinem Nachlass sichtbar - einen Post-It-Zettel auf den Brief: „6. Okt. 66 Minister v. Hassel 'ich kündige'".

Politikgeschichtlich bedeutsam ist, wie der Minister und seine Umgebung auf die Sitzung des Verteidigungsausschusses am 6. Oktober reagierten. Obwohl nicht nur die Presse, sondern auch Steinhoff seit vielen Wochen klare Weisungsbefugnisse forderten, um die Starfighter-Krise bewältigen zu können, taten Minister und Staatssekretär Gumbel so, als seien sie lediglich missverstanden worden. Es folgte eine durchaus überraschende Wendung noch am 6. Oktober[62]: der neue, durch die Handschrift Steinhoffs noch pointiertere Organisationserlass ließ keine Fragen mehr zu. Von Generalleutnant Steinhoff, der Presse und wohl auch der Opposition sowie vermutlich den Bundeskanzler Erhard unter Druck gesetzt, delegierte der Minister unter Berufung auf den Erlass vom 14. September jetzt doch „alle jene Vollmachten für das Waffensystem F-104 auf den Inspekteur der Luftwaffe ..., die dieser zur Erfüllung seiner Aufgaben benötigt. Insofern werden die bisher im Ministerium üblichen Arbeitsverfahren (GGO) modifiziert. ...Der Inspekteur der Luftwaffe entscheidet demnach in meinem Auftrag auch

---

59   BT, 5. WP, V-Ausschuss, 25. Sitzung am 05.10.1966, S. 29.
60   BT, 5. WP, V-Ausschuss, 25. Sitzung am 05.10.1966, S. 25.
61   BArch, Bw 1/181.190: InspL an Minister vom 06.10.1966.
62   BMVg - Mitteilungen an die Presse III/85 vom 07.10.1966. BArch, N 609/9, Tagebuch von Hassel (wie Anm. 13), Bl. 5 (handschr. Ergänzungen durch den Minister), vermerkt am 06.10.1966 zu einer „Rücksprache mit dem Inspekteur der Luftwaffe und seinem Vertreter: „Der Minister hat in eingehenden Gesprächen mit Sts, Dr. Siebe, Dr. Knieper, MD Schiffers, MR Kretschmann und Oberst Dr. Trebesch die wieder offenen Fragen geklärt. Für den Minister waren sie klar von Interpretationen, schienen im Hause aber auseinanderzulaufen. Allerdings hat der Minister kein Hehl daraus gemacht, dass er diesen Briefwechsel [mit Generalleutnant Steinhoff] beendigt sehen möchte".

dann, wenn eine Übereinstimmung mit den Vertretern anderer beteiligter Abteilungen nicht herbeigeführt werden kann. ... Der Inspekteur der Luftwaffe führt nur bei bedeutenden Vorgängen die Entscheidung der Leitung des Hauses herbei[63]." Der Kommandeurbrief Steinhoffs an seine Generale schuf endgültige Klarheit: „Mir sind somit für das Waffensystem F-104 umfassendere Vollmachten erteilt worden, als sie mein Amtsvorgänger gehabt hat"[64].

Dieser „Sieg am Nachmittag"[65] war letztlich ein Erfolg für Steinhoff, die Opposition und die ihn unterstützende Presse. Von Hassel unterzeichnete am 6. Oktober die notwendigen „drei von Steinhoff vorbereitete[n] Kapitulationsdokumente, die den Sieg des Generals über den Zivilisten verkündeten: eine hausinterne Direktive, eine Presseerklärung und einen Brief an die Truppe." Am Ende machte Hassel gute Miene zum – man könnte sagen - schlechten Spiel, wenn er beispielsweise die Präsidenten der Wehrbereichsverwaltungen über die „Vollmachten für den Inspekteur der Luftwaffe" informierte und aufforderte, „nach Kräften dazu beizutragen, dass die Zusammenarbeit zwischen Verwaltung und Truppe auf den jeweiligen Ebenen funktioniert"[66].

Zusammenfassung

Der wiederholt von Presse und Bundestagsopposition erhobene Vorwurf, das Bundesministerium der Verteidigung zeichne sich bei der Behandlung der Starfighter-Probleme durch ‚*Kompetenzwirrwarr*' aus, wird durch die Quellen bestätigt: Weder in den dienstlichen Tagebüchern des Ministers noch denen des Inspekteurs der Luftwaffe lässt sich nachvollziehen, wieso die Einsetzung eines weisungsbefugten Beauftragten für den Starfighter bis zum Herbst 1966 verhindert wurde. Es verwundert daher nicht, dass ein kontinuierlicher Informationsfluss vom Führungsstab der Luftwaffe zum Minister und zu den Mitgliedern des Verteidigungsausschusses kaum zu erkennen ist.

---

63 BMVg/Minister - Org 1 Az 10-02-05-00 vom 06.10.1966 an Bundesamt für Wehrtechnik und Beschaffung. Hervorhebung durch den Verfasser.

64 BArch, BL 1/14.666, Kommandeurbrief vom 06.10.1966.

65 Der Spiegel Nr. 43/1966 vom 17.10.1966, S. 30-31: „Steinhoff: Sieg am Nachmittag." Auch für das Folgende.

66 BArch, N 609/9, Tagebuch von Hassel (wie Anm. 13), Bl. 8, Eintrag vom 10.10.1966.

Diese Kommunikationsstörungen zwischen der Luftwaffe einerseits sowie Minister und Staatssekretär andererseits belegen auch die von Kai-Uwe von Hassel überlieferten Aussagen bei Truppenbesuchen im Juli 1966, wonach er einen „Rochus auf die gesamte Luftwaffe"[67] habe. Aufgrund neugieriger Nachfragen von Soldaten nach Lösungen zu den Problemen mit dem Starfighter muss ihm deutlich geworden sein, dass die Luftwaffe offenkundige Informationsdefizite besaß. Auch Panitzkis Unkenntnis vom Bericht des Kommandeurs der 4. Luftwaffendivision vom Dezember 1964 zur Situation der Seenotrettung in der Deutschen Bucht kann als Beleg für diese Kommunikationsprobleme gelten.

Mit der Berufung von Generalleutnant Johannes Steinhoff holte der Minister zum Befreiungsschlag in mehrfacher Hinsicht aus: Steinhoff drängte sich aufgrund seiner Verwendungen zuvor auf und seine fachliche Eignung wurde allenthalben betont. Er war mit maßgeblichen Politikern aller Couleur und Journalisten vernetzt und nutzte über ausgewählte Journalisten die Presse als Instrument zur Außendarstellung wie kaum ein anderer. Er war kein Konsenskandidat, sondern die unumstrittene Nummer 1 der Luftwaffe[68]. Ob indes von Hassel selbst Steinhoff auswählte, oder andere ihn dahingehend beeinflusst hatten, bleibt unklar.

In der Geschichte der Bundeswehr scheint Steinhoff offensichtlich der erste und einzige gewesen zu sein, der vor Übernahme seiner neuen Aufgabe klare Voraussetzungen dazu nannte, die über Vortragsrechte hinausreichten und diese unter Zuhilfenahme der Presse durchzusetzen suchte. Dass er seine Vollmachten als eine ‚conditio sine qua non' verstand, erklärte

---

[67] BArch, N 609/8, Tagebuch von Hassel (wie Anm. 13), Bl. 81, Eintrag vom 29.08.1966. Demnach habe von Hassel seinen „Rochus auf die ganze Luftwaffe" gegenüber Soldaten der Luftwaffe geäußert und damit die schleppende Bearbeitung von Problemen, wie z.B. der Seenotausstattung für Piloten, gemeint.

[68] Eine Durchsicht der Unterlagen des Abteilungsleiters der Abteilung Personal im BMVg, Generalleutnant Werner Haag, ergab, dass dieser Steinhoff fachlich in jeder Hinsicht für jede Spitzenverwendung bis hin zum Generalinspekteur für geeignet hielt. Dass er dies nicht wurde, hing auch damit zusammen, dass Steinhoff nur ein Jahr jünger als General Ulrich de Maizière war. Haag entwickelte nach bisheriger Aktenkenntnis als erster die Option, Steinhoff für den 1971 frei werdenden Dienstposten des Chairman im Militärausschuss der NATO vorzuschlagen. BW 1/17323: BMVg - ALP (Abteilungsleiter Personal), Militärische Spitzenstellen, Abschiedsreden 1969-1973: Schreiben ALP an Staatssekretär (Karl Carstens) vom 23.09.1969.

sich aus der Situation 1966 von selbst: die Luftwaffe benötigte einen Inspekteur, der die Starfighter-Krise lösen konnte. Dabei war für ihn von Anfang an klar, dass die Krise ihre Ursachen in organisatorischen und strukturellen Problemen der Bundeswehr hatte. Wegen dieser „Systemkrise" forderte Steinhoff umfassende Vollmachten: denn als Inspekteur könne er nur für solche Entscheidungen die Verantwortung übernehmen, für deren Zustandekommen er auch *verantwortlich* wäre.

Minister von Hassel traute Steinhoff offenkundig zu, die Krise zu beheben. Das Ministerium als Ganzes wollte dem General jedoch keine ‚Generalvollmacht' erteilen. Seine Instrumentalisierung von Politikern und Journalisten erhöhte den Druck auf den Minister, der letztlich die Bedingungen des Generals erfüllte. Erst nachdem durch die Bildung der Großen Koalition ein neuer Verteidigungsminister ins Amt kam, beruhigte sich die Atmosphäre. Dies dürfte aber zu gleichen Teilen dem Koalitionsfrieden der jungen Großen Koalition wie auch der personellen „Runderneuerung" der Bundeswehrführung geschuldet sein: drei Spitzenposten für Generale waren seit August 1966 neu besetzt und zwei der drei Inspekteure der Teilstreitkräfte ersetzt worden.

Politikgeschichtlich bedeutsam ist das Ringen Steinhoffs um seine Zuständigkeiten vor allem wegen seines Kampfes um Befugnisse eines der Truppe verpflichteten Inspekteurs gegen die zivilen Abteilungen des Verteidigungsministeriums. Die Dominanz des „Zivilen" über das „Militärische" kulminierte 1965/66 bezeichnenderweise an einem militärischen Instrument, des F-104G Starfighters, und der damit verbundenen Überforderung der Truppe bei dessen Nutzung, die durch die Desorganisation nicht allein des Führungsstabes der Luftwaffe und mangelhafte Unterstützung seitens der zivilen Bereiche der Bundeswehr forciert worden war. Der dabei auftretende Dilletantismus der Generale und ihre teilweise Abhängigkeit von der zivilen Wehrverwaltung erweckte einmal mehr den Eindruck, dass die zivilen Wehrverwaltungen nicht die „dienende Funktion" besaßen, die sie zugunsten der Soldaten wahrzunehmen haben[69]. Steinhoffs Ringen um seine Befugnisse besaß auch machtpolitische Konnotationen, weil er unter Zuhilfenahme der Presse seine Vorstellungen bei Verteidigungsminister von Hassel

---

[69] Schmidt, Helmut: Neue Generäle – alte Gebrechen. In: Die Zeit vom 02.09.1966.

– auch zu dessen Nachteil – durchsetzen konnte. Dies bedeutete einen Machtverlust für die zivil geführten Abteilungen im Ministerium[70].

In der Folge der Starfighter-Krise und der Ernennung Steinhoffs zum Inspekteur kam es zu einem grundlegenden Umbau der Luftwaffe, einer dringend notwendigen Umstrukturierung der Ausbildung des technischen und fliegenden Personals, einer Erneuerung, die die Luftwaffe vom Kopf auf die Füße stellte. Die Probleme bei der Nutzung des Lockheed F-104G Starfighter konnten jedoch erst gegen Ende der 1960er signifikant reduziert werden, nimmt man die absoluten Absturzzahlen zum Maßstab. Legt man hingegen die Unfälle pro Flugstunden als Referenzgröße zugrunde, ist ein signifikanter Rückgang bereits ab 1968 zu erkennen[71].

---

[70] Es ist zu beachten, dass der Inspekteur der Luftwaffe, wie auch des Heeres und der Marine, erst durch den Blankeneser Erlass des späteren Verteidigungsministers Helmut Schmidt höchste truppendienstliche Vorgesetzte ihrer Teilstreitkräfte wurden. Ihre Stellung als ministerielle Abteilungsleiter sah bis 1970 nicht vor, dass sie in jeder Hinsicht in die Truppe hinein wirken konnten.

[71] Steinhoffs anscheinend auf „Fliegen, Fliegen, Fliegen" reduziertes Erfolgsrezept ist somit viel komplexer, als es wirkt. Tatsächlich war erst der von ihm eingeleitete Komplettumbau der Luftwaffe sowie seine Bemühungen um das Personal und die Infrastruktur in den Starfighter-Verbänden Voraussetzung für diesen Erfolg. Vgl.: „Wir waren alle überfordert". General a. D. Steinhoff analysiert die Krise. In: Flug-Revue, Heft 7/1987, S. 14-16.

Eberhard Birk
Steinhoff und sein „Bild des Offiziers in der Luftwaffe"

Einleitung

Als die Luftwaffe vor dem Hintergrund neuer sicherheitspolitischer Herausforderungen und (stets) notwendiger Anpassungsprozesse der Streitkräfte in den Jahren 2001/02 ihr neues Leitbild „Team Luftwaffe" erarbeitete, hielt der Schlussbericht der Arbeitsgruppe an der Offizierschule der Luftwaffe fest, dass damit auch das bis dato noch gültige, indes wenig bekannte, „Bild des Offiziers in der Luftwaffe" aufzuheben sei. Dieses wurde am 23. Dezember 1969 vom damaligen Inspekteur der Luftwaffe, Generalleutnant Johannes Steinhoff[1], erlassen – versehen mit der Bitte, es „jedem Offizier und Offizieranwärter der Luftwaffe auszuhändigen"[2]. Daran ist mehrerlei aufschlussreich: (1.) Soldaten aller Teilstreitkräfte benötigen neben aller militärischer Professionalität ein sinnstiftendes Leitbild[3]; (2.) die kurze Skizzierung Steinhoffs war, obwohl sie nie außer Kraft gesetzt wurde, großen Teilen nachwachsender Offiziergenerationen kaum mehr präsent[4] und (3.) die Vorstellungen eines Bildes vom Offizier unterliegen dem Wandel, weshalb sie oftmals einer „Aktualisierung" bedürfen[5].

---

[1] Zu Steinhoff vgl. Möllers, Heiner: „Ein unbequemer Mann!" General Johannes Steinhoff. In: Birk, Eberhard/Möllers, Heiner/Schmidt, Wolfgang (Hrsg.): Die Luftwaffe in der Moderne Essen 2011 (= Schriften zur Geschichte der Deutschen Luftwaffe, 1), S. 141-175 sowie ders., General Steinhoff und die Luftwaffe. In: Militärgeschichte. Zeitschrift für die Historische Bildung 4/2006, S. 14-17.

[2] Vgl. BMVg Fü L II 4 – Az 16-05-10 vom 23. Dezember 1969.

[3] Das Leitbild „Team Luftwaffe" wurde daher jedem Soldaten resp. jeder Soldatin der Luftwaffe ausgehändigt.

[4] Es wurde selbst in dem lange als Standardwerk geltenden Band von Abenheim, Donald: Bundeswehr und Tradition. Die Suche nach dem gültigen Erbe des deutschen Soldaten, München 1989 (= Beiträge zur Militärgeschichte, Bd. 27) nicht erwähnt, obwohl er die Entwicklung des Traditions- und Selbstverständnisses der Bundeswehr bis 1982 nachzeichnet.

[5] Vgl. Birk, Eberhard: Abschied vom Bild des Offiziers? In: Ders. (Hrsg.): Einsatzarmee und Innere Führung, Fürstenfeldbruck 2007 (= Gneisenau Blätter 6), S. 62-70. Für die Vorstellungen der Luftwaffe zu Beginn des 21. Jahrhunderts vgl. darüber hinaus: Frauenrath, Wolfgang: Das Bild des Offiziers, Fürstenfeldbruck 1999 (unv. Manuskript); Gräber, Winfried: Der Offizier der Luftwaffe – Umrisse eines

Die anhaltende Dringlichkeit, Soldaten mit einem anspruchsvollen und in sich kohärenten „Bild" zu versorgen, muss stets von einer Grundtatsache ausgehen: „Bilder" transportieren Normvorstellungen und haben daher einen erzieherischen Impetus. Sie schaffen einen gegenwartsbezogenen archimedischen Punkt, von dem aus sich Positionen des Selbstverständnisses und letztlich auch Traditionsvorstellungen begründen lassen – denn Auftrag und Selbstverständnis bedingen sich gegenseitig.

Besonders vor dem Hintergrund der späteren Diskussionen um das Selbst- und Traditionsverständnis der Luftwaffe im Zuge der „Rudel-Affäre" im Jahre 1976 und der Aberkennung des Traditionsnamens „Mölders" beim Jagdgeschwader 74 in Neuburg an der Donau im Jahre 2005 stellt sich perspektivisch und implizit immer auch die Frage, inwiefern konservativ-traditionale Denkmuster den „von oben" verordneten „modernen" Leitbildern – hier: Steinhoffs Bild des Offiziers und der „Traditionserlass" der Bundeswehr vom 20. September 1982 – entgegen stehen[6]. Diese Frage gewinnt nicht zuletzt vor dem Hintergrund der von Verteidigungsminister Thomas de Maizière am 14. Oktober 2011 zur Einweihung des Militärhistorischen Museums der Bundeswehr in Dresden gehaltenen Rede und einer darin angeregten „Traditionsdebatte"[7], die aufs engste mit einem „Bild des Soldaten" resp. seinem Selbstverständnis zusammenhängt, an Aktualität. Dabei zeigt gerade das Beispiel Steinhoffs mit seinem „Bild des Offiziers in der Luftwaffe", wie unterschiedliche Entwicklungsstränge in einer konzisen Präzisierung berufsspezifischer Vorstellungen münden.[8]

Anforderungsprofils als erzieherische Herausforderung. In: Eberhard Birk (Hrsg.): Erziehung und Streitkräfte, Fürstenfeldbruck 2007 (= Gneisenau Blätter, 5), S. 76-82 und Stieglitz, Klaus-Peter: Der Offizierberuf in der Luftwaffe – Neue Chancen und sich ändernde Anforderungen. In: Eberhard Birk (Hrsg.): Militärisches Selbstverständnis, Fürstenfeldbruck 2008 (= Gneisenau Blätter, 7), S. 20-28.

6   Vgl. Möllers, Heiner: Die Luftwaffe und ihr Umgang mit „Tradition". Ein historischer Abriss. In: Ders. (Hrsg.): Tradition und Traditionsverständnis in der Deutschen Luftwaffe, S. 23-35.

7   Vgl. demnächst hierzu Birk, Eberhard/Heinemann Winfried/Lange, Sven (Hrsg.): Tradition für die Bundeswehr, Berlin 2012.

8   Mehrere Monate später – am 4. August 1970 – folgte das „Bild des Unteroffiziers in der Luftwaffe", das in enger Anlehnung an das „Bild des Offiziers" formuliert wurde, sowie als Handreichung für die Kommandeure und Einheitsführer im Dezember 1970 das Leitbild „Soldat in der Luftwaffe".

Das Bild des Offiziers in der Luftwaffe

Steinhoff gliederte seine Überlegungen zum „Bild des Offiziers in der Luftwaffe" in fünf Kapitel: (I.) Der Offizier in Vergangenheit und Gegenwart, (II.) Stellung des Offiziers in der Gesellschaft, (III.) Auftrag der Luftwaffe und Folgerungen für das Bild des Offiziers in der Luftwaffe, (IV.) Verwendungsbereiche der Luftwaffenoffiziere und (V.) Forderungen an die Luftwaffen-Offiziere.

In Kapitel I wird in kurzen Strichen eine teilstreitkraft-übergreifende historische Entwicklung des Bildes des Offiziers unter dem Einfluss des Faktors Technik umrissen und auf den nur scheinbar banalen Sachverhalt hingewiesen, dass die Militärluftfahrt „seit ihren Anfängen in wesentlich stärkerem Maße als alle Waffengattungen des Heeres abhängig von dem Stand und der Beherrschung der Technik" war, gleichwohl aber überkommene „Standesauffassungen" sowie „eine möglichst große Verwendungsbreite und Austauschbarkeit (…) heute im Zuge der zunehmenden Spezialisierung eine Wandlung erfahren" müsse.

Bevor er darauf eingeht, unternimmt Steinhoff in Kapitel II eine ausführliche Positionsbestimmung in fünf Abschnitten für das Selbstverständnis des Luftwaffenoffiziers. Dabei betont er (1.) „den Primat der Politik" und leitet für den Offizier daher „wachsames Interesse und tätige Verantwortung inmitten der staatlichen Gemeinschaft" sowie „die Pflicht, politisch mitzudenken" ab – eine Bekräftigung der Konzeption der „Inneren Führung" mit ihrem Leitbild des „Staatsbürgers in Uniform". Anschließend reflektiert er (2.) den wirtschaftlichen und gesellschaftlichen Wandel unter dem Fokus „arbeitsteilige" Gesellschaft und dem „ständische Grenzen" überwindenden „Leistungsethos", bevor er (3.) zum „Verhältnis zur Tradition" ausführt: „Tradition bedeutet Überlieferung der bleibenden, sittlich gefestigten Werte und gültigen Grunderfahrungen. Der Offizier muß überlieferte, bewährte Grundsätze und Wertvorstellungen mit den Anforderungen des Zeitgeschehens konfrontieren, um einen eigenen Standort in der Gegenwart zu gewinnen. *Vom Offizier wird gefordert, daß er in geistiger Unabhängigkeit das Überlieferte auf seine Berechtigung in einer gewandelten geschichtlichen Lage prüft*. Nur das soll in die Traditionspflege übernommen werden, was dem Offizier helfen kann, die Aufgaben von heute und morgen zu bewältigen. Der Offizier braucht dieses kritische Traditions- und Geschichtsbewußtsein für die Menschenführung und die politische Bildung."

In den beiden folgenden Abschnitten (4 und 5) betrachtet Steinhoff die Rolle des Offiziers vor dem Hintergrund ziviler und gesellschaftlicher Aspekte. Dabei sind zwei Aussagen von zentraler Bedeutung: (1.) „Die Luftwaffe mit ihren Waffensystemen bedient sich des gleichen ‚Managements' wie moderne technische Großbetriebe" und (2.) „Die offene Leistungsgesellschaft hört nicht am Kasernentor auf. Veränderungen dieser Gesellschaft wirken auch in das Offizierkorps hinein."

Nach diesem ausführlichen Betrachten der politischen und gesellschaftlichen Rahmenbedingungen leitet er in Kapitel III – als sicherheits- und verteidigungspolitische Grundlage – den Auftrag der Luftwaffe ab: Abschreckung im NATO-Verbund.

In Kapitel IV beschreibt Steinhoff auf der Basis seiner vorherigen Ausführungen das, was er für die Zukunft von den Offizieren seiner Teilstreitkraft verlangt, nicht ohne das gesamte Offizierkorps resp. seine bisherige Struktur geradezu pauschal zu kritisieren: „Das traditionelle Vorstellungsbild vom Truppenoffizier mit möglichst großer Verwendungsbreite und Austauschbarkeit entspricht nicht mehr der technologischen Entwicklung, die das Wesen der Luftwaffe in besonderem Maße bestimmt. Es entspricht darüber hinaus nicht mehr der soziologischen Struktur einer offenen, arbeitsteiligen Leistungsgesellschaft und damit dem Menschen, wie er sich in der technisch bestimmten Luftwaffe als Teil dieser Gesellschaft vorfindet."

Steinhoff kategorisiert ausgehend von einer Zweiteilung in Offiziere mit Führungsaufgaben und Offiziere mit Fachaufgaben fünf neue Offizierstypen für die Luftwaffe: zwei für die Führungsaufgaben und drei für Fachaufgaben. Zu den Führungsoffizieren zählt er jene, die für das „Management im Gesamtbereich der Luftwaffe eingesetzt" werden (i. e. Generalstabsoffiziere und Generale) sowie Offiziere, die beim „Management im Waffensystem bzw. Spezialgebiet eingesetzt" werden – verbunden mit der Option in die Phalanx der Generalstabsoffiziere aufzusteigen. Bei den Offizieren mit Fachaufgaben sieht er drei Kategorien vor: den „Höheren Spezialisten" mit akademischer Vorbildung (bis zum Dienstgrad Oberst), den „Spezialisten" mit Zuständigkeit „im begrenzten Bereich eines Waffensystems bzw. Fachgebietes" (in der Regel bis zum Dienstgrad Oberstleutnant) sowie den „Offizier im Fachdienst", der bis zum Dienstgrad Hauptmann reicht.

In den daraus abgeleiteten Forderungen an die Luftwaffenoffiziere im Kapitel V listet Steinhoff klassische soldatische Tugenden, die er als

„charakterliche Merkmale" sieht, und körperliche Voraussetzungen auf – legt jedoch auch besonderen Wert auf „geistige Merkmale". Zu diesen zählt er: geistige Fähigkeiten (Präzision des Denkens, Initiative, Urteilsvermögen, Erkennen des Wesentlichen und der Zusammenhänge), naturwissenschaftlich-technisches Verständnis und – Bildung: Klarheit über den eigenen Standort, kritische Aufgeschlossenheit gegenüber Zeitproblemen, aktives Interesse und ständiges Lernen-Wollen. Verknüpft werden diese „Merkmale" mit speziellen Anforderungen in unterschiedlicher Gewichtung an den Offizier mit Führungsaufgaben und den Offizier mit Fachaufgaben: Fähigkeiten in der Menschenführung (soziales Verständnis, Kenntnisse der Psychologie und Pädagogik), soziologische Grundkenntnisse, Beherrschen der Führungstätigkeiten (Planung, Organisation, Koordination, Leitung, Kontrolle), wirtschaftliches Denken, Fachwissen und Überblick.

Steinhoffs neuer Grundriss schließt mit den Worten: „Das vorstehende Bild des Offiziers in der Luftwaffe führt zu einer neuen Zusammensetzung des Offizierkorps. Auf dieses Bild werden Auswahl des Offiziernachwuchses und Aus- sowie Weiterbildung des Offiziers in der Luftwaffe ausgerichtet."

Vorgeschichte

Das von Steinhoff erlassene „Bild des Offiziers" hat im Kern eine dreifache Vorgeschichte – eine luftwaffenspezifische, eine gesellschaftspolitische und eine diese beiden umfassende innermilitärische, die vor dem Hintergrund der Diskussionen um die Akzeptanz der Inneren Führung und des soldatischen Berufsverständnisses zu verorten ist. Alle drei Aspekte sind wechselseitig miteinander verwoben. In ihrer Bündelung zum „Bild des Offiziers in der Luftwaffe" durch Steinhoff eröffnet sich auch der Zugang zum Politik- und Gesellschafts- sowie des Geschichts- und Berufsverständnis des vielfältig interessierten und engagierten Inspekteurs[9].

Die *luftwaffenspezifische Dimension* der Entstehungsgeschichte des „Bildes vom Offizier" reflektiert insbesondere auf die neuen technischen Herausforderungen, die im Zuge der Starfighter-Krise und deren Bewältigung

---

9 Vgl. etwa seine sicherheitspolitisch-publizistischen Positionierungen wie Steinhoff, Johannes: Wohin treibt die NATO? Probleme der Verteidigung Westeuropas, Hamburg 1976.

entstanden waren[10]. Die Analyse der Erscheinungsformen des modernen Krieges und die in den 1960er Jahren zunehmende gesamtgesellschaftliche Technologiegläubigkeit führte zu einem Anforderungsprofil des Offiziers der Luftwaffe als zukünftiger Führungskraft, welches einen erheblichen Schwerpunkt im Bereich potentieller Fähigkeiten/Fertigkeiten in Bezug auf moderne, komplexe Waffensysteme beinhaltete.

Die Integration der neuen deutschen Luftwaffe in die unter der Führung der USA im NATO-Verbund organisierten Ausübung von Luftmacht und insbesondere seine Einblicke in Struktur und Ausbildung der U.S. Air Force, die Steinhoff spätestens seit seiner Zeit als Deutscher Militärischer Bevollmächtigter beim Militärausschuss der NATO in Washington vom September 1960 bis zum September 1963 aus eigener Anschauung mitnahm, führten bei ihm dazu, deren „Vorbildlichkeit" für die Luftwaffe zu adaptieren[11]. Dies sollte im Zuge einer allgemeinen „Modernisierung"[12], zusammen mit der „Amerikanisierung" der Luftwaffe, ein insbesondere kulturell indu-

---

[10] Vgl. hierzu etwa Siano, Claas: Die Beschaffung des Waffensystems F-104G im Spannungsfeld von Militär, Politik und Wirtschaft. In: Birk/Möllers/Schmidt, Luftwaffe in der Moderne (wie Anm. 1), S. 177-203 und Lemke, Bernd: Eine Teilstreitkraft zwischen Technik, Organisation und demokratischer Öffentlichkeit. Waffensysteme der Luftwaffe. In: Die Bundeswehr 1955 bis 2005, Rückblenden – Einsichten – Perspektiven, im Auftrag des Militärgeschichtlichen Forschungsamtes hrsg. v. Frank Nägler, München 2007 (= Sicherheitspolitik und Streitkräfte der Bundesrepublik Deutschland, Bd. 7), S. 369-396.

[11] Dies machte er auch in einem SPIEGEL-Interview öffentlich: „Wir müssen es so machen wie die amerikanische Air Force Academy. Sie stellt jährlich nur 800 Anwärter für das Berufsoffizierkorps ein. Das sind genauso viele, wie man später Obersten braucht. Alle anderen Anwärter – jährlich 8000 – werden nur Zeitoffiziere, die nach 20 Jahren ausscheiden" – und weiter: „Wir müssen unser Offizierkorps so gliedern, daß 50 Prozent aller Offiziere unter 35 Jahren liegen. Andernfalls haben wir keine Kampfkraft." Aber auch für die Auslese späterer Generale nahm er sich Anleihen von den US-Streitkräften: „Ein Offizier prädestiniert sich zum General etwa im Dienstgrad eines Oberstleutnants. Hier muß es eine Ausbildung geben, die höchste Anforderungen stellt, mit entsprechender Wertung hinterher (…) Ich glaube, daß uns eine solche zweite Durchgangsstation fehlt, etwa dem war college der USA entsprechend, wo zum letztenmal gesiebt wird". In: Der Spiegel 28/1970, S. 38-44, hier S. 41 und S. 44.

[12] Vgl. Rink, Martin: Die Luftwaffe in der Aufstellungsphase. Eine Verkörperung „Moderner Zeiten"? In: Birk/Möllers/Schmidt (Hrsg.): Luftwaffe in der Moderne (wie Anm. 1), S. 125-139.

ziertes neues Selbstverständnis bewirken[13], das sich auch in der Ausbildung auf allen Ebenen niederschlug[14]. Aber auch die Umstellung der NATO-Strategie im Jahre 1968 von der „Massive Retaliation" zur „Flexible Response" mit dem Erhöhen der nuklearen Schwelle steigerte den (konventionellen) Modernisierungs- und Professionalisierungsdruck auf die Deutsche Luftwaffe[15].

Viele der ein Jahr später im „Bild des Offiziers" aufgenommenen Zielsetzungen wurden in einer Rede Steinhoffs anlässlich des zehnjährigen Bestehens der Technischen Akademie der Luftwaffe am 11. Oktober 1968 in Neubiberg erstmals einem größeren Kreis erläutert. Dabei kritisierte der Inspekteur der Luftwaffe die im deutschen Militär nach wie vor vorherrschenden „Vorstellungen des Einheitsoffiziers und Truppenführers alter Art". Aber gerade moderne „Waffen- und Gerätesysteme mit ihrem wachsenden Kostenaufwand für Beschaffung und Betrieb stellen ständig steigende Anforderungen an Intelligenz, Fachkenntnis und Verantwortungsbereitschaft." Demgegenüber ständen Konservatismen, „die viele Bestrebungen der Weiterentwicklung hemmen und belasten. Dieses Vorstellungsbild tendiert soziologisch zum Teil noch rückwärts zu Kategorien, die zum Ständestaat gehören. Es paßt damit bei fortschreitender Entwicklung immer weniger zur soziologischen Struktur und zum technologischen Status der Luftwaffe."

Eine Studiengruppe, die er zuvor in die USA, Großbritannien, Frankreich und Italien entsandt hatte, hob resümierend hervor, „daß in jenen Ländern ein Offiziertyp bevorzugt wird, der dem technischen Charakter

---

13   Vgl. hierzu den Beitrag von Schmidt, Wolfgang: Briefing statt Befehlsausgabe. Die Amerikanisierung der Luftwaffe 1955 bis 1975. In: Die Luftwaffe 1950 bis 1970. Konzeption, Aufbau, Integration, hrsg. von Dieter Krüger, Bernd Lemke, Heinz Rebhan und Wolfgang Schmidt, München 2006 (= Sicherheitspolitik und Streitkräfte der Bundesrepublik Deutschland, Bd. 2), S. 649-691.

14   Vgl. hier auch Rothenburg, Armin Graf von: Das Leitbild des Luftwaffenoffiziers im Generalstabsdienst. In: Wehrkunde, Jg. XVIII, 1969, S. 641ff. sowie Krack, Bernhard: Die Amtszeit von General Steinhoff als Inspekteur der Luftwaffe unter besonderer Berücksichtigung luftwaffeneigener Reformvorhaben in der Ausbildung, in: Wehrausbildung 29 (1985), S. 385-391.

15   Vgl. Krüger, Dieter: Der Strategiewandel der NATO in den 1960er Jahren: Ein westdeutsches Dilemma. In: Birk/Möllers/Schmidt (Hrsg.): Luftwaffe in der Moderne (wie Anm. 1), S. 61-69.

der Waffe viel mehr entspricht als in der deutschen Luftwaffe." Folglich müsse es als „ein Charakteristikum neuzeitlicher Armeen" erkannt werden, dass „das im früheren Sinne Spezifisch-Soldatische immer mehr zurücktritt, während die zivilen Entsprechungen in den militärischen Aufgaben immer deutlicher hervortreten." In anderen Worten – das alte Bild war überholt: „Ganz sicher aber entspricht das überkommene Leitbild des Offiziers nicht mehr einer Gesellschaft, die sich bereits in der zweiten Industriellen Revolution, nämlich der Umwandlung zur Dienstleistungsgesellschaft, befindet"[16].

Damit wird deutlich, wie sich in Steinhoffs Berufsverständnis auch *gesellschaftspolitische Dimensionen* spiegeln. Die politischen, wirtschaftlichen und gesellschaftlichen Umbruchprozesse waren spätestens seit Mitte der 1960er Jahre unverkennbar: Das „Wirtschaftswunder" erlahmte in der Nach-Adenauer-Ära, das Ansehen der USA schwand aufgrund des Vietnamkrieges sowie der „Rassenunruhen" und über die Große Koalition (1966-69), die Auseinandersetzungen um die „Notstandsgesetzgebung" – verbunden mit den Studentenunruhen des Jahres 1968 – kam es 1969 zu einer SPD-geführten Regierung unter Bundeskanzler Willy Brandt, die sich unter dem Signet „Mehr Demokratie wagen" einer modernen Reformpolitik auf allen Feldern verschrieb. Wechselseitig verflochten mit den politischen Veränderungen war die beginnende Verschiebung der Dominanz industrieller Produktion zur heraufziehenden Dienstleistungsgesellschaft. Aber auch bei der Bundeswehr machten sich die gesellschaftlichen Veränderungen bemerkbar: die Zahl der Freiwilligenmeldungen resp. Bewerberzahlen für die Offizier- und Unteroffizierlaufbahnen ging zurück[17], jene der Kriegsdienstverweigerer

---

[16] Für sämtliche Zitate vgl. Steinhoff, Johannes: Grundgedanken einer zeitgemäßen Struktur und Ausbildung des Offizierkorps der Luftwaffe. In: Information für die Truppe, Beilage, Heft 9, 1969. Es ist hier auch zu vermuten, dass er durch die „Studiengruppe" jene Einsichten „neutral und aktualisiert" bestätigen ließ, die er bereits 1965, als er in Paris den Posten des Chief of Staff Allied Air Forces Central Europe übernahm, durch vergleichende Einblicke in die Luftwaffen der Bündnispartner gewinnen konnte.

[17] Vgl. Loch, Thorsten: Das Gesicht der Bundeswehr. Kommunikationsstrategien in der Freiwilligenwerbung der Bundeswehr 1956-1989, München 2008 (= Sicherheitspolitik und Streitkräfte der Bundesrepublik Deutschland, Bd. 8), S. 185-189.

begann zu steigen[18] und der Beruf des Offiziers wurde bei den Abiturienten nicht zuletzt aufgrund fehlender Möglichkeiten eines universitären Studiums als zunehmend unattraktiv eingestuft.

Mit der Skizzierung der Anforderungsprofile für die von ihm vorgenommene Einteilung in fünf Offiziertypen wollte Steinhoff die Attraktivität des Offizierberufes auch insbesondere für technikaffine Abiturienten steigern. Der Inspekteur der Luftwaffe nahm damit auch jene Demoskopieergebnisse seit der Mitte der 1960er Jahre wahr, die zu einer Änderung in der Freiwilligenwerbung der Bundeswehr führten: „Die Bundeswehr muß als Ausbildungsstätte und als Arbeitgeber für interessante und vielseitige Berufe dargestellt werden. Die Verwandtschaft zwischen Bundeswehr und Wirtschaft hinsichtlich der Aufgaben (Produktion von Sicherheit) sowie der Arbeitsmethoden (modernste Technik, Teamwork, ziviler Umgangston) sind zu betonen" – so die Feststellung in einem Strategiepapier einer Werbeagentur für die „Nachwuchs-Werbung für die Bundswehr 1968/69"[19]. Insbesondere die Luftwaffe konnte dabei – sehr viel mehr als das Deutsche Heer – aufgrund ihres höheren Technisierungsgrades eine Vorreiterrolle als attraktiver Arbeitgeber einnehmen, der zivilberufliche Qualifizierung anbieten sollte, die auch nach Ableistung der Dienstzeit in der Wirtschaft nutzbar war und somit einen sozialen Aufstieg durch den freiwilligen Wehrdienst erreichbar machte.

Steinhoff, der seine eigene Teilstreitkraft mit einem modernen Leistungsethos versehen wollte, zielte aktiv darauf, junge Schulabgänger zur Luftwaffe zu lotsen[20]. Er wolle „nicht zusehen, wie wir bankrott gehen, weil der Offiziernachwuchs ausbleibt", war sich jedoch auch der Grenzen und Unwägbarkeiten bewusst: „Ob das ein Allheilmittel sein wird, weiß der liebe Himmel. Aber mit dem bisherigen Einheitsbild des Offiziers, mit dem wir

---

18 Vgl. Bernhard, Patrick: Zivildienst zwischen Reform und Revolte. Eine bundesdeutsche Institution im gesellschaftlichen Wandel 1961-1982, München 2005 (= Quellen und Darstellungen zur Zeitgeschichte, Bd. 64).

19 Zit. nach Loch: Gesicht der Bundeswehr (wie Anm. 17), S. 211f.

20 In diesem Zusammenhang ist auch ein größeres Interview im „SPIEGEL" zu sehen: Der Spiegel 28/1970 vom 06. 07. 1970, S. 38-44: „Was werde ich dort? Was wird mir geboten? SPIEGEL-Gespräch mit dem Inspekteur der Luftwaffe, Generalleutnant Johannes Steinhoff".

keinen Hund hinter dem Ofen hervorholen, landen wir in der Katastrophe"[21].

Die *luftwaffenspezifische* und *gesellschaftspolitische* Vorgeschichte des „Bildes des Offiziers" finden ihre Ergänzung resp. Bündelung in einer *innermilitärischen Dimension*. Ihr liegt die Frage soldatischen Selbstverständnisses zugrunde: „sui generis", i.e. überzeitlich auf der Basis eines genuin handwerklich-soldatisch begründeten Tugendkatalog ohne Anbindung an ein politisches System – oder bestimmt durch den „Primat der Politik", in diesem Fall festgelegt durch den Bezug auf den wertegebundenen Rahmen der freiheitlich demokratischen Grundordnung der Bundesrepublik Deutschland[22]? Auch wenn die „Reformer" um Wolf Graf von Baudissin sich mit ihren Vorstellungen über einen gesellschaftsintegrativen Ansatz der neuen Streitkräfte und einem an demokratischen Prinzipien orientierten Inneren Gefüge gegenüber den „Traditionalisten" durchsetzen konnten[23], so zeigten die „Nagold-Affäre" 1963, die Schilderungen des damaligen Wehrbeauftragten Hellmuth Heye 1964 über massive Verstöße gegen die Prinzipien der Inneren Führung[24], die Auseinandersetzung um den ersten Traditionserlass der Bundeswehr im Juli 1965[25] und die sogenannte „Generalsaffäre" im Zusammenhang mit dem Ö.T.V-Erlass des BMVg vom August 1966 sympto-

---

[21] Beide Zitate in: Der Spiegel 12/1970 vom 16.03.1970, S. 34: „Offiziere. Fünf Klassen".

[22] Vgl. hierzu zuletzt Birk, Eberhard: Vorbild oder nicht? Zum historisch-politischen Lehrwert der preußisch-deutschen Militärgeschichte. In: Innere Führung, Heft 1/2011, S. 17-25 und ders., Tradition reloaded. Die Gegenwart bestimmt die Tradition. In: Innere Führung, Heft 4/2010, S. 30-37.

[23] Vgl. Nägler, Frank: Der gewollte Soldat und sein Wandel. Personelle Rüstung und Innere Führung in den Aufbaujahren der Bundeswehr 1956 bis 1964/65, München 2010 (= Sicherheitspolitik und Streitkräfte der Bundesrepublik Deutschland, Bd. 9) sowie Schlaffer, Rudolf J./Schmidt, Wolfgang (Hrsg.): Wolf Graf von Baudissin 1907-1993. Modernisierer zwischen totalitärer Herrschaft und freiheitlicher Ordnung, München 2007.

[24] Vgl. Abenheim: Bundeswehr und Tradition, S. 144 (wie Anm. 4); Heyes Vorwurf gipfelte in der Aussage, dass „der Trend zum Staat im Staate unverkennbar sei"; vgl. zudem Rudolf J. Schlaffer, Der Wehrbeauftragte 1951-1985. Aus Sorge um den Soldaten, München 2006 (= Sicherheitspolitik und Streitkräfte der Bundesrepublik Deutschland, Bd. 5).

[25] Vgl. Abenheim, Bundeswehr und Tradition, Anlage 1 (wie Anm. 4).

matisch den latenten Dissens zwischen Öffentlichkeit, Parlament und Militär[26].

Anknüpfend an die Reformideale der 1950er Jahre und auf der Grundlage einer Studie des Verteidigungsministeriums kam es 1967 zu einer neuen Ausrichtung im Hinblick auf die Bewertungskriterien für die Qualifikation des Offiziers[27], quasi als Kontrapunkt zu restaurativen Bemühungen, ein traditionelles, vordemokratisches Bild des Soldaten und Offiziers mit „sui generis" - Charakter zu etablieren[28]. Gerade dies führte bei der Generalität des Heeres zu großem Unbehagen, da damit die Kohäsion von Truppe und Offizierkorps als gefährdet betrachtet wurde. Spektakuläre Auftritte hoher militärischer Führer, wie z. B. die Rede des stellvertretenden Inspekteurs des Heeres, Generalmajor Hellmut Grashey, im März 1969 an der Führungsakademie der Bundeswehr, in der er die Innere Führung als „Maske" bezeichnete[29], aber auch wichtige militärhistorische Studien, die die Legende von der „sauberen Wehrmacht" widerlegten und damit dem „klassischen" Traditionsverständnis den Boden entzogen[30] sowie Aktionen, wie die der „Leutnante 1970" vom Dezember 1969 als Reaktion auf die „Schnez-Studie" 2. Halbjahr 1969[31] waren Höhepunkte einer Auseinandersetzung[32],

---

[26] Vgl. hierzu die Beiträge von John Zimmermann und Heiner Möllers in diesem Band sowie zu den Hintergründen der „Generalskrise" 1966 auch Speich, Mark: Kai-Uwe von Hassel – Eine politische Biographie, Diss. Phil. Bonn 2001, besonders S. 337-361. Neuerdings auch Zimmermann, John: Ulrich de Maizière. General der Bonner Republik, 1912-2006, München 2012, S. 308-326.

[27] BMVg – P II - Az 16-10-01 vom 01.06.67, Die Personallage der Offiziere in der Geschichte und in der Bundeswehr, Bonn 1967.

[28] Vgl hierzu Karst, Heinz: Das Bild des Soldaten, Boppard 1964 und Studnitz, Hans-Georg: Rettet die Bundeswehr, Stuttgart 1967.

[29] Vgl. Abenheim, Bundeswehr und Tradition, S. 177 (wie Anm. 4). Grashey machte u. a. die Innere Führung an sich verantwortlich für die Missstände in der Armee. Außerdem sei diese von den Gründervätern der Bundeswehr als Reform „verkauft worden, um die Unterstützung der SPD für die Wiederaufrüstung zu gewinnen".

[30] Vgl. Müller, Klaus-Jürgen: Das Heer und Hitler. Armee und nationalsozialistisches Regime 1933-1940 (= Beiträge zur Militär- und Kriegsgeschichte, Bd. 10), München 1968 und Messerschmidt, Manfred: Die Wehrmacht im NS-Staat. Zeit der Indoktrination, Hamburg 1969.

[31] Vgl. Heßler, Klaus: Militär - Gehorsam - Meinung, Berlin 1971, S 50ff. und S 92ff. Der Inspekteur des Heeres, Generalleutnant Albert Schnez, gab im Juni 1969 an sechs Brigadegenerale eine Studie in Auftrag, die eine Analyse der inneren Ordnung des

die im Vorfeld von Steinhoffs „Bild des Offiziers" für das Gesamtverständnis zu beachten sind[33].

Es mag dabei vielleicht zu weit führen, neben den genannten Rahmenbedingungen der Genese des Steinhoff'schen „Bildes" noch eine *biographische Dimension* zu vermuten. Indes: Der Inspekteur der Luftwaffe ergriff die Chance, mit einem eindeutigen, der Zukunft zugewandten „Bild des Offiziers in der Luftwaffe" möglicherweise auch die eigene Karriere unter einer neuen Regierung zu fördern. Es ist durchaus im Bereich des Denkbaren, dass sich Steinhoff Hoffnungen darauf machen konnte, unter dem neuen Verteidigungsminister Helmut Schmidt vielleicht Generalinspekteur zu werden[34]. Zumindest seine Vorbemerkung war ambitiös: „Das ‚Bild der Offizier

---

Heeres und Vorschläge zur Problembehebung zum Gegenstand hatte und im Dezember 1969 trotz Einstufung als Verschlusssache in die Presse gelangte. Forderungen nach Verfassungsänderungen und Grundrechtseinschränkungen, einer positiven Darstellung von Tradition und Geschichte des deutschen Soldaten sowie einer Reform von Bundeswehr und Gesellschaft zur Stärkung der Kampfkraft des Heeres provozierten eine kritische Öffentlichkeit und riefen heftigen Widerstand hervor.

[32] Vgl. Birk, Eberhard: Militärische Tradition. Beiträge aus politikwissenschaftlicher und militärhistorischer Perspektive, Hamburg 2006 (= Studien zur Zeitgeschichte, Bd. 51), S. 95.

[33] Dass Steinhoff durchaus den Reformern um den Grafen Baudissin zugerechnet werden kann, deutet die Korrespondenz zwischen beiden an: BArch, N 717/123: Steinhoff an Baudissin vom 07.07.1967, in der Steinhoff seine Vorstellungen zur Ausbildung der Offiziere noch einmal skizziert sowie BArch, N 717/135, Steinhoff an Baudissin vom 03.05.1968: „Ihre Sorge, dass man 1956 mit den Reformen aufgehört hat, teile ich sehr. Wenngleich sich ... unsere Beurteilung vermutlich nicht vollkommen decken werden, so hängen mir gleich Ihnen die verlogenen Zapfenstreiche und Serenaden und das ganze patriarchalische Gehabe zum Hals 'raus. An keiner der Abschiedsorgien [für Baudissin] habe ich teilgenommen. Ihr [Baudissins] Tribut an die technische Welt, in der wir leben, ist meiner Meinung nach etwas zu schwach ausgefallen. Wir werden die Ausbildung und die Struktur der Bundeswehr den Erfordernissen dieser Welt anpassen müssen, wenn das alles nicht Lippenbekenntnis bleiben soll".

[34] Vgl. hierzu etwa bereits die Kurzmeldung in: Der Spiegel 2/1968 vom 08.01.1968, S. 12: „Nach neuestem Bonner on-dit soll der Inspekteur der Luftwaffe, Drei-Sterne-General Johannes Steinhoff, Generalinspekteur Ulrich de Maizière ablösen, weil Steinhoff als energischer gilt und nur so ein seit langem schwelender Kompetenz-Streit zwischen den beiden Generalen beigelegt werden könne." Vgl. zudem Zimmermann (wie Anm. 26), S. 335: De Maizière unterstellte Steinhoff einen entsprechenden

der Luftwaffe' wird zu einer Neugestaltung des Offizierbildes in der Bundeswehr beitragen."

Fazit

Während das Deutsche Heer trotz seiner zunehmenden Technisierung weiterhin in weiten Teilen dem traditionalen Habitus eines Offizierbildes als „sui generis"-Berufsverständnis den Vorrang einräumte, fanden vor dem Hintergrund des Strategiewechsels der NATO, aber auch insgesamt aufgrund der politischen und gesellschaftlichen Veränderungen die neuen Anforderungsprofile ihren ersten, der Zukunft zugewandten offiziellen Niederschlag 1969 im auf Weisung des damaligen Inspekteurs Luftwaffe, Generalleutnant Steinhoff, herausgegebenen „Bild des Offiziers in der Luftwaffe".

Analog zu einer sich ausdifferenzierenden, rasant zunehmenden Arbeitsteiligkeit einer bundesrepublikanischen Gesellschaft entwickelte Steinhoff seine Vorstellung vom Offizier, der diesen Entwicklungen entsprach. Seine Vorschläge betrachtete er als „alternativlos" und zukunftsweisend: „Erstens gibt es keine anderen Wege als diesen, um das Offizierkorps wieder gesund und jung und effektiv zu machen. Zweitens sind alle fünf Gruppen nach der Seite durchlässig. Aber an einer Tatsache führt kein Weg vorbei, daß nämlich der, der führen will, sehr viel Voraussetzungen mitbringt und sich auf die Hosen setzen muß"[35].

Neben der militärfachlichen Professionalisierung wird in Steinhoffs „Bild des Offiziers" aber auch deutlich, dass es für einen Offizier nicht genügt, sich auf das Handwerkliche zu reduzieren. Große Teile seiner Darlegungen zu den „weichen Dimensionen" des Offizierberufes – die Themenfelder Politische Bildung, gesellschaftliche Integration und Tradition – sind darüber hinaus im Kern sowohl in den „Traditionserlass" von 1982, die „Weisung zur Intensivierung der historischen Bildung in der Bundeswehr" vom 2. März 1994[36] und das Leitbild „Team Luftwaffe" eingeflossen.

„Ehrgeiz", „nicht immer ganz faire Mittel" und eine „intensive, auf seine Person abgestellte Pressearbeit".

35 Vgl. Der Spiegel 28/1970 vom 06.07.1970, S. 38-44: Was werde ich dort? (wie Anm. 20), hier S. 44.

36 Vgl. Birk, Eberhard: Perspektiven für eine zukunftsorientierte Tradition der Luftwaffe. In: Möllers, Heiner (Hrsg.): Tradition und Traditionsverständnis in der Deutschen Luftwaffe. Geschichte – Gegenwart – Perspektiven, Potsdam 2011 (= Potsdamer

Es gilt daher festzuhalten, dass seine eindeutigen Positionierungen, Zielsetzungen und Forderungen in weiten Teilen tatsächlich nichts anderes spiegeln als das, was noch heute die Laufbahngruppen der Offiziere der Luftwaffe prägt – nämlich: die auf technischem Verständnis basierende Beherrschung der „dritten Dimension". Damit bleiben letztlich auch unter den sicherheitspolitischen Herausforderungen für den Soldatenberuf der Gegenwart viele der Axiome Steinhoffs geradezu überzeitlich gültig – und viele seiner Überlegungen lesen sich, als ob sie heute formuliert wären. Sie sind in der Summe letztlich nichts anderes als die Postulate des Leitbildes „Team Luftwaffe" aus dem Jahr 2002 – selbst wenn seine Autoren sich dessen vielleicht nicht mehr in Gänze bewusst waren. Tatsächlich hat Steinhoffs Bild des Offiziers nichts an Aktualität eingebüßt.

Schriften zur Militärgeschichte, 16), S. 49-62, hier S. 55 sowie für die beiden Dokumente: „Richtlinien zum Traditionsverständnis und zur Traditionspflege in der Bundeswehr", BMVg Fü S I 3 - Az 35-08-07 vom 20. September 1982 und „Weisung zur Intensivierung der historischen Bildung in den Streitkräften", BMVg, GI, Fü S I 7 - Az 35-20-01 vom 2. März 1994 (= Anlage 6 in ZDv 12/1: Politische Bildung in der Bundeswehr").

Detlef Buch
Der Eurofighter in der Egalisierung[1]

Einleitung

Es wird im ersten Jahr der bis 2017 angesetzten großen Bundeswehrreform eine ganze Reihe von Publikationen geben, die beschreiben werden, wie die Bundeswehr auszusehen hat, um allem und jedem gerecht zu werden. Es wird Strukturmodelle, Konzeptionen und handfeste Umsetzungen geben. Dieses sind jedoch nach Meinung des Autors nachgeordnete Schritte. In einem ersten Schritt soll der vorliegende Aufsatz aufzeigen, dass die Bundeswehr nicht mehr die ist, die sie einmal war. Sie ist es insbesondere deswegen nicht mehr, weil die Bevölkerung eine andere Sicht auf ihre Soldatinnen und Soldaten hat. Dies schließt schlicht weg die Peripherie des Soldatentums, wie ihre Ausstattung oder ihre Gerätschaften und damit auch ihre Kampfflugzeuge mit ein.

Gemeinhin wird der Soldatenberuf, werden die Auslandseinsätze, wird das Sterben und Fallen von Soldaten bedeutungsschwer von Politik und Militär konnotiert. Die Bevölkerung jedoch nimmt dies in der „Bundeswehr 2.0" nicht mehr als solches wahr. Nein, es ist ihnen nicht egal. Nur sie interessieren sich eben nicht mehr dafür. Doch worin liegt der Unterschied? Oftmals ist vom „freundlichen Desinteresse"[2] die Rede oder auch von einer nachlassenden Unterstützung der Deutschen für die Auslandseinsätze ihrer Soldatinnen und Soldaten. Was es jedoch tatsächlich ist, ist eine Art professionelle Gleichgültigkeit der Bevölkerung gegenüber der Armee, ihren Auslandseinsätzen, ihren Rüstungsgütern etc. Damit ist die Bundeswehr nichts Besonderes. Sie befindet sich in guter Gesellschaft aller übrigen Sicherheit produzierenden Berufe. Jedoch auch andere, klassische Professionen erfahren diese professionelle Gleichgültigkeit seitens der Bevölkerung.

---

[1] Die Egalisierungsthese wurde vom Verfasser erstmals entwickelt in: Buch, Detlef: Bundeswehr 2.0, Von der Wehrpflicht bis Afghanistan: Reduziert, ignoriert, egalisiert? Frankfurt a. M. 2011. Dabei steht der Begriff der Egalisierung nicht für Gleichgültigkeit im übertragenen Sinne, sondern für ein Anheben bzw. Absenken des Meinungsbildes über die Bundeswehr auf das geringe Niveau, welches bevölkerungsweit auch andere und ähnliche Institutionen infolge der Individualisierung genießen.

[2] Vgl. Köhler, Horst: Deutsche Sicherheitspolitik – Stärken, Schwächen, Aufgaben. Rede gehalten beim Forum Sicherheitspolitik „Impulse 21" in Berlin am 27.11.2008.

Niemand würde sich tatsächlich darüber in der Öffentlichkeit mokieren, wenn ein Feuerwehrmann bei einem Brandeinsatz eine Rauchgasvergiftung erleidet. Niemanden würde es tatsächlich in die Öffentlichkeit ziehen, wenn Rettungshubschrauber des DRK veraltete Seilwinden hätten usw. Doch nicht nur in der Bundesrepublik scheint der Soldatenberuf diese Normalisierung und Gleichstellung, in Summe seine Egalisierung zu erfahren. Nein, auch international ist dieser Trend inzwischen weit verbreitet. So bietet der vorliegende Aufsatz eine Annäherung an diese Thematik aus einem internationalen Fokus heraus. Das Ergebnis eines Ländervergleichs ausgewählter Länder dient als Ausgangspunkt, um aufzeigen, welchen Einfluss bestimmte gesellschaftliche Faktoren und Prozesse auf eben diese Stellung des Militärs mitsamt seiner Peripherie und damit auch mitsamt dem Kampfflugzeug Eurofighter in der Gesellschaft haben.

Wem diese Normalisierung und Egalisierung des Soldatenberufs sowie der soldatischen Berufstätigkeit wirklich nützt, kann derzeit noch nicht genau gesagt werden. Zumindest nimmt sie auch eine Last von allen Schultern. Nämlich die Last, immer etwas Besonderes und Außergewöhnliches zu tun bzw. tun zu müssen – und damit auch den Rechtfertigungszwang, für dieses Besondere auch immer die Unterstützung des gesamten deutschen Volkes zu erhalten. Dieses scheint sich jedoch mehr für den Einkaufszettel beim Discounter, den Gerichtsprozess eines Wettermoderators oder auch im Dschungel verschollene Stars zu interessieren. Und? Es ist ganz normal! Es ist das, was die individualisierte moderne Gesellschaft für jeden Beruf bereithält: „Du hast Dich dafür entschieden, Du wirst dafür bezahlt, also trag auch die Risiken und Belastungen. Es liegt an Dir, Du hättest auch jeden anderen Beruf wählen können."[3]

Der Eurofighter – die aktuelle Lage

Zur inhaltlichen Konkretisierung des Themas, soll als Untersuchungsgegenstand das größte deutsche Rüstungsprojekt aller Zeiten dienen – das Kampfflugzeug Eurofighter.[4] Wie steht es derzeit um dieses Projekt, während sich die Bundeswehr inmitten der größten Reform ihrer Geschichte befindet?

---

[3] Ebd., S. 8.

[4] Vgl. dazu Buch, Detlef: Die Zukunft des Eurofighters. Multifunktionalität als entscheidender Vorzug. Berlin: Stiftung Wissenschaft und Politik, S. 3, Februar 2012.

Kontinuierlich und von der Öffentlichkeit kaum wahrgenommen wird dieses teuerste deutsche Rüstungsprojekt verfolgt, das einen Großteil des Verteidigungshaushalts aufzehren wird. Insgesamt 180 Eurofighter will Deutschland mit Beschluss des Bundestages vom 26. November 2009 beschaffen. Der Eurofighter wird dabei zu einem für Bundeswehr und Luftwaffe strukturbestimmenden Element. Mit seiner Einführung werden die Geschwader der Luftwaffe neu strukturiert und die Ausbildung der Piloten modernisiert. Ob er wirklich von Nutzen ist und einen sicherheitspolitischen Zugewinn bringt, wurde in der Vergangenheit oft angezweifelt. Dies hat unter anderem dazu geführt, dass Beschaffung und Ausrüstung des Kampfflugzeugs bislang eher halbherzig betrieben wurden. So kann der Eurofighter noch nicht in bestimmten Einsatzszenarien verwendet werden, weil ihm ein Großteil an Ausrüstung und Bewaffnung fehlt.

Die Entscheidung für den Eurofighter als Rückgrat der Luftwaffe ist jedoch getroffen. Dies hat nicht nur vertragsrechtliche und finanzpolitische, sondern auch sicherheitspolitische Gründe, die allerdings im Laufe der vergangenen Jahre an Klarheit verloren haben. Ein Grund hierfür liegt sicherlich darin, dass dieses Projekt abseits der öffentlichen und medialen Wahrnehmung verfolgt wird.

Die Beschaffung von insgesamt drei Tranchen des Eurofighters ist beschlossen. Die Tranche 1 wurde seit 2008 komplett in die Luftwaffe eingeführt. Der bereits in Dienst gestellte Eurofighter kann als klassisches Jagdflugzeug im sogenannten Luft/Luft-Kampf eingesetzt werden. Ab Tranche 2, die nach derzeitigem Stand bis Ende 2013 in die Luftwaffe eingeführt sein wird, soll der Eurofighter erstmals auch zum Einsatz im Luft/Boden-Kampf befähigt werden. Insofern ist entschieden, dass die Luftwaffe den Eurofighter von einem einrollenfähigen zu einem mehrrollenfähigen Flugzeug weiterentwickeln wird: vom puren Jäger der Tranche 1 zum Jäger und Jagdbomber ab Tranche 2.

Aber nicht nur die Fähigkeit zum Luft/Boden-Kampf, sondern auch die Fähigkeit zu weiteren unterstützenden Luftoperationen, wie zum Beispiel der Aufklärung, wird für dieses Flugzeug angestrebt. Der Bundesminister der Verteidigung hat am 26. Oktober 2011 deutlich gemacht, dass gerade in diesen unterstützenden Luftoperationen der zukünftige Schwerpunkt im Fähigkeitsprofil der Luftwaffe liegen wird. Der klassische Luft/Luft-Kampf gegen andere Flugzeuge rückt dabei in den Hintergrund. Ziel ist somit ein Eurofighter, der sich multifunktional einsetzen lässt.

Noch sind indes nicht alle parlamentarischen Hürden zur Beschaffung dieses multifunktionalen Eurofighters genommen. Offen sind zum einen die Bestellung der letzten und modernsten Tranche 3b und zum anderen die Bewaffnung und Software der moderneren Tranchen. Die rund 40 mehrrollenfähigen Eurofighter, die bereits an die Geschwader der Luftwaffe ausgeliefert wurden, sind nicht in der Lage, die für sie vorgesehene Luft/Boden-Rolle auszuüben. Auch sie werden, wie die Flugzeuge der Tranche 1, bislang nur als klassische Jagdflugzeuge in der Luft/Luft-Rolle eingesetzt. Zur Bekämpfung von Zielen am Boden fehlen dem Eurofighter Bewaffnung, Technik und Software. Deren Beschaffung wurde immer wieder aufgeschoben.

Im Koalitionsvertrag vom Herbst 2009 findet sich die Absichtserklärung der Regierungsparteien, die Kosten für die letzte noch zu beauftragende Tranche von insgesamt 37 Maschinen mit den Erlösen zukünftiger Exporte des Eurofighters zu verrechnen. Welcher Typ Eurofighter dabei ausgeführt werden soll, bleibt unklar. In Frage kämen entweder ältere, einrollenfähige Maschinen, die zum Beispiel nach Österreich oder Indien exportiert werden könnten, oder mehrrollenfähige multifunktionale Flugzeuge der Tranche 3b, die sich im Anschluss an ihre Beschaffung an ähnliche Interessenten verkaufen ließen.[5]

Wesentliche Einflussfaktoren des Verhältnisses Militär – Gesellschaft

Wenn die These belegt werden soll, dass die Streitkräfte mitsamt ihrer Peripherie auf dem Wege der Egalisierung sind, dann gilt es natürlich aufzuzeigen, welche Faktoren dies befördern und ob es Möglichkeiten zur Einflussnahme gibt. Analyse, Darstellung und Bewertung der Argumentation folgen dabei den Ergebnissen einer aus dem Jahre 2010 datierenden international vergleichenden Studie, die die USA, Großbritannien, Frankreich, die Niederlande, Dänemark und die Bundesrepublik Deutschland unter dieser Fragestellung betrachtete.[6]

---

[5] Vgl. ebd. S. 5f.
[6] Vgl. Buch, Bundeswehr 2.0 (wie Anm. 1).

Die Einstellung der Bevölkerung

Ein Vergleich der Einstellungen zu den eigenen Streitkräften von US-Amerikanern, Briten, Franzosen, Niederländern und Dänen ergibt ein klares Bild: In den Staaten, in denen eine langfristige und traditionell gewachsene Beziehung zwischen Bürgern und Armee besteht, stehen die Bürger ihrer Armee sehr positiv gegenüber. Hat die jeweilige Armee eine längere und positiv konnotierte Tradition als Einsatzarmee, sind auch die Haltungen der Bevölkerung positiver und umgekehrt. Dabei muss beachtet werden, dass in allen untersuchten Ländern die Bevölkerung eine relativ affektive Haltung zu ihren Streitkräften hat. Sie verbindet diese mit Begriffen wie Stolz und Dankbarkeit. Diese Erkenntnisse machen deutlich, dass die Zustimmung oder Ablehnung militärischer Einsätze im Ausland in den einzelnen Ländern somit nicht nur tagesaktuell begründet ist, sondern auch auf tief liegende historische und gesellschaftliche Faktoren zurückgeführt werden kann. Diese Faktoren prägen u.a. die Beziehung der Bevölkerung zu ihren Streitkräften.[7] In allen untersuchten Ländern ist unabhängig von der Zustimmung der Bevölkerung zur Armee im Allgemeinen bzw. den Auslandseinsätzen im Speziellen, ein nachlassendes Interesse an den Streitkräften zu spüren. Manchmal wird dies als Ignoranz, manchmal als Desinteresse beschrieben.

---

[7] Vgl. Sozialwissenschaftliches Institut der Bundeswehr, Sicherheits- und verteidigungspolitisches Meinungsklima in der Bundesrepublik Deutschland, Ergebnisse der Bevölkerungsbefragung 2006 des Sozialwissenschaftlichen Instituts der Bundeswehr, Forschungsbericht 84, Strausberg, April 2008, S. 88.

Übersicht Faktor 1: *Die Einstellungen der Bevölkerung zu den eigenen Streitkräften = Ausdruck für die Akzeptanz der Streitkräfte*

Dimension Land	Nützlichkeit	Emotionale Bindung	Selbstverständliche Existenz
USA	+	++	--
Großbritannien	0	++	+
Frankreich	+	++	+
Niederlande	+	0	0
Dänemark	+	-	0

Quelle: eigene Darstellung des Autors

Legende: ++ von großer Bedeutung / + von Bedeutung / 0 neutral / - weniger von Bedeutung / -- von sehr geringer Bedeutung

Die bevorzugten Aufgaben der Streitkräfte

Der Blick auf die den jeweiligen Streitkräften von ihren Bevölkerungen zugedachten bevorzugten Aufgaben enthüllt, dass alle den Einsatz ihrer Streitkräfte außerhalb des eigenen Territoriums unterstützen. Diese Unterstützung sollte, geht es nach den Bevölkerungen, in der überwiegenden Mehrheit insbesondere humanitären Aufgaben folgen. Gleichzeitig rangiert aber auch der Einsatz von Streitkräften zum Schutz des eigenen Landes – vor Ort – an vorderer Stelle der Aufgaben. Wirkliche Kampfeinsätze unterstützen von vornherein jedoch nur Minderheiten der untersuchten Bevölkerungen. Hierbei tritt dann die Ambivalenz auf, dass die Notwendigkeit derartiger Einsätze erkannt wird, diese jedoch eben einfach nicht gewünscht ist.

Eine Ausnahme bilden wiederum die US-Amerikaner: Sie senden ihre Soldaten bedenkenlos in Kampfeinsätze und wollen die Streitkräfte sowohl zur Machtprojektion als auch zur Sicherung des amerikanischen Wohlstandes eingesetzt wissen.

Die bevorzugten Außen- und Sicherheitspolitischen Ziele

Die außen- und sicherheitspolitischen Ziele, die von der jeweiligen Bevölkerung eines Landes favorisiert werden, lassen sich auf einer Skala zwischen ideell-normativen Vorstellungen und materiell-realpolitischen Vorstellungen verorten. Als ideell-normativ versteht man dabei z.B. den Einsatz von Streitkräften zur Friedenssicherung in der Welt oder auch die Förderung von Menschenrechten. Als materiell-realpolitisch versteht man hingegen z.B. die Sicherung des Zuganges zu Ressourcen (Rohstoffsicherheit) oder auch die Sicherung des Wohlstandes bzw. die Bekämpfung des Terrorismus, um damit das Sicherheitsgefühl der Bevölkerung zu erhöhen.

Grundsätzlich werden von den jeweiligen Bevölkerungen in unterschiedlicher Ausprägung in den verschiedenen Ländern sowohl die einen als auch die anderen Vorstellungen geäußert. Dabei bilden sich zwei Pole. Einerseits sind dies die US-Amerikaner, die in verhältnismäßig starker Art und Weise den Einsatz ihrer Streitkräfte zur Verwirklichung von materiell-realpolitischen Zielen befürworten. Andererseits sind dies die Dänen, die sehr stark ihr Engagement in der Friedenssicherung und der Mitarbeit am Weltfrieden betonen.

Die Wehrform, die Medien und der Bodybag-Faktor

Die Faktoren Wehrpflicht und Medien sowie der Bodybag-Faktor[8] sind in ihrem Zusammenspiel und ihrer Wirkung schwer voneinander zu trennen. In den Ländern, die bereits in den 1960-er bis 70-er Jahren die Wehrpflicht abgeschafft haben, wie Großbritannien und die USA, ist ein Einfluss resp. eine Änderung des zivil-militärischen Verhältnisses beschrieben. Diese ist dergestalt, dass erstens das Interesse der Bevölkerung an militärischen Fragen nach der Wehrpflichtabschaffung nachgelassen hat und zweitens eine Art Elitenbildung unter den Militärs zu verzeichnen war. Im Rest der analysierten Nationen ist dieses nicht erkennbar. Stattdessen wird erkennbar, dass die Medien eine immer stärkere Rolle im zivil-militärischen Verhältnis einnehmen. Sie substituieren quasi die Primär-Erfahrungen ganzer Bevölkerungsteile und erreichen zudem durch ihre Berichterstattung weite Teile der Bevölkerung. Darüber hinaus hat die vergleichende Betrachtung des soge-

---

8   Hinter diesem Begriff verbirgt sich der Einfluss gefallener Soldaten auf das Meinungsbild über die Streitkräfte in der Gesellschaft.

nannten Body-Bag Faktors ergeben, dass länderübergreifend der Tod und die Verwundung von eigenen Soldaten nur marginalen Einfluss auf die Bereitschaft der jeweiligen Bevölkerung haben, sich an internationalen Kampfeinsätzen mit eigenen Soldaten zu beteiligen. Es besteht teilweise sogar förmliches Desinteresse an diesem Thema.

Die Bedeutung der Egalisierungsthese für die Bundeswehr und die Bundesrepublik Deutschland

Die deutsche Bevölkerung bevorzugt eine Außen- und Sicherheitspolitik, die überwiegend geprägt ist von ideell-normativen Motiven. Die Deutschen befürworten Auslandseinsätze vor allem dann, wenn diese humanitäre Beweggründe haben. Hinsichtlich ihrer Einstellung zu den Streitkräften kann man von einer freundlichen Zurückhaltung bzw. professionellen Gleichgültigkeit sprechen, die sich durch eine mittelmäßige emotionale Bindung auszeichnet. Bei der Einordnung dieser deutschen Situation in die Ergebnisse des Ländervergleichs kann dabei die größte Divergenz zwischen Deutschland und den USA ausgemacht werden. Frankreich und Großbritannien, als auch die Niederlande und Dänemark lassen sich im Mittelfeld zwischen den diametralen Polen Deutschland und den USA verorten.

Grundsätzlich kann also davon ausgegangen werden, dass die jeweiligen nationalen strategischen Kulturen die sicherheits- und verteidigungspolitischen Einstellungen der Bevölkerungen prägen. Somit haben traditionelle, auf historischen, kulturellen und gesellschaftlichen Umfeldbedingungen basierende Denkmuster einen Einfluss auf die nationalen Meinungsbilder. Hat man es, wie im Falle der Bundesrepublik, mit einer tief verwurzelten strategischen Kultur zu tun, ist eine Änderung des Meinungsbildes über die Streitkräfte nur sehr langsam und langfristig erwartbar, jedoch nicht auszuschließen. Es kann davon ausgegangen werden, dass die nationalen Meinungsbilder auch zukünftig Anhaltspunkte dafür liefern werden, inwiefern sich die jeweiligen Regierungen in multinationale Einsätze einbringen werden.

Was die aktuelle Reformdebatte um die Reform der Bundeswehr und die Aussetzung der Wehrpflicht anbelangt, lässt sich konstatieren, dass auch in Deutschland aller Voraussicht nach Mechanismen entstehen werden, wie sie in den beschriebenen Ländern nach Aussetzung oder Abschaffung der Wehrpflicht entstanden sind. Dazu gehörte z.B. die Herausbildung eines eigenen elitären Verständnisses der Unteroffiziere und Offiziere, welches sich abseits gesellschaftlicher Entwicklungstrends bewegte. Um genau diesem entgegenzuwirken, wäre eine noch stärkere Zivilisierung des Militärs mit einem sensiblen Blick auf die damit einhergehende Gegenbewegung der Re-Militarisierung angebracht. Das heißt, es wäre ein Erstarken der militärischen Elite in Richtung einer Ergänzung militärischer Fachexpertise durch politische Fachexpertise oder ein Ende der „Inselausbildung" militärischen Nachwuchses, hin zu ressortübergreifenden Ausbildungen und Studiengängen angezeigt.[9]

Auf jeden Fall wird es nach der Reform der Bundeswehr und der Abschaffung der Wehrpflicht, wohl so etwas wie ein Erstarken der Diskussion um das zivil-militärische Verhältnis geben. Dieses war auch in fast allen anderen untersuchten Ländern der Fall.

Die Entwurzelung der Parteien und der fehlende Inhaltstransport

Ein weiterer Ansatz zur Erklärung der nachlassenden Bindung des politisch beauftragten militärischen Handelns wäre die von Biehl in die Diskussion eingebrachte Überlegung, der Entwurzelung von Parteien.[10] Dieses lässt sich auch hervorragend auf das hier vorgestellte Beispiel der Beschaffung des Rüstungsgutes Eurofighter anwenden. Wir haben es demnach in Deutschland einerseits mit dem Phänomen zu tun, dass Parteien als Parteien ihrer Mitglieder, somit als Sprachrohr derselbigen immer mehr an Bedeutung verlieren. Sie konzentrieren sich auf die Ausübung von Macht und den Gewinn von Ämtern, wie z.B. Bundestagsmandaten oder Ministerposten, um dann in einem relativ kleinen Zirkel am eigenen Machterhalt zu arbeiten. Andererseits werden die Parteien auch immer weniger Sprachrohr ihrer Wähler. Somit tun die in Amt und Macht gehobenen Parteiverantwortlichen Dinge, die weder den Vorstellungen und Absichten der Mitglieder noch der Wähler entsprechen. Hierdurch kommt es zu Kommunikationsverlusten innerhalb der sogenannten inhaltlichen Repräsentation. Positionen, Forderungen und Einstellungen der „Mächtigen", spiegeln sich nicht wieder in denen der Basis. Am Beispiel der modernen Einsatzarmee Bundeswehr, ihres politisch

---

[9] Vgl. Naumann, Klaus: Einsatz ohne Ziel? Die Politikbedürftigkeit des Militärischen, Hamburg 2008, S. 117ff.

[10] Vgl. Biehl, Heiko: Soziale Entwurzelung und Repräsentationsverlust der Parteien. In: Jun, Uwe/Niedermayer, Oskar/Wiesendahl, Elmar (Hrsg.): Die Zukunft der Mitgliederpartei, Opladen und Farmington Hills, 2009, S. 111-128.

zugedachten Auftrages, ihrer Ausstattung mit Rüstungsgütern und ihrer Aufgaben zeigt sich dies sehr plakativ: Die von politisch verantwortlichen Parteimitgliedern verantworteten Aufträge der Streitkräfte sowie deren Ausstattung mit Rüstungsgütern, die sich in Mehrheitsabstimmungen im Bundestag manifestieren, werden nicht zu den Mitgliedern und nicht zu den Wählern transportiert. Somit tun die politisch beauftragten Soldaten etwas, was der Wähler nicht versteht. Es herrscht bei ihm das „alte" und äußerst positive Bild der Streitkräfte vor. Dank dieser Diskrepanz werden somit deutsche Soldaten in politisch gewollte Einsätze entsandt, die zwar die erforderlichen Mehrheiten im Parlament finden, jedoch nicht Ausdruck des Volkswillens sind. Sollte sich aber diese Situation verändern und die „Mächtigen" das tun, was Wähler und Volk eigentlich denken und wollen, könnte es sein, dass die Einsätze verstanden und die Dimension von milliardenschweren Rüstungsgütern erfasst und damit abgelehnt werden. Somit profitiert derzeit eigentlich jeder von dieser Situation.

Der Eurofighter in der Egalisierungsfalle

Nun gibt es wenige bis gar keine speziellen Untersuchungen darüber, wie die deutsche Bevölkerung zu konkreten Rüstungsvorhaben bzw. Rüstungsgütern und deren Einführung in die deutschen Streitkräfte steht. Eine der wenigen empirischen Belege liefert eine Allensbach-Umfrage aus dem Jahre 2004.[11] Hier wurde gefragt: „Für welche Branche ist Deutschland ein guter Standort?" Es war also quasi indirekt nach der Bedeutung einzelner Branchen und ihrer Güter für die Bundesrepublik die Frage. Die Verteidigungsbranche tauchte anschließend mit ihren ca. 80.000 Arbeitnehmern überhaupt nicht auf.[12] Branchen wie die Automobil-, die Pharma- oder die Chemieindustrie dominierten die Antwortmuster.

Den Deutschen ist nicht bekannt, in welchem finanziellen und strategisch bedeutsamen Umfange, das größte deutsche Rüstungsprojekt der Nachkriegsgeschichte überhaupt vollzogen wird. Das bedeutet natürlich, dass es das für die politischen Entscheidungs- und Mandatsträger verhält-

---

[11] Institut für Demoskopie Allensbach, 2004. Vgl. dazu auch Köcher, Renate: Allensbacher Jahrbuch der Demoskopie 2003-2009, Berlin/New York 2009.
[12] Vgl. Bundesministerium für Wirtschaft und Technologie, Bericht der Bundesregierung über ihre Exportpolitik für konventionelle Rüstungsgüter im Jahre 2010, Rüstungsexportbericht 2010, Berlin 2011.

nismäßig einfach macht, Entscheidungen pro oder contra das Projekt betreffend zu fällen. Je nachdem, wofür sie sich entscheiden, wird dies sowieso kaum oder nicht wahrgenommen. So sahen politische Entscheidungen bis dato oft vor, das Projekt zu schieben, einzelne Teile zu streichen oder alles zu strecken.

Fazit

Das „deutsche Paradox" zwischen einerseits hoher Zustimmung zu den Streitkräften und deren Peripherie im Allgemeinen und andererseits einer zunehmenden Ablehnung von Kampfhandlungen ist kein speziell „deutsches Paradox", sondern findet sich international wieder.

Damit verbunden ist eine fast normale Egalisierung der Einstellung der Bevölkerung gegenüber der Profession, eben so, wie es bei allen anderen „Profis" auch der Fall ist. Niemand in der Bevölkerung würde sich Gedanken darüber machen, ob und wie lange Ärzte ausgebildet werden; wo Feuerwehrleute eingesetzt werden oder ob Polizisten grüne oder silberne Autos fahren. Eine Egalisierung dieser Einstellung auch gegenüber den Streitkräften hat somit nichts mit Gleichgültigkeit oder Ablehnung zu tun, sondern ist eine Entwicklung auf dem Kontinuum von einem „normalen Beruf" zu einer Profession.[13]

Auf den Eurofighter bezogen, muss man die Frage stellen: Was passiert hier gegenwärtig? In einem Land, das zutiefst kriegs- und gewaltavers ist, wird ein Rüstungsprojekt, dass niemand wirklich wahrnimmt oder noch mehr, auch nur annähernd versteht, und in dem ohnehin Verteidigung und Streitkräfte quasi als Privatangelegenheit der Soldaten definiert werden, sukzessive umgesetzt und gerät hie und da für kurze Zeit an die Oberfläche, ins Bewusstsein, kollidiert dort mit der Quasi-Situation in der bundesdeutschen Gesellschaft, um dann wieder in der Versenkung zu verschwinden und sich weiter durch politische und militärische Entscheidungshierarchien zu lavieren.

---

13   Vgl. Schütze, Fritz: Sozialarbeit als „bescheidene Profession". In: Dewe, Bernd/Ferchhoff, Wilfried/Radtke, Frank-Olaf (Hrsg.): Erziehen als Profession. Zur Logik professionellen Handelns in pädagogischen Feldern, Opladen 1992, S. 132-170.

Norbert Finster

Welche Bedeutung haben Innere Führung, Auftragstaktik und Menschenführung zukünftig in der Bundeswehr?[1]

Bereits ein kurzer Blick zurück in die fast sechzigjährige Geschichte der Bundeswehr zeigt sehr schnell, dass die aufgrund sicherheitspolitischer und gesellschaftlicher Entwicklungen notwendigen Veränderungsprozesse in den Streitkräften der Bundesrepublik Deutschland stets anhand eines Begriffspaares zu bewältigen waren: Auftragserfüllung und Selbstverständnis müssen zusammen be- und gedacht werden, um zu validen Einsichten zu gelangen.

Zur Beantwortung der im Titel gestellten Frage ist es notwendig, zunächst wesentliche Aspekte der Bundeswehrreform darzustellen. Erst daraus können grundsätzliche Überlegungen für die Innere Führung, das Führungsprinzip „Führen mit Auftrag" und die Menschenführung abgeleitet werden.

Um Deutschlands Sicherheit und Verteidigung gemeinsam mit unseren Bündnispartnern gewährleisten zu können, benötigt die Bundesrepublik Deutschland eine zukunftsfähige, demografiefeste und finanzierbare Bundeswehr.

Die Sicherheitsvorsorge Deutschlands ist heute jedoch nicht mehr geographisch zu begrenzen. Neue Bedrohungen machen vor keinen Grenzen halt, wie die Stichworte Internationaler Terrorismus, kriminelle Netzwerke, zerfallende Staaten und der Aufstieg neuer Regionalmächte andeuten. Derartigen Bedrohungen muss die Bundesrepublik begegnen können, um die Sicherheit ihrer Bürger zu gestalten.

Die Bundeswehr muss sich auf diese veränderte Wirklichkeit immer wieder neu einstellen. Sie muss als geschlossenes Ganzes ‚vom Einsatz her denken'; also mögliche Einsatzszenarien als Grundlage für alle Überlegungen annehmen, um vielseitiger und schneller verlegbar zu werden sowie in der Lage sein, einen wirksamen Beitrag als Mittel einer sicherheitspolitisch

---

[1] Überarbeitete Fassung des Vortrages bei der „Berliner Plattform" der Interessengemeinschaft Deutsche Luftwaffe e.V. am 7.03.2012 in den Räumen der Deutschen Gesellschaft für Auswärtige Politik, Berlin.

untermauerten Außenpolitik zu leisten, die Deutschlands politischem Gewicht angemessen entsprechen kann. Und die laufenden Einsätze sind bruchlos sicherzustellen.

Die Streitkräfte der Bundesrepublik Deutschland werden künftig einen Umfang von bis zu 185.000 Soldatinnen und Soldaten haben. Sie bestehen aus 170.000 Berufs- und Zeitsoldaten, 5.000 fest eingeplanten Freiwillig Wehrdienst Leistenden und 2.500 Reservisten. Darüber hinaus bieten die Streitkräfte Platz und Ausbildung für weitere bis zu 7.500 Freiwillig Wehrdienst Leistende. Die Zahl der zivilen Mitarbeiterinnen und Mitarbeiter ist auf rund 55.000 festgelegt.

Ein bislang in seinen Auswirkungen noch nicht in allen Aspekten abschätzbarer weiterer Faktor ist die Tatsache, dass die Bundeswehr seit dem 1. Juli 2011 eine „Freiwilligenarmee" ist. An die Stelle der Wehrpflicht ist der Freiwillige Wehrdienst getreten, in dem junge Frauen und Männer Gelegenheit haben, im Rahmen eines staatsbürgerlichen Engagements in der Bundeswehr zu dienen. Aber auch wir selbst – d.h. diejenigen, die bereits in den Streitkräften dienen –, müssen uns bewusst machen, dass jeder, der künftig zu uns kommt, sich freiwillig für den Dienst eben in den Streitkräften entscheidet.

Reservisten sind unentbehrlich und künftig ein noch wichtigerer Bestandteil der Bundeswehr. Sie verstärken die Truppe und erhöhen im Einsatz die Durchhaltefähigkeit. Die Vielfalt ihrer zivilberuflichen und persönlichen Qualifikationen wird für unterschiedlichste Aufgaben genutzt. Als Mittler zwischen Bundeswehr und Gesellschaft, als „Staatsbürger mit Uniform", erfüllen sie zudem eine unverzichtbare Bindegliedfunktion, die sowohl der Nachwuchsgewinnung als auch der gesellschaftlichen Einbindung der Streitkräfte zugute kommen kann.

Ein wesentlicher, effizienzorientierter Aspekt der Reform ist die konsequente Zusammenführung fachlicher und organisatorischer Kompetenz. Damit werden erstmals in der Geschichte der Bundeswehr umfassend Zuständigkeiten zweckmäßiger gebündelt und Verantwortlichkeiten gestärkt, wie ein Beispiel andeutet: Der Abteilungsleiter Personal ist z. B. künftig für alle Aspekte der Personalwerbung, -gewinnung, -führung und -ausgliederung verantwortlich. Dazu werden ihm alle diesbezüglichen Elemente der Nachwuchsgewinnungs- und Personalführungsorganisation sowie die Ausbildungsstätten unterstellt, die einen zivil anerkannten Abschluss erzielen: Personalamt der Bundeswehr, Stammdienststelle der Bundeswehr, zivile Personalführung, Universitäten und Fachschulen der Bundeswehr. In ähnlicher Form wird die Zuständigkeit für Rüstung, IT und Nutzung sowie Infrastruktur/Dienstleistungen gebündelt. Insgesamt werden künftig mehr als 5.000 Soldaten Dienst in diesen Ressourcenbereichen leisten.

Der Mensch im Mittelpunkt?

Damit sind wir beim wichtigsten Faktor dieser Reform: dem Menschen. Es ist völlig klar, dass diese umfassende Reform nur dann gelingen kann, wenn die Menschen sie mittragen und gestalten, nur wenn alle Angehörigen der Bundeswehr gemeinsam diesen Prozess mit Leben und Kraft erfüllen. Für die Bundeswehr ist damit der Erfolg der Neuausrichtung letztlich nicht allein eine Frage von Streitkräfte- und Verwaltungsstrukturen, Fähigkeitsprofilen und finanzieller Ausstattung. Die Veränderungen müssen für die Menschen in der Bundeswehr attraktiv und ebenso sozial verträglich sein. Zugleich müssen Möglichkeiten geboten werden, sich im gewählten Beruf weiterzuentwickeln. Attraktivität und soziale Bedingungen werden damit wesentliche Grundvoraussetzungen dafür sein, dass die Bundeswehr zukunfts- und konkurrenzfähig bleibt.

Damit ist bereits absehbar, dass die personelle Einsatzbereitschaft der Bundeswehr eine zentrale Herausforderung der Zukunft sein wird. Dazu gehört auch Personalbindung, Personalgewinnung, aber eben auch der Personalabbau im Zuge der Neuausrichtung.

Und eine weitere wichtige Voraussetzung kommt hinzu. Die Bundeswehr braucht einen festen Rückhalt in der Gesellschaft. Die Soldatinnen und Soldaten, die zivilen Mitarbeiterinnen und Mitarbeiter müssen die Gewissheit haben, dass sie von einem Großteil der Gesellschaft getragen werden, und dass sich ihr Einsatz für Frieden und Freiheit lohnt.

Eine zentrale Konstante bleibt indes bei allen vor uns liegenden Reformprozessen aufgrund der Jahrzehnte umfassenden Bewährung unverrückbar: unsere Führungskultur und unser Selbstverständnis.

Grundsätzlich haben sich unsere Führungskultur und das damit verknüpfte berufliche Selbstverständnis des Soldaten der Bundeswehr bewährt. Ausgangspunkt für den Soldaten ist das Soldatengesetz, oder, wie es genau heißt: Gesetz über die Rechtstellung des Soldaten. Die Konzeption der Inneren Führung mit dem Leitbild des Staatsbürgers in Uniform sorgt für eine demokratiekompatible Verbindung zwischen den militärischen Normen von Befehl und Gehorsam sowie den Normen der freiheitlichen demokratischen Grundordnung unseres Staates

Für die zivilen Mitarbeiter ist der Ausgangspunkt das Beamtengesetz und das Tarifrecht der Arbeitnehmer mit den daraus abgeleiteten Verhaltensnormen. Gemeinsam orientieren sich Soldaten und zivile Angehörige der Bundeswehr am Verfassungsauftrag unserer Streitkräfte. Gleichwohl ist zu erkennen, dass das Miteinander zwischen dem militärischen und dem zivilen Teil der Bundeswehr verbesserungswürdig ist. Eine Kultur der Abgrenzung zwischen Soldaten und zivilen Mitarbeitern, zwischen Bedarfsträgern und Bedarfsdeckern führte bislang immer wieder zu vielfältigen Friktionen. Das in der Vergangenheit nicht selten anzutreffende Verständnis der zivilen Seite, das Militär „kontrollieren" zu müssen, trug – wie die Geschichte gerade am Beispiel der Starfighter-Krise zeigte – wenig zur optimierten Zielerreichung bei. Wenn alle Angehörigen der Bundeswehr – Soldaten wie zivile Mitarbeiter – künftig mehr als bisher die Zusammenarbeit suchen, auf andere zugehen und im Ringen um beste Lösungen Eigeninteressen zurück nehmen, dann bedarf es in höherem Maße als heute einer Kultur des Miteinanders.

Zwischenfazit: wesentliche Elemente der Reform

Die anstehende Reform wird die Bundeswehr umfassend verändern: sie wird vom Umfang her kleiner, wird eine reine Freiwilligenarmee und soll auch weiterhin ein breites Spektrum an militärischen Optionen abdecken können. Sie wird aber mit weniger Geld auskommen müssen und sie muss ohne Unterbrechung auch weiterhin die laufenden Einsätze sicherstellen.

Fachliche und Organisatorische Kompetenz werden konsequent zusammengeführt. Die sogenannten Ressourcenbereiche Personal, Rüstung, Informationstechnologie, Nutzung und Infrastruktur/Dienstleistungen werden umfassend Bedarfsdeckungsaufgaben für die Streitkräfte wahrnehmen und werden künftig konsequent zivil-militärisch durchmischt. Dabei ist es das Ziel, stärker als bisher das integrierte, das gemeinsame Denken und Handeln zu fördern.

Wie wollen wir den dargestellten Herausforderungen und den Risiken in Bezug auf unser Führungsverständnis begegnen? In der Vergangenheit hat die Bundeswehr die Herausforderungen der zahlreichen strukturellen und organisatorischen Anpassungen gut bewältigt.

Aber diese Reform geht über das rein organisatorische weit hinaus, wie einige Mängel, die der Bundesminister der Verteidigung, Thomas de Maizière am 18. Mai 2011 sehr deutlich angesprochen hat, belegen:

- Zuständigkeiten in Führungsstrukturen sind unklar,
- Verantwortung wird zu oft geteilt und zu wenig gebündelt,
- zu viel Verantwortung wird von unten nach oben geschoben und von oben nach unten verweigert; „es wird zuviel oben gemacht und zu wenig unten erlaubt".
- wir haben zu viele Vorschriften und zu wenig Entscheidung ohne Vorschrift[2].

Nun gehen wir zum einen davon aus, dass bereits die künftige Organisationsform der Bundeswehr das „Führen mit Auftrag" fördern wird. Um es auf einen einfachen Nenner zu bringen: die Bundeswehr wird weniger Stäbe und administrative Anteile haben und deshalb ihre Bürokratie im bisherigen Umfang nicht mehr leisten können. Überzogene Kontrolle und Überwachung sollten damit schon systembedingt nicht mehr möglich sein.

Es sind organisatorische Abhängigkeiten zu berücksichtigen, die nicht mehr wegzudenken sind und Folgen für den täglichen Betrieb und die Einsatzbereitschaft der Streitkräfte haben: Wir müssen akzeptieren, dass Truppenführer, Kommandeure, Dienststellen- und Behördenleiter sowie die Chefs nicht mehr alles aus einer Hand führen können. Sie müssen die Serviceleistungen des BwFuhrparks, der Heeresinstandsetzungslogistik, der LHD, der BWI, der BIMA, der neuen Bundesämter für Rüstung, Informationstechnologie, Nutzung, des Personals und der Infrastruktur/Dienstleistungen annehmen und lernen, noch besser damit umzugehen.

Die beschriebenen Herausforderungen und Dimensionen möchte ich nun unter dem Blickwinkel „Folgerungen für die Menschenführung" und das Prinzip „Führen mit Auftrag" betrachten und dabei in einem ersten Schritt den Einsatzaspekt in den Vordergrund stellen:

---

[2] Der vollständige Redetext findet sich auf www.bmvg.de, Reden des Ministers (11.06.2012).

„Führen mit Auftrag" ist und bleibt das bestimmende Führungsprinzip in den deutschen Streitkräften. Es gewährt dem nachgeordneten Führer Handlungsfreiheit bei der Durchführung seines Auftrags. Im Lauf der Geschichte der Bundeswehr waren die Anforderungen an die Auftragstaktik unterschiedlich. Im *Gestern*, bis zum Ende des Ost-West-Konflikts – also in der Zeit bis 1990 – galt das Verständnis „Kämpfen können, um nicht kämpfen zu müssen". Effektive Abschreckung war das Ziel und die Methode gleichermaßen. Zwar gab es sehr detaillierte Planungen zur Verteidigung in Mitteleuropa (wie zum Beispiel den „General Defense Plan", GDP), es war aber klar, dass sich ein Gefecht nach vorgeplanten Anfangsoperationen sehr dynamisch entwickeln würde. Insofern war „Führen mit Auftrag" die einzig richtige Methode, den Herausforderungen nicht vorhersehbarer Entwicklungen auf dem Gefechtsfeld gerecht zu werden. Die Bundeswehr hat dies konsequent und sehr effektiv praktiziert – allerdings, und wir alle sind froh darum, nur in Übungen und insofern ohne größere Aufmerksamkeit der Öffentlichkeit und der Politik. Der Auftrag war „Landes- und Bündnisverteidigung", die Durchführung im Detail oblag im Rahmen der NATO den Soldaten und für das Verhalten von Einzelschützen hat sich nur der nächste Vorgesetzte interessiert.

Heute sind Einsätze Realität und Normalität – einschließlich Kampf, Verwundung und Tod. Der Einsatz eigener Waffen ist Notwendigkeit – er führt zu Verwundung und Tod beim Gegner und – was leider nicht immer auszuschließen ist – auch bei Unbeteiligten. Die Aufmerksamkeit, die unsere Einsätze in der Politik und der medialen Öffentlichkeit finden, ist umfassend und reicht teilweise bis in das Verhalten des einzelnen Soldaten. Die Szenarien, denen sich unsere Soldaten ausgesetzt sehen, sind extrem komplex – für den Einzelnen viel komplexer, als dies die Verteidigung gegen einen konventionellen Angriff in Mitteleuropa gewesen wäre. Damit muss die Bundeswehr heute deutlich höhere Anforderungen an Führer und Vorgesetzte, aber auch an ihre Soldaten insgesamt stellen.

„*Führen im Einsatz*" – „*Führen im Gefecht*" kann heute weitreichende Konsequenzen für alle Beteiligten haben und drückt sich in vielschichtigen Dimensionen aus. Fast mit jedem Auftrag, ja mit Handlungen Einzelner (z.B. das Posieren mit Totenschädeln in Afghanistan) sind völkerrechtliche, rechtliche und häufig politische Aspekte verbunden. Damit tragen im Einsatz vielfach Soldaten und Mitarbeiter niedriger Dienstgrade eine hohe Verantwortung. Die Auswirkungen ihres militärischen, künftig noch öfter auf

Eigeninitiative fußenden Handelns im Sinne der Auftragstaktik können bis in die politische Leitung, bis ins Bundeskanzleramt, Relevanz haben. Gerade deswegen sprechen wir in der Bundeswehr – wie im Übrigen auch unsere Verbündeten – vom „Strategischen Feldwebel" (auch wenn der Begriff im ersten Moment etwas unscharf klingen mag).

Daneben muss auch die persönliche Tragweite beachtet werden. Versagensängste, aber auch Angst vor eigener Verwundung oder Tod, spielen eine gewichtige Rolle.

Und dann sind da noch unsere heutigen technischen Möglichkeiten: Mit modernen Führungsmitteln können heute Führer, ja sogar Einzelschützen aus gefahrloser Distanz jederzeit erreicht werden. Moderne Aufklärungsmittel erlauben die Beobachtung des Gefechts im Prinzip in Echtzeit und weltweit. Darin liegen Chancen, aber auch Verlockungen für eine Überwachung und Einflussnahme im Detail, die wie eine Bürokratisierung wirken und letztlich eine Einschränkung des Prinzips „Führen mit Auftrag" bedeuten können.

Auch wenn dies schwer zu realisieren sein wird: *wir* müssen den Tendenzen zu solcher Einflussnahme im Detail entgegen wirken. Wir müssen vielmehr das Bewusstsein im Hinblick auf die möglicherweise strategische bzw. weitreichende Dimension des Handelns Einzelner schärfen. Wir müssen wissen und akzeptieren, dass dieser Einzelne oft spontan entscheiden muss; wir müssen akzeptieren, dass Entscheidungen unter Druck und persönlicher Gefahr unter anderen Umständen zustande kommen, als Entscheidungen am grünen Tisch.

Hier spielt Vertrauen eine große Rolle, Vertrauen der Vorgesetzten in Kompetenz, Beurteilungsfähigkeit und zielgerichtetes Handeln ihrer Untergebenen. Aber auch Vertrauen in diejenigen, die unterstützend tätig sind; Vertrauen, dass jeder an seiner Stelle sein Bestes gibt, um die Auftragserfüllung bestmöglich zu unterstützen. Und – auch das ist ein wichtiger Faktor – hier spielt die Frage der „Fehlerkultur" eine große Rolle. Wo Menschen handeln, vor allem wenn sie unter hohem Druck und Gefahr handeln, passieren auch Fehler. Zur Auftragstaktik gehört, mit Fehlern verantwortungsvoll umzugehen. Wer will, dass Verantwortung gerne übernommen wird, muss auch Fehler akzeptieren. Gleichwohl ist eine Voraussetzung für tragfähiges Vertrauen und für „Führen mit Auftrag" in erster Linie leistungsfähiges und leistungswilliges Personal, das durch Erziehung, Bildung und Ausbildung zu handwerklich starken und sittlich-moralisch gefestigten Führungskräften geprägt wurde.

Es ist bislang leider bei weitem nicht so, dass Fehler in der Bundeswehr als unvermeidbar und nicht gewollt akzeptiert werden. Vielfach reagieren unsere Streitkräfte überzogen und unverhältnismäßig streng schon bei kleinen Fehlern – die freilich große Folgen haben können – und letztlich haben wir wohl noch keinen richtigen Umgang mit menschlichen Irrtümern gelernt. Diese Kultur müssen wir entwickeln, damit „Misshaps" nicht zu Versagensängsten führen und die Truppe eine innere Stabilität erfahren und entwickeln kann. Das Prinzip „Trial and Error" ist vielleicht als Beschreibung einer solchen Fehlerkultur nicht vollkommen angemessen, aber wir müssen auch den immer stärker beanspruchten Soldaten gerade in Gefechtssituationen zubilligen, dass ihre Entscheidungen unter Druck auch mal falsch sein können – selbst wenn sie es eigentlich nicht dürften.

Es ist uns Soldaten klar, dass unser Handeln in einem klar definierten Rechtsrahmen stattfindet. Und wenn Menschen zu Schaden oder zu Tode kommen, dann ist gemäß diesem Rahmen eben auch zwangsläufig, dass die zuständige Staatsanwaltschaft ermittelt. Wichtig ist dabei, dass die Umstände in die Betrachtung einbezogen werden und diese Umstände sind in der Situation eines Feuerkampfes oder einer so empfundenen Bedrohung an einem Checkpoint physisch und psychisch extrem. In diesem Zusammenhang muss der Soldat sich darauf verlassen können, dass die besonderen Umstände seines Auftrages und seines Handelns auch angemessen berücksichtigt werden – auch wenn sich dieses Handeln später als fehlerhaft erweist. Dies gilt im Übrigen nicht nur für mögliche staatsanwaltschaftliche Untersuchungen und richterliche Bewertungen, sondern müsste auch die Berichterstattung unserer Medien einschließen, an die ich nur appellieren kann, Ereignisse im Einsatz mit Bedacht und Verantwortungsbewusstsein auch für die Persönlichkeitsrechte der Soldaten darzustellen.

Innere Dimension der Bundeswehrreform

Wenn es ein wesentliches Ziel dieser Reform ist, dass generell – nicht nur im Einsatz – „so viel Verantwortung wie möglich so weit unten wie möglich wahrgenommen wird" wie Bundesminister Dr. Thomas de Maizière festhielt, dann gilt das für den Einsatz Gesagte selbstverständlich für die gesamte Bundeswehr. Wenn „...Probleme möglichst dort zu lösen sind, wo sie entstehen und nicht an höhere Stellen" abgeschoben werden sollen, dann müssen diese höheren Stellen auch bereit sein, Verantwortung zu delegieren, sie müssen Freiraum gewähren, Ressourcen zuweisen und – wie bereits ausgeführt - auch eine angemessene Fehlerkultur entwickeln.

In diesem Sinne wird klar, dass das bewährte Prinzip „Führen mit Auftrag" „zwangsläufig" eine neue Dimension erhalten muss. Es muss nicht nur ein Prinzip sein, das in den Streitkräften eine Stärkung erfahren muss, sondern es soll das Denken und Handeln in der gesamten Bundeswehr positiv prägen.

Der Einzelne im Team

Die Freude an der Übernahme von Verantwortung mit selbstbewusst auftretenden Führern, Vorgesetzten und Mitarbeitern soll geweckt und gefördert, ja muss wiederbelebt werden. Dem Einzelnen muss so viel Freiheit wie möglich eingeräumt werden. Wir haben viele Talente und müssen diese nutzen, fördern und zur Wirkung bringen. Dabei wird es besonders wichtig sein, dass Soldaten und zivile Mitarbeiter der Bundeswehr ein so noch nicht vorhandenes gemeinsames Verständnis entwickeln. Die meisten Soldaten haben vor allem als Folge der Auslandseinsätze ein geschlossenes „Wir-Gefühl" und das Bewusstsein entwickelt, einer vom Einsatz her denkenden Bundeswehr nach besten Kräften zu dienen – ggf. auch unter Inkaufnahme von Risiken und Gefahren. Und dabei wird es auch wichtig sein, im Ringen um beste Lösungen Eigeninteressen – auch Teilstreitkraft-Interessen – hinten anzustellen. Das Gesamtziel ist, die Bundeswehr bestmöglich in die Lage zu versetzen, ihren Auftrag zu erfüllen. Die prägnante Formel „Wir. Dienen. Deutschland." bringt es auch medial auf den Punkt.

Wir in der Bundeswehr sind uns bewusst, dass eine solche neue Einstellung nicht von heute auf morgen und nicht ohne weiteres von sich heraus entstehen wird, vielmehr muss sie gezielt entwickelt, gefördert und gefestigt werden. Die Mischung von zivilem und militärischem Personal in den neuen Ämtern ist ein erster, wichtiger Schritt für mehr Gemeinsamkeit. Dies gilt auch für die neu zu schaffenden Integrierten Projektteams (IPT) im Bereich Rüstung, die Bedarfsträger und Bedarfsdecker konsequent an einen Tisch bringen werden. Ganz generell wird es vom Engagement der dortigen Vorgesetzten abhängen, Vorbild im integrierten Denken, in der Orientierung am gemeinsamen Ziel zu sein. Der Bundesminister der Verteidigung, Thomas de Maizière, fordert daher ganz klar: „Unsere Bundeswehr mit ihren Soldaten und zivilen Mitarbeitern muss sich durch einen starken Zusammenhalt auszeichnen – eine Einheit nach innen und außen!"

In diesem Zusammenhang müssen weitergehende Überlegungen angestellt werden. Es stellt sich die Frage, ob die bewährte Konzeption der Inneren Führung auch künftig die Basis für ein gemeinsames Selbstverständnis und eine gemeinsame *militärisch-zivile* Führungskultur der Bundeswehr sein kann und damit nicht nur für die Soldaten relevant wäre.

Diese Überlegung drängt sich nicht unbedingt auf. Die Konzeption der Inneren Führung entstand mit der Aufstellung der Bundeswehr als Armee in der Demokratie vor dem Hintergrund der negativen Erfahrungen der Armeen in der Weimarer Republik und im „Nationalsozialismus". Sie ist zu verstehen als „Leitbild des Staatsbürgers in Uniform"; sie setzt den Rahmen für die Rechtsstellung des Soldaten im demokratisch verfassten Rechtsstaat und in der pluralistischen Demokratie. Sie formuliert Verhaltensnormen im Spannungsverhältnis zwischen den dem Prinzip „Befehl und Gehorsam" unterworfenen Soldaten einerseits und dem mündigen, freien Staatsbürger in der Demokratie andererseits. Sie ist Maßstab und Richtschnur für unser Führungsverständnis.

Mit der letzten Aktualisierung vom Januar 2008 trägt die Zentrale Dienstvorschrift „Innere Führung" (ZDv 10/1) den veränderten Rahmenbedingungen der weltweiten Einsätze, der Vereinbarkeit von Familie und Beruf und des Dienstes von Frauen in der Bundeswehr Rechnung. Innere Führung ist aber gerade in Zeiten des Wandels wichtiger denn je. Es gilt noch viel mehr, Einsicht, Akzeptanz und Verständnis für die Veränderungen zu wecken und die Soldaten/Soldatinnen zu motivieren, den Wandel auch als Chance zu verstehen, sich aktiv zu beteiligen und damit die Reform mit zu gestalten. Die Gestaltungsfelder der ZDv 10/1 machen deutlich, wo anzusetzen ist:

- bei Dienstgestaltung und Ausbildung,
- in der Informationsarbeit,
- in Organisation und Personalführung,
- bei Fürsorge und Betreuung,
- bei der Vereinbarkeit von Familie und Beruf und
- bei der sanitätsdienstlichen Versorgung.

Klar ist für uns Soldaten, dass sich die Konzeption der Inneren Führung und das Leitbild des Staatsbürgers in Uniform bewährt haben. Am Wesensgehalt der Inneren Führung, wie sie in der ZDv 10/1 formuliert ist, wird sich deshalb auch in der neuausgerichteten Bundeswehr im Großen und Ganzen nichts ändern. Sie bleibt die verpflichtende Grundlage unseres Selbstverständnisses und unserer Führungskultur. Sie wird dennoch künftig behutsam weiterentwickelt werden müssen. Ansatzpunkte sind dabei in den Aspekten ‚Positionierung als moderne Freiwilligenarmee' und damit verbunden der ‚Verankerung der Streitkräfte in der pluralistischen Gesellschaft' zu sehen. Die Innere Führung war und ist allerdings dennoch ein unverrückbarer innerer Kompass für den Soldaten - und sollte es auch für die zivilen Mitarbeiter sein. Wie in Ziffer 502 der ZDv 10/1 nachzulesen ist, sollten sich die zivilen Angehörigen der Bundeswehr aufgefordert fühlen, ihr Handeln in gleicher Weise an den Grundsätzen der Inneren Führung auszurichten.

Ob wir dann noch im Sinne des Ministerwortes von „einer Bundeswehr", d. h. einer deutlich klarer geprägten und gelebten Gemeinsamkeit von Militär und Zivil, ein gemeinsam getragenes Dachdokument unseres Selbstverständnisses und unserer Kultur brauchen, das wäre zu überlegen. Vielleicht könnte die prägnante Formel „Wir. Dienen. Deutschland." im Sinne einer übergreifenden Darstellung des Selbstverständnisses der Angehörigen der Bundeswehr in Uniform und Zivil noch weiter entwickelt werden.

Fazit

Die neu ausgerichtete Bundeswehr wird Führen mit Auftrag fördern müssen. Aber die verklärte Vergangenheit kann nicht wiederkommen. Die Bundeswehr besitzt alle Voraussetzungen, die notwendigen Veränderungen aus sich selbst heraus, aus ihrer eigenen Geschichte und Stärke zu gestalten. Der Verfassungsauftrag der Streitkräfte und der zivilen Wehrverwaltung, die Verteidigungspolitischen Richtlinien, die Grundsätze der Inneren Führung und die gesetzlichen sowie vertraglichen Vorgaben für unsere zivilen Mitarbeiter bleiben dabei eine bindende Vorgabe für die Weiterentwicklung. Sie sind auch Ausgangspunkt für ein neues, gemeinsames Selbstverständnis.

Wie bei vorangegangenen Reformen bleiben wertvolle Konstanten im Veränderungsprozess erhalten: das Soldatengesetz, die Innere Führung und die Soldaten und Mitarbeiter, die sie ausfüllen. Die Neuausrichtung der Bundeswehr wird darüber hinaus Gestaltungsmöglichkeiten aufzeigen, die sich in einem gemeinsamen Selbstverständnis, in zeitgemäßer Menschenführung, in der Forderung nach flachen Führungsstrukturen und dem Führungsprinzip „Führen mit Auftrag" ausdrücken werden.

Autorenverzeichnis

Dr. phil. Eberhard Birk, geb. 1967, Oberregierungsrat und Oberstleutnant d. Res., Dozent Historische und Politische Bildung an der Offizierschule der Luftwaffe, Fürstenfeldbruck.

Dr. phil. Detlef Buch, geb. 1974, Oberstleutnant i. G. und Wissenschaftlicher Mitarbeiter der Stiftung Wissenschaft und Politik, Berlin.

Norbert Finster, Dipl. Betriebwirt, geb. 1951, Generalleutnant und Abteilungsleiter Führung Streitkräfte im Bundesministerium der Verteidigung, Bonn/Berlin.

Dr. phil. Christian Kehrt, geb. 1971, wissenschaftlicher Mitarbeiter am Lehrstuhl für Neuere Sozial- und Wirtschaftsgeschichte der Helmut-Schmidt Universität – Universität der Bundeswehr, Hamburg.

Hubert Merkel, Dipl. Ingenieur, geb. 1937, Brigadegeneral a. D., ehemals Flugzeugführer in der Luftwaffe, zuletzt Kommandeur Luftwaffenausbildungsverbände, Freiberuflicher Berater und Mediator.

Dr. phil. Heiner Möllers, geb. 1965, Oberstleutnant, Projektleiter Bundeswehrgeschichte und Fachleiter Luftwaffe im Militärgeschichtlichen Forschungsamt, Potsdam.

Sebastian Reis, M.A., Oberleutnant zur See, geb. 1984, derzeit in der Ausbildung zum Luftfahrzeug-Operationsoffizier auf dem Seefernaufklärer Lockheed P-3C Orion.

Dr. phil. Wolfgang Schmidt, geb. 1958, Oberst und Leiter Fachgebiet Gesellschaftsanalysen und Geschichte im Fachbereich Human- und Sozialwissenschaften an der Führungsakademie der Bundeswehr, Hamburg.

Karl H. Schreiner, geb. 1952, Brigadegeneral und Direktor Lehre an der Führungsakademie der Bundeswehr, Hamburg.

PrivDoz Dr. rer. sec. Michael Stein, geb. 1965, Regierungsdirektor und Dipl.-Psychologe am Flugmedizinischen Institut der Luftwaffe, Außenstelle Manching.

Dr. phil. John Zimmermann, Oberstleutnant, geb. 1968, wissenschaftlicher Mitarbeiter im Forschungsbereich Zeitalter der Weltkriege am Militärgeschichtlichen Forschungsamt, Potsdam.

Carola Hartmann Miles-Verlag

Politik, Gesellschaft und Militär

- **Dietrich Ungerer,** *Der militärische Einsatz. Bedrohung – Führung – Ausbildung,* Potsdam 2003.
- **Jens Bargmann,** *Ethik in der Offizierausbildung,* Münster 2004.
- **Silvio Gödickmeier, Martin Schlossmacher,** *Soldatenfamilien im Einsatz,* Berlin 2006.
- **Hans-Günter Fröhling,** *Innere Führung und Multinationalität,* Berlin 2006.
- **Christian Walther,** *Im Auftrag für Freiheit und Frieden. Versuch einer Ethik für Soldaten der Bundeswehr,* Berlin 2006.
- **Rüdiger Schönrade,** *General Joachim von Stülpnagel und die Politik,* Berlin 2007.
- **Uwe Hartmann,** *Innere Führung. Erfolge und Defizite der Führungsphilosophie für die Bundeswehr,* Berlin 2007.
- **Dietrich Ungerer,** *Militärische Lagen. Analysen – Bedrohungen – Herausforderungen,* Berlin 2007.
- **Klaus M. Brust,** *Söldner – Ausverkauf der Exekutive,* Berlin 2007.
- **Uwe Hartmann, Claus von Rosen, Christian Walther (Hrsg.),** *Jahrbuch Innere Führung 2009. Die Rückkehr des Soldatischen,* Eschede 2009.
- **Uwe Hartmann (ed.),** *Connecting NATO. NCSA under the leadership of Lieutenant General Ulrich H. Wolf,* Berlin 2009.
- **Helmut R. Hammerich, Uwe Hartmann, Claus von Rosen (Hrsg.),** *Jahrbuch Innere Führung 2010. Die Grenzen des Militärischen,* Berlin 2010.
- **Ingo Werners,** *Fahren, Funken, Feuern. Hinweise für die Einsatzvorbereitung,* Berlin 2010.
- **Peter Heinze,** *Bundeswehr „erobert" Deutschlands Osten,* Berlin 2010.
- **Reinhard Schneider,** *Neuste Nachrichten aus unseren Kolonien. Pressemeldungen von den Aufständen in Deutsch-Ostafrika und Deutsch-Südwestafrika 1905-1906,* Berlin 2010.

- **Dieter E. Kilian,** *Politik und Militär in Deutschland. Die Bundespräsidenten und Bundeskanzler und ihre Beziehung zu Soldatentum und Bundeswehr,* Berlin 2011.
- **Ingo Pfeiffer,** *Gegner wider Willen. Konfrontation von Volksmarine und Bundesmarine auf See,* Berlin 2012.

Monterey Studies

- **Uwe Hartmann,** *Carl von Clausewitz and the Making of Modern Strategy,* Potsdam 2002.
- **Zeljko Cepanec,** *Croatia and NATO. The Stony Road to Membership,* Potsdam 2002.
- **Ekkehard Stemmer,** *Demography and European Armed Forces,* Berlin 2006.
- **Sven Lange,** *Revolt against the West. A Comparison of the Current War on Terror with the Boxer Rebellion in 1900-01,* Berlin 2007.
- **Klaus M. Brust,** *Culture and the Transformation of the Bundeswehr,* Berlin 2007.
- **Donald Abenheim,** *Soldier and Politics Transformed,* Berlin 2007.
- **Michael Stolzke,** *The Conflict Aftermath. A Chance for Democracy: Norm Diffusion in Post-Conflict Peace Building,* Berlin 2007.
- **Frank Reimers,** *Security Culture in Times of War. How did the Balkan War affect the Security Cultures in Germany and the United States?,* Berlin 2007.
- **Michael G. Lux,** *Innere Führung – A Superior Concept of Leadership?,* Berlin 2009.
- **Marc A. Walther,** *HAMAS between Violence and Pragmatism,* Berlin 2010.
- **Frank Hagemann,** *Strategy Making in the European Union,* Berlin 2010.
- **Ralf Hammerstein,** *Deliberalization in Jordan: the Roles of Islamists and U.S.-EU Assistance in stalled Democratization,* Berlin 2011.

Einsatzerfahrungen

- **Kay Kuhlen,** *Um des lieben Friedens willen. Als Peacekeeper im Kosovo,* Eschede 2009.
- **Sascha Brinkmann, Joachim Hoppe (Hrsg.),** *Generation Einsatz, Fallschirmjäger berichten ihre Erfahrungen aus Afghanistan,* Berlin 2010.
- **Schwitalla, Artur,** *Afghanistan, jetzt weiß ich erst… Gedanken aus meiner Zeit als Kommandeur des Provincial Reconstruction Team FEYZABAD,* Berlin 2010.

Romane

- **Christoph Karich,** *Bewährung im Grünen Meer,* Berlin 2009.
- **Robert B. Thiele,** *Die Treuhänderin,* Berlin 2012.

Erinnerungen

- **Blue Braun,** *Erinnerungen an die Marine 1956-1996,* Berlin 2012.
- **Harald Volkmar Schlieder,** *Kommando zurück!,* Berlin 2012.
- **Harald Volkmar Schlieder,** *Opa Willy. 1891 Dresden – 1958 Miltenberg. Von einem, der aufsteigen wollte. Eine sächsisch-deutsche Lebensgeschichte in Frieden und Krieg!,* Berlin 2012.
- **Reinhart Lunderstädt,** *Aus dem leben eines Hochschullehrers. Ein persönlicher Bericht,* Berlin 2012.

www.miles-verlag.jimdo.com